BOYIN ZHUCHI YIKAO LIUSHITIAN SUCHENG

播音主持艺考 60天速成

李 泊 主编

河南大学出版社
HENAN UNIVERSITY PRESS
·郑州·

图书在版编目(CIP)数据

播音主持艺考60天速成/李泊主编.—郑州:河南大学出版社,2018.1
ISBN 978-7-5649-3217-6

Ⅰ.①播… Ⅱ.①李… Ⅲ.①播音－语言艺术－高等学校－入学考试－教学参考资料 ②主持人－语言艺术－高等学校－入学考试－教学参考资料 Ⅳ.① G222.2

中国版本图书馆CIP数据核字(2018)第025575号

责任编辑	柳 涛 秦 程
责任校对	李 慧
封面设计	王 韧

出版	河南大学出版社		
	地址:郑州市郑东新区商务外环中华大厦2401号	邮编:450046	
	电话:0371-86059701(营销部)	网址:www.hupress.com	
排版	郑州和尔文化传播有限公司		
印刷	郑州市运通印刷有限公司		
版次	2018年8月第1版	印次	2018年8月第1次印刷
开本	787mm×1092mm 1/16	印张	14.50
字数	335千字	定价	46.00元

(本书如有印装质量问题,请与河南大学出版社营销部联系调换)

前　言

转角遇到爱——60天改变人生

　　如果你打算参加播音与主持艺术专业招生考试而准备时间又比较紧,如果你想更快地完成播音与主持艺术专业招生考试的备考任务,如果你想了解一下播音与主持艺术专业的相关情况,如果你觉得培训班里的学习不足以满足你的要求,那么请你翻开这本书。请相信"转角就会遇到爱,60天就会改变你的人生"。

　　有很多读者问我:"李老师,我高二了,现在开始学播音晚不晚?""李老师,马上就是国庆节了,距离省联考只有3个月了,我开始学播音晚不晚呢?"每当那个时候,我总是耐心地告诉他们,学播音开始得早,固然是优势,但是更主要的是依靠科学的方法,那才是成功的关键;即便初三就开始学,如果学得不认真,每月只练声一次,整天吊儿郎当,那还不会有认真地学一星期的效果好呢。所以,在这个问题上,时间不是关键,关键是能合理科学地运用时间。

　　要通过播音与主持艺术专业招生考试到底需要多长的备考时间呢?按照多数考生的备考情况,一般是暑期集训两个月,考试前再集训一个月,紧接着就上考场了,但有效时间没有那么多:中间有假期;某些培训班还会稀释课程,如外出买衣服,或者参观电视台。大好的时光都浪费掉了。如果换一种思路去想,培训机构这样做也是根据大多数同学的实际情况,这样做也无可厚非。但考生就不能这样想,因为考生水平不一样,有的已经学了很久——小时候就接受过培训,有的才刚刚接触到。况且,大家的目标也不一样:有的只要求考上普通大学就行,而有的希望能考上重点大学。怎么解决这个问题呢?我建议考生一定要根据自己的情况,合理地制订计划、安排时间。一般情况下,考生应该制订两个计划:一个是根据培训班的安排,跟着老师的进度学习;另一个要根据自己的情况,查漏补缺。这样更有利于水平的提高。

　　还有的同学,总是处于纠结状态中——暑假过完还不能确定是否去学播音,直到秋风阵阵才打算开始。这时候,备考时间已经不多了。面对培训班里已经学了一段时间的同学,还没开始的同学怎么才能逆袭成功呢?

　　此刻,本书的作用就非常大了,它能帮助这样的同学。本书根据同学们的需要,把播音与主持艺术专业招生考试所需的知识经过合理组合,科学地安排在60天的学习中,力争使同学们取得事半功倍的效果。那么,我们怎样才能达到这种效果呢?

　　首先,要根据考生的实际情况,把枯燥的理论变为通俗易懂的语言,让考生迅速地理解并开始练习,然后再通过练习去理解理论知识。这样做了,技能就学得更快、更扎实。

其次，要紧扣播音与主持艺术专业招生考试的题型，针对考试的要求安排练习，做到最大限度地合理利用时间，有针对性地练习。

再次，要借鉴他人成功的考场经验。考生多是首次参加播音与主持艺术专业招生考试，考试的程序和要求还不了解。本书除了介绍考试程序和要求，还着重就考生心理、考场经验作了介绍，力争让考生在考场上发挥出应有的水平。

最后，要科学地安排练习项目。本书根据备考时间较短的特点，把考试的内容按照重要程度的不同重新进行编排，力争最大限度地利用时间，避免考生一看时间紧，就胡子眉毛一把抓，从而导致备考效果不理想。

以上种种，目标只有一个，即让考生在短短60天的时间内，从对播音与主持艺术专业一知半解到拿到该专业的过关证，然后在那个美好的9月走进大学的校门。

60天的时间，说长不长，说短不短，希望同学们好好利用这宝贵的时间，让自己有一个完美的转变。在这一段时间内，请抛弃一切杂念吧，不去想这个行业的就业形势好坏，不去想自己学艺术了别人会怎么看，真正投入地学习一段时间，把自己送进大学的校门。其他事情，以后再想也来得及。

我常常这样对读者讲：你们现在辛苦努力，流泪，流汗，都是为了拿到过关证后的笑容更加灿烂。翻开这本书，就开启了美妙的60天。转角遇到爱，现在是改变你人生的时候了。

目 录

第一讲　基础篇

一、20 天攻克普通话难关 ... 1
二、什么是普通话 ... 2
三、学习普通话的三大理由 ... 4
四、"热身运动" ... 5
五、怎样运用气息 ... 6
六、怎样说好绕口令 ... 9
七、怎样学习声母 ... 12
八、怎样学习韵母 ... 14
九、怎样准确地吐字归音 ... 20
十、轻声、儿化和声调 ... 22
十一、怎样美化你的声音 ... 26
十二、怎样停连 ... 28
十三、怎样找重音 ... 30
十四、语气和节奏 ... 31
十五、案例和分析 ... 32

第二讲　升级篇

一、30 天赢得考试 ... 39
二、怎样选择学校 ... 41
三、怎样选择自备稿件 ... 42
四、怎样读好自备稿件 ... 44
五、自备稿件朗读案例分析 ... 50
六、怎样精心准备自备稿件 ... 61
七、自备稿件准备的案例分解 ... 62
八、自备稿件范文 ... 85
九、怎样读好指定稿件 ... 105
十、指定稿件范文 ... 108

十一、怎样征服即兴评述……………………………………………………………116
十二、优秀即兴评述的要求…………………………………………………………119
十三、即兴评述的4个阶段…………………………………………………………121
十四、即兴评述的练习方法…………………………………………………………123
十五、即兴评述练习题目……………………………………………………………126
十六、怎样应对模拟主持……………………………………………………………138
十七、模拟主持练习题目……………………………………………………………140

第三讲 实战篇

一、10天学会考试……………………………………………………………………145
二、考试之前需要做的事……………………………………………………………147
三、怎样进行自备稿件的考试………………………………………………………148
四、怎样准备指定稿件的考试………………………………………………………149
五、怎样进行复试准备………………………………………………………………150
六、怎样进行即兴评述的考试………………………………………………………151
七、怎样在考场上进行自我介绍……………………………………………………152
八、怎样回答考官的提问……………………………………………………………154
九、怎样进行才艺展示………………………………………………………………155
十、化妆、服装、录像………………………………………………………………156
十一、怎样克服紧张情绪……………………………………………………………157
十二、考官喜欢什么样的考生………………………………………………………161
十三、怎样获得好的语感……………………………………………………………164
十四、考场上的注意事项……………………………………………………………164
十五、播音与主持艺术专业考题类型………………………………………………166
十六、一组艺考真题…………………………………………………………………168

第四讲 体验篇

一、主持人是怎样工作的……………………………………………………………174
二、做主持人的感觉…………………………………………………………………175
三、主持人需要具备的素质…………………………………………………………176
四、主持人的优越感…………………………………………………………………177
五、做主持人会富有吗………………………………………………………………178
六、主持人的声誉……………………………………………………………………179
七、怎样赢得主持人的职位…………………………………………………………179

八、主持人的交流和沟通能力……………………………………181
九、主持人需要读哪些书…………………………………………182
十、电台直播间的故事……………………………………………183
十一、主持人的那些事……………………………………………195
十二、主持人亲和力的培养………………………………………197

附录 练声资料选编……………………………………………200
后记 最快的速度冲线…………………………………………221

第一讲　基础篇

一、20天攻克普通话难关

如果你告诉别人，说你学播音与主持艺术了，那么我想大部分人首先想到的就是你的普通话一定很好，其次才会注意你长得怎么样。大家的感觉没错，播音与主持艺术专业招生考试在某种程度上就是考你的普通话水平。就像你要去航海，首先要有一条船，然后才能往船上放食品，才能扬帆起航。而普通话就是播音与主持艺术专业考生的那条船，只有普通话标准了，后面的指定稿件、自备稿件、即兴评述等环节才会考好，因为它是基础，非常重要。所以，普通话的学习，我安排了20天时间。

普通话的学习有这样几个特点。首先，它很枯燥，因为学好普通话需要大量的重复练习。功到自然成，没有一定量的练习，就不容易看见效果，尤其是语音上的硬伤更需要专门的有针对性的练习。其次，普通话的练习是长期性的，不是后面学了自备稿件就不练普通话了，它是贯穿你的整个备考阶段的。最后，普通话的标准与否对考场上能否取得满意的成绩几乎是起决定性作用的。如果普通话标准，那么考试几乎就成功了一半。

对于普通话的学习，我建议大家采用新的方法进行。大家已经是高中生了，上小学的时候就已经学过汉语拼音，对语音部分并不陌生，只是小时候的学习要求没有那么高。现在我们要考播音与主持艺术专业，它的要求提高了。所以大家在熟悉旧知识的同时，要把重点放在新知识的学习上。比如口部操和气息的练习，它们对同学们来说都是难点。就语音部分来讲，由于受方言的影响，同学们很少有人每个音节的发音都有问题，大部分同学是仅有少数几个音节发音不合格，比如平翘舌音不分、前后鼻音不分等。有问题的发音才是练习的重点。

从普通话的学习程序上来讲，我建议大家先找到正确的发声状态，就是我们常说的"提打挺松"（即提颧肌、打牙关、挺软腭、松下巴），然后在此基础上进行字、词、句的练习。具体到每天的练声，本书的附录部分为大家提供了相关材料，同学们可以翻到该部分，每天照着练习，只不过发音状态练习是常规练习，并没有考虑到考生的语音缺陷，所以建议同学们在自己薄弱的环节上加大练习力度：没有发音毛病的字音训练，只读5个词语，练习2分钟；而有发音毛病的字音训练，则要练习3分钟，这样才能改掉毛病。

刚开始练习的时候，同学们会感到很辛苦，每天练声半个小时就会感觉很累了，但坚持一周左右就会有同学能达到一个小时不觉得累了。我建议大家循序渐进地练，累了就休息一会儿。另外，要根据嗓子的情况增减练声时间：如果状态好就多练一会儿，如果感冒了就少练一会儿。

同学们学习的环境也不同,有的跟着培训班学习,有的是自学。如果是自学就需要同学们自己调配时间,最好根据自己的现状制订出详细的练声计划。例如,早上几点到几点练什么,晚上几点到几点练什么。这个计划一定要具体。更重要的是制订了计划就要严格执行,不能随便更改计划,不能因为今天兴致高了就练上两个小时,过几天情绪低落就一点儿也不练。这样做就没有制订计划的必要了,而且这样做进步就会特别慢。即便是某几天状态不佳,也不能不练。如果下雨就在室内练,切不可随便中断,否则就会中断进步的脚步。以后重新开始练习就需要再调整状态,那样做损失会非常大。这个计划并不和你制订的其他的练习计划相冲突,也不能相互替代,它们应该同时进行。不要抱怨压力大,抱怨比别人辛苦。现实就是这样,开始学习时大家水平相差不大,只有比别人更刻苦,才能得到更高的分数,比别人更强。衷心希望在20天内你的普通话水平能有根本性的提高,有脱胎换骨的变化。

解析20天:

按照常规,我应该给大家制订一个计划,具体到第一天干什么,第二天干什么,一直到第60个黎明。然而,这样死板的计划是不是会给你的学习带来压力呢?被严格要求按照别人制订的计划进行的学习并不比快乐自主的学习效率高,因为大家根据实际情况安排进度既合情合理又顺理成章。如果这一阶段你已经具备或者已经掌握了普通话的技巧,基本达到了普通话的要求,那就加快速度,几天时间就可以完成20天的学习任务。如果对这个知识点你比较陌生,那就多花点时间吧。努力吧,认真过好每一天,20天之后的某一时刻,你会觉得天上真的能掉馅饼,并且正好砸中你的脑袋。那时,快乐的滋味难以形容。来吧,道路已经铺就,我们一起起程。

二、什么是普通话

理解概念最主要的目的是防止理论和实践脱节。既然要学习普通话,就应该明白什么是普通话,不然弄错了方向再努力,也是白费工夫。有的人认为东北话是普通话,有的人认为北京话是普通话,其实这些说法都是不正确的。通俗地说,广播里、电视上的播音员和《新闻联播》的主持人说的就是普通话。普通话真正说得好的也只有部分中央人民广播电台、中央电视台的新闻播音员。只有他们说的才是真正标准的普通话,他们是我们学习的榜样。以上是从直观上理解普通话的。在理论上,关于普通话的定义,有一段有点儿拗口的话:"普通话是以北京语音为标准音,以北方话为基础方言,以典范的现代白话文著作为语法规范的现代汉民族共同语。"请大家记住这句话。是不是越听越糊涂了呢?记住这句话并不是最重要的,理解并运用它来帮助我们学习才是最重要的。这句话从语音、词汇、语法三个方面提出了普通话的标准。那么,这些标准该如何理解呢?

"以北京语音为标准音",指的是以北京话语音系统为标准,这是大家误把北京话当成普通话的主要原因。但是仔细听听,广播里播音员说的话并不完全是北京话,总有那么一点儿差别(个别播音员、主持人说话还带一点儿我国香港、台湾的口音,像这种情况先不要管它,那是他们学歪了,我们打基础可不能这样),这是为什么呢?原因很简单,我们强调以北京语音为标准音,是对整个语音系统而言的,这绝不等于说北京话中的任何一个语音成分都是标准的。哪些北京话的语音是普通话的标准语音呢?哪些不是呢?这是一些有点儿复杂的问题,我们很难在短时间内弄清楚。我们只要知道,按照字典上规定的读音来读就不会错。

"以北方话为基础方言",指的是以广大北方地区普遍通行的说法为准。这句话针对的是普通话的内容,即普通话的词汇是以北方话为主要基础的。我们应明白的是:北方话对事物、事件的描述,被普通话选用了,但同时普通话也用了其他方言区的语言。我们在学习普通话的过程中还要明白:北方话的许多说法也不是都可以在普通话中用的,而其他方言区的许多词汇也是可以用的。那么它们的标准是什么呢?我认为,说普通话的目的就是让更多的人明白你所说的话的意思,只要你使用的词汇可以让更多人理解,就可以了。比如,以前"靓"这个字,许多人不知道是什么意思,但是现在很多人都明白了"靓"字的含义,那么"靓"这个字在普通话里是完全可以使用的。类似这样的词语不仅生动,而且描写事物贴切。这告诉我们普通话是活的,不是固定不变的,大家学起来一定不要犯教条主义的错误。

普通话的语法标准是"以典范的现代白话文著作为语法规范",这个标准包括四个方面的意思:"典范"就排除了不典范的现代白话文著作作为语法规范;"白话文"就排除了文言文著作作为语法规范;"现代白话文"就排除了五四运动以前的早期白话文著作作为语法;"著作"是指普通话的书面形式,它建立在口语基础上,但又不等于一般的口语,而是经过加工、提炼的语言。这句话阐明了普通话的语法规范。其实,现在我们已经很少知道或使用过去的语法了。大家在学习文言文的时候,了解了文章中个别怪异的语法表达,在生活中使用得很少,大家稍加注意这方面的问题就可以了。

我最后补充一点:遇到拿不准的情况,可以拿普通话这个概念去测验一下,看自己是不是在说普通话。比如,四毛的济南同学经常说"无所","无所"让四毛很糊涂,其实济南籍同学说的"无所"的意思是"无所谓"。显然"无所"不是普通话词汇。再如,四毛的表弟从菏泽转学到济南,遇见了老师忙说:"老西(师)好!"这句话把大家逗得哈哈大笑。显然"老西"不是普通话的读音。这个男生说话忘记卷舌了。又如,四毛去西安旅游,在秦始皇兵马俑博物馆门前听到公共汽车售票员喊"西安市里还!西安市里还"。刚开始他不明白,后来才明白那是"回西安市里"的意思。显然这位售票员的话的语法不符合普通话的语法。陕西历史悠久,那里的语言保留古汉语的成分比其他地方会多一些。

从普通话的概念里我们可以学到很多东西,最重要的是我们可以发现大家说的普通话的问题所在。实际上,大家的普通话问题主要表现在语音和词汇上,语法问题不大,这样我们便找到了努力的方向。建议大家在学习之余找找自己日常语言中所用词汇和普通话不相符合的地方,把它们一一改过来,如把"堂客""婆姨"说成"妻子"就好了。你如果去农贸市场就可以很轻松地完成任务,在那里可以听到地道的方言,对比一下方言和普通话有哪些不一样就行了。

同学们最好从今天开始,每天收听中央人民广播电台6:30的《新闻和报纸摘要》节目和20:00的《全国新闻联播》节目,尝试模仿主持人的说话语调。

普通话一定要认真坚持练习才会有效果。大家不要感觉有负担。你开始的不是一段艰苦的学习历程，而是妙趣横生的崭新路程。成功就在你醒来的某一天出现，相信我说的话，没错的。

三、学习普通话的三大理由

各位同学已经用自己熟练的语言说了十几年。例如，菏泽人说菏泽话，青岛人说青岛话，济南人说济南话，福建人说福建话，广东人说广东话。他们用各自的方言问路、买菜、砍价、抬杠等，样样应对自如，"嘴"到擒来，为什么非要学普通话这个劳什子呢？确实，在大家都说方言的地方，一个说普通话的人会遇到尴尬的情况。比如，某帅哥自从学了普通话，身边就多了许多"粉丝"，帅哥说：今天晚仔细（自习）王老师是不是会来将体（讲题）呢？就有人笑容满面地模仿：今天晚"仔细"（自习）王老师是不是会来"将体"（讲题）呢？于是，大家笑成一片。再如，某女自从说了普通话，就有被当作外地人的危险，连打车都险些被不良司机绕路蒙骗，幸好该女子马上改说方言，告诉的哥这条路她已经走了一百八十多遍儿，绕路是行不通的！的哥却说："俺以为你来自北京呢！"

那么，播音与主持艺术专业的考生为什么非要学习普通话呢？

毋庸置疑，学习普通话自然是为了实现他们考上大学的目标。我知道有许多的女生、男生打算"救观众于水火之中"，把那些电视、广播里的水平不高的主持人轰下台去！但把他们轰走了，谁来主持节目呢？自然是无限优秀的你了。既然要抢权当英雄就必须有些能耐，普通话就是其中的一件法宝。就眼下来说，同学们就必须学好普通话以通过播音与主持艺术专业招生考试，这是反攻的第一步。只有走好这第一步，同学们才可能有辉煌灿烂的明天。在播音与主持艺术专业招生考试中，无论是自备稿件环节还是即兴主持环节，普通话水平都是老师考查学生水平的重点，所以要学好普通话！这是第一个理由。

如果你不想成为一名成功的主持人，想当一名著名的演员，或者画家，或者舞蹈家，甚至导演、编剧、记者等，那你也要学好普通话。试想：当尊驾成为名人、大腕，应邀在万众瞩目的舞台上发表感言时，你轻启红唇，发出的却是仅有少数老乡能听明白的地方话，那将多么尴尬。也许你觉得那是以后的事情了，等成了那样的人再说吧。那我们就说说眼下你将面对的吧。激烈的专业课考试开始了，当你面对考官，他打算问优秀的你几个问题，你却忽然叫停，教授先生以为你过于紧张，哪知你却说：下面有请我花20元钱雇来的翻译，请他把我说的话翻译成普通话。许多考试都有面试，大部分考官可能不是你的同乡，所以你一定要学好普通话。这是第二个理由。

外出考试真是一件很刺激的事情，可以看到在家乡看不到的风景，认识那么多的同道朋友，难免有了一种很惊喜的感觉：原来外面的世界那么大，那么精彩，真是早该出来看看！可是你说的话让人听不懂，需要你解释了又解释，说了又说。你说的"住下"实际上是"停一会儿"的意思，对方却以为你要住他家里。世界在我们的眼中会越来越小，普通话作为沟通工具是每个现代人必须要掌握的，所以要学好普通话。这是第三个理由。

四、"热身运动"

大家在开始打篮球之前都喜欢先活动活动身体,如踢踢腿、扭扭腰什么的,美其名曰"热身运动",目的是降低打球的时候受伤的概率。学习普通话也是这样的。我们在学习普通话之前先要对普通话作一个简单的了解,热热身,然后学起来就会容易很多了。

学习普通话,说不难也不难,说难也难。说不难是因为许多同学认为自己不是不会说普通话,只是不愿意说而已。而有的人也认为他们那旮旯儿的人原来就是说普通话的,至少也是说准普通话的,比起广东的哥哥和上海的妹妹,离普通话的标准近多了。也有人认为他从小就是说家乡话的,说梦话也是这个味道的,临近18岁了,再让他花几个月时间改说普通话,那不是赶鸭子上架吗?难呀!

那么学习普通话到底难不难呢?我认为,还真的不算多难,至少比学英语容易一点儿。只要你掌握了正确的方法,再加上刻苦练习,也许某一天你从梦中醒来,真的就可以说一口流利的普通话了。但是有一点儿你必须做到:你必须马上开始练习普通话。开始得越早,最后的普通话水平就越高。那就让我们从现在开始吧。

在学习之前我先讲明几件事情,这些事情都是很重要的。

同学们学习普通话的目的是要通过各高校的播音与主持艺术专业的招生考试,得到考官们的认可,而不是去竞聘主持人,不是去参加选秀、选美等电视节目。这就直接决定了我们的学习目的是把自己打造成前途无量的好苗子,而不是一个成型的"艺术品"。换句话说,我们努力的方向是让自己成为一个合格的"半成品",而不是"定型的产品"。而仅仅花几个月时间就把自己弄得很完美是一件很难的事情,那也不是这一本小书所能实现的。在这里,我所能做的就是告诉你正确的方法,让你不至于绕弯子,让你顺利地通过大学艺术类相关专业的考试。至于以后成明星、大腕的事情,大学里的老师会有几年的时间来培养你。我们的目的直接决定了我们的学习计划。在这60天里,我们追求的重点是语音、应变能力、知识储备等基本素质的提高,其他的可以暂时放一放,待以后再说。

世界上没有什么捷径可走,如果真有所谓的捷径那也是正确的方法和刻苦的练习。既然要学习普通话,那就"不'说'则已,一'说'惊人",要认真地对待这件事情,勤学且苦练。怎么感觉这几句话那么耳熟呢?因为真理往往表述起来很简单。往往觉得简单的道理,用起来会很方便,事后就会发现它真的很灵!

学习普通话是体力活,也是脑力活,训练方法从跑3000米到伏案读书都有。大家要做好充分的心理准备,尤其林黛玉妹妹型的女生要注意了,这回你要当一回麻辣女孩了。不过那样也好,动静结合,学起来就轻松多了,笑声会伴随着你学习的每一天。

学习普通话是一件快乐的事情,很多的方法都很有趣,很多的绕口令读起来让人忍俊不禁。听着自己的声音一天比一天动听,普通话一天比一天标准,更是让人兴奋不已。所以,你要爱说普通话,从中感到快乐,这样才可以真正学好它。每天在快乐中学习,成功的快乐才会早一天来临。

普通话是"口耳之学,听说之术",这句话就已经告诉你基本的努力方向了。首先要多听。

多听中央人民广播电台的新闻,多听一些好的文学朗诵。其次要多练。如果你哪一天见到一个英俊的男生对着墙念念有词,或者在公交车上嘴巴动个不停,或者在骑自行车的时候不停地读着路边商店的标牌,你千万不要以为他神经出了问题,或者说他是从哪个戒备森严的场所跑出来的。他很有可能是在练习普通话。他正是大家学习的榜样。最后还要多读书。你说的话从哪里来呢?从嘴里来,更从心里来。一个人不能老是说一些车轱辘那样的废话(即无意义的重复话,就像车轱辘一圈一圈又一圈地转个不停)。考官需要的是一个知识面广的考生,所以多读书绝对是个好习惯,它会让你言之有物。

以上是精神上的准备,其实也是物质上的准备。事实上,学习普通话几乎是所有艺术类专业考生最节约成本的了,不需要画笔,不用买钢琴,只要一个健康的你。这是十分符合建设节约型社会要求的!

五、怎样运用气息

不要怕,人人都是有气息的。气息对于说好普通话是很重要的,任何的语言艺术都以气息为根本。过去有"宁教一个字,不教一口气"的说法,意思是气息是播音与主持艺术专业里较为抽象、难学的一部分。这句话让许多考生整日里练什么丹田气。就眼下的备考来讲,气息是可以暂时放一放的,因为排除个别身体过于虚弱的考生,每个人的气息都是够用的,对付考试是绰绰有余的,不必花太多精力去学习。因为,气息的学习要点有点不容易掌握,学不好会弄成四不像——还不如自然些好。以后,当你走进了大学,老师会花大量的时间,面对面地给你讲解气息的奥妙,你有充足的时间去慢慢领会。现在呢,我先尽量用通俗的语言给大家讲解气息。

气息和人的情绪有着很大的关系,经常可以看到某人激动得说不出话来。这不是说他没有了气息,而是情绪在作怪。从这个角度来说,只要控制好情绪,不要过分激动和紧张,只要精神愉悦,自然地去表达,一般考试是可以顺利完成了。

气息和你的姿势有很大的关系。如果你躺着,你会发现那时说话是有一点儿费劲儿的,有时还会咳嗽。没有人趴着练习普通话,是不是?你应该站直了,站稳了,让情绪、身体都放松,这样气息自然就通畅了。

说得简单一些,气息就是吸和呼的交替,这样的动作我们分分秒秒都在进行,那为什么还要学习呢?原因是有的同学没有注意这方面的问题,有一些不好的习惯。比如,有些女生,偏爱林妹妹,专门作楚楚可怜状,那在吸引英俊的男生面前所向披靡,可是如果用来参加考试就不灵了。有的男生喜欢装深沉,压低声音,引得无数女生朝思暮想。但就学普通话来讲,他的做法也很不可取。因为学普通话以参加考试为目的,不是要你装深沉,而是要你时不常地装英雄、演坏蛋什么的:一会儿让你读岳飞的气势磅礴的《满江红·怒发冲冠》、苏轼的《念奴娇·赤壁怀古》,一会又让你模仿春天里小蜜蜂嗡嗡嗡的叫声,等等。所以,你要有好的气息支持,那样才可以完成各种角色,而不单单只是生活中的一个简单的你,这也是我们学习气息技巧的原因所在。

吸:平常的呼吸都是很自如的,够用就可以。学普通话对呼吸的要求更高一些。怎么在有意识的状态下有吸的感觉呢？我来作个假设。假如远处传来一阵香味，而你分不清是哪个妹妹身上的香水味，你一定会用鼻子深长地吸一口气，以便弄清楚那到底是哪一种香味。这个时候你的腰带分明感觉紧了一些。此刻，稍微坚持几秒钟，等你弄明白了什么香味，你再呼出。这个吸入气体的过程就是吸气的过程。假如这个方法你不喜欢，我还有高招。如果生活中遇到香味的机会不多，那你遇到怪味的机会应该还是有的吧。比如，在某个封闭场所，有人突然放了个臭屁。你自然不会在那里用鼻子仔细品味，而是尽量地不呼吸，然后以最快的速度离开。而当你远离那个地方后，你会作一些补偿，这个时候你的吸气也是超出正常的。多体会一下，你就可以体会到吸气的感觉了。

呼：呼出总是容易理解一些。最通俗的理解是，你不能把吸进来的气一下子全部呼出，因为你希望它能帮助你说更多的话。很少见到主持人在电视上或广播里呼哧呼哧地喘气。呼气的过程有点类似吹尘土的过程。你假定桌子上有一些浮尘，你又恰巧没有拿面巾纸，而打算用嘴把那些尘土均匀地吹走，你肯定不能"扑哧"一下子把土吹去，因为眼前虽然干净了，但是远处的土还在，你必须均匀地把土吹走，这个吹走尘土的过程就是呼气的过程。

呼吸的练习方法

(1)闻花香：想象面前有一盆香花，然后深深地吸进香气，控制一会儿后缓缓呼出。

(2)吹蜡烛：模拟吹灭生日蜡烛，深吸一口气后均匀地缓慢地吹，尽可能时间长一点儿，达到25～30秒为合格。

(3)咬牙吹气：咬住牙，深吸一口气后，从牙缝中发出咝咝的声音，力求平稳、均匀、持久。

下面整体来感受一下气息。站姿（站直，重心在两脚之间）或坐姿（坐在硬椅子的前部，胸微含，腰挺直），两肩放松，不用想着主动吸气，将双手背后交叉，手掌放在腰带上方（后腰处），手掌稍微用力向后腰处推。同时，你的后腰为了抵抗手掌的外力，也用力将手掌推开，这时你会感觉到后腰处膨胀，你此时体会到的就是深吸气的"两肋打开"的感觉。这时，一定要控制住身体，使之不动，保持片刻，体会"小腹微收站定"与"两肋打开"之间的对抗感觉。心中默数"1，2，3，4，5"后，慢慢放松。这就是一次吸气和呼气的基本感觉。

气息应该在情绪、情感的带动下练习。"兴奋从容两肋开，不觉吸气气自来。"这句话可以理解为：当你精神饱满、心情愉悦时，口鼻同时进气，气息自然而然地吸到了肺底。想想，你过五关，斩六将，终于拿到了大学录取通知书。当你高兴地看着通知书时，你会情不自禁地大声说："太好了。"那时你的声音饱满而有力度。那时，你就能够体会到"气生于情而融于情，气随情动，声随情走"的含义了。

如果你觉得以上的方法过于烦琐，太过麻烦，不能让你理解什么是我们想要的气息，那也没有关系，其他的方法一样可以了解气息的奥妙之处，毕竟条条大路通罗马。

你可以每天做仰卧起坐运动。据说，中国传媒大学的播音系学生每天要做100个仰卧起坐，目的就是把娇小姐和弱书生分别培养成铁姑娘和壮汉子。也许这种做法有点不近人情，幸好我们还不是真正的大学生，我们只是在暂时地为考上大学做准备，所以暂时不做也罢。但是，我想你必须有一个好的身体，那样才会有好的气息，没有人拄着拐棍上考场。

既然你不打算真正弄明白气息到底是个什么东西，那就多做一些口部操、绕口令吧，让你的口部肌肉足够灵活,哪怕不能吸进更多的气。气息省着用,一样可以很好地对付各种稿件。

气息不是什么神秘的东西,也不是孤立存在的,一些辅助的练习可以让你功到气自来。

现在我们要了解一个新的词语——口部操,它是练习嘴巴的运动,区别于腰部操和腿部操。口部操很有意思吧!我们就来看看吧。

口部操的练习方法

喷:也称作双唇后打响。双唇紧闭,将唇的力量集中于中间,唇齿相依,不裹唇,阻住气流,然后突然连续喷气出声,发出"噗——噗——噗"的声音。

咧:双唇闭紧,尽力向前噘起,然后将嘴角用力向两边伸展(咧嘴),反复进行。

撇:双唇闭紧后,向前噘起,然后向左歪,向右歪,向上抬,向下压。

绕:双唇闭紧,向前噘起,然后向左或向右做360°的转圈运动。

刮舌:舌尖抵下齿背,舌体贴住齿背,随后张嘴,用上门齿沿刮舌叶、舌面,使舌面能逐渐上挺隆起。然后,将舌面后移,向上贴住硬腭前部,感觉舌面向头顶上部百会穴的位置立起来。这一练习对于打开后声腔和纠正"尖音"、增加舌面隆起的力量很有效。口腔开度不好的人和舌面音"j""q""x"发音不标准的同学可以多练习。

顶舌:闭唇,用舌尖顶住左内颊,用力顶,然后换右边做同样的练习。如此左右交替,反复练习。

伸舌:将舌伸出唇外,舌体集中,舌尖向前,向左右、上下尽力伸展。这一练习要使舌体集中,舌尖能集中用力。

绕舌:闭唇,把舌尖伸到齿前唇后,顺时针方向画一个圈,然后逆时针方向画一个圈,交替进行。

立舌:将舌尖向后贴住左侧槽牙齿背,然后将舌沿齿背推至门齿中缝,使舌尖向右侧翻,然后做相反方向的练习,这一练习对于改进边音"l"的发音有益。

咀嚼:嘴角向两边咧,像有什么食物需要咀嚼一样,主要用后槽牙,体会打开口腔的感觉。

口部操是不是很有意思呢?你走路、休息的时候都可以做一做。也许刚开始你会觉得有些累,但是多做几次就好了,坚持下去你的嘴巴会越来越灵活的。尤其是本书的读者,我们学习时间有限,在这方面可千万不能惜力。

喊人练习同样可以体会到气息的变化。我以为这一练习方式非常好,可以让你体会到气息通畅的感觉。在练声开始的时候做这种练习比较好,它还能提升你的精神面貌。但是,它的缺点是不能在住宅区喊,万一有人重名,喊出来人家会很生气。如果在学校里练,操场是个不错的地方。如果你觉得喊人枯燥,可以变换他们的名字,如小兰、阿毛等;你还可以设定他们的距离,如距离你100米、200米等。假定你的好朋友阿毛离你比较远,你要把他喊回来,你会喊"阿毛——"。坚持住,喊的时候你会被自己的声音所陶醉,因为你发现你的声音原来可以如此响亮。要尽量美化你的声音,记住是"喊"而不是"号叫"。此为喊人练习的具体方法。

要尽量有真实感,就像真的有人在远方需要你喊他回来,这样声音就会有往外送的感觉,有利于找到声音的位置。这便是喊人练气息的要点。

练习时胆子要大一些。此练习可以把那些腼腆的小姐、先生变成台上的"人来疯",表现出他们的明星潜质。此练习还对心情有好处,会把许多的郁闷喊跑,带来一天的好心情。既然这么多的好处,那就赶快练吧!时间可是很宝贵的啊!

数数也是练气息的好办法。吸一口气,开始数"1,2,3……"。一定要说清楚才有效果,看看自己能数多少个。这项练习,我不认为气憋的时间越长越好,一定要保证吐字质量。

就以上讲到的方法,每天抽出十几分钟来练一遍。几天过去再读文章,你会发现声音正在发生奇妙的变化。

六、怎样说好绕口令

绕口令真是一个好玩的游戏。那些相声演员竟然可以把绕口令说得那么快、那么准,快得简直让人窒息,准得让人觉得不可思议。不要怕,我们没有必要练成他们那样的水平。相声演员乃至其他曲艺演员学习绕口令一半是为了练基本功,一半是为了表演用。我们不同,我们更多地是为了练基本功,锻炼吐字清晰的能力。所以,我们和他们在练习方面的要求是不一样的:我们不过分追求速度,而是追求清晰度。

首先要保证口腔状态的正确,后口腔要打开。后口腔打开的感觉,就是半打哈欠的感觉。你看到了一件令你吃惊的事情,嘴半张开的感觉也是后口腔打开的感觉。每条绕口令都有它锻炼的目的:有的锻炼嘴唇在发音时的作用,有的锻炼舌头的灵活性。在读的时候,要注意发力位置,这样进步会更快。

要带着感情去读,要有积极的状态。许多绕口令都有让人爆笑的功能。但是,再搞笑的故事天天读它也会变成像喝白开水似的而没有味道。尽管这样,还是要坚持练习。这样,你的声音就是活的,锻炼的效果就会好。

练习时,要保证一定的量和时间。快板演员每天绕口令的训练时间是一个小时。我们就减半吧,30分钟就可以了。如果在成套的练习中,比如早晨练声时,夹在口部操和字词中间练,你甚至可以只练几分钟。至于其他时间,就多多益善吧。如果你嘴唇比较厚,那就得多练10分钟了,你要为成为明星嘴付出代价了。如果没有一定的量和时间作保证,想达到伶牙俐齿的地步是不可能的。

绕口令在每天的练声中很重要:它练习了你的口部肌肉,也让你的心情好起来。

我在下面附了一些有趣的绕口令,开始练吧!

1
八百标兵奔北坡,
北坡炮兵并排跑。

炮兵怕把标兵碰,
标兵怕碰炮兵炮。

2

山顶有座白庙,
白庙里有只白猫,
白庙外有顶白帽,
白猫看见了白帽,
叼着白帽跑进了白庙。

3

山前住了个崔粗腿,
山后住着一个崔腿粗,
俩人山前来比腿,
也不知崔粗腿比崔腿粗的腿粗,
还是崔腿粗比崔粗腿的腿粗。

4

你会炖我这炖冻豆腐,
来炖我的炖冻豆腐。
不会炖我的炖冻豆腐,
别胡炖乱炖。
假装会炖,
会炖坏了我的炖冻豆腐。

5

谭家谭老汉,
挑蛋到蛋摊,
卖了半担蛋,
挑蛋到炭摊,
买了半担炭。
老汉往家赶,
脚下绊一绊,
跌了谭老汉,
破了半担蛋,
翻了半担炭,
脏了新衣衫。

6
我说四个石狮子,
你说四个纸狮子。
石狮子是死狮子,
纸狮子也是死狮子。

7
四是四,十是十。
十四是十四,
四十是四十。
要想说好四和十,
得靠舌头和牙齿。
谁说四十是"细席",
谁的舌头没用力。
谁说四十是"事拾",
谁的舌头没伸直。
认真听,常练习,
十四,四十,四十四。

8
小王和小黄,
一块画凤凰。
小王画黄凤凰,
小黄画红凤凰。
红凤凰,黄凤凰,
只只变成活凤凰,
望着小王和小黄。

9
稀奇真稀奇,
麻雀踩死老母鸡,
蚂蚁身长三尺六,
八十岁的老爷爷坐在摇篮里。

10
哥哥挎筐过宽沟,

快过宽沟看怪狗，

光看怪狗瓜筐扣，

瓜滚筐扣哥怪狗。

七、怎样学习声母

学习声母，不单是个纯粹的技术问题，更重要的是能从学习中感到快乐。

声母是什么呢？一个音节（从听觉上最容易分辨出来的最小的语音单位。在汉语里，一般来讲，一个汉字就是一个音节）起头的音素（语音中最小的单位，音素构成音节）叫声母，其余的部分叫韵母。声母有21个。你上小学的时候，一定听老师讲过许多遍，也许你已经忘记了这些知识。不过，没关系，现在知道也不晚。声母很重要，你一定要把它发得有力、清楚，否则整个字音会读不准的。比如，"电话"中"电"的发音"diàn"，要是"d"读成了"t"，那就变成"tiàn"了，就没有人知道你要表达的意思了。

声母按发音部位的不同可分为双唇音、唇齿音、舌尖前音、舌尖中音、舌尖后音、舌面音和舌根音。

1. 双唇音

b（玻）、p（坡）：

"b"和"p"两个声母的发音很相似，不同之处在于前者不是用力送气，而后者需要用力送气。发音时，先把嘴唇绷紧闭上，然后猛地打开，送出气流就可以了。用力的，只是嘴唇中部，这样声音集中而有力。我们前面练的绕口令就是专门锻炼这一方面能力的。大家回忆一下，加上现在学到的技巧，是不是发音更准确一些呢？为了让大家读得更好，下面还有一些字词，也是每天练习要加进去的内容。

拨 伯 剥 驳 帛 钵 渤 百般 败北 斑白 板报 表白 标本

坡 泼 颇 破 迫 魄 粕 瓢泼 品评 匹配 偏旁 平叛 澎湃

m（摸）：

"m"这个声母的发音同样要双唇闭紧，唇中用力。发音时，注意舌尖平伸，不用力。虽然它是鼻音，但千万不要发音时把自己弄成娇滴滴的样子，鼻音过重就不标准了。

摸 磨 墨 没 默 陌 摹 墨盒 默然 眉目 面具 马匹

2. 唇齿音

f（佛）：

"f"这个声母在发音时，上门牙轻触下嘴唇的边缘，气流从唇齿间摩擦而出。注意不要上齿咬住下唇发音。

佛 发 否 凡 分 非 罚 反复 发奋 芬芳 夫妇 放风 风范

3. 舌尖前音

z(资)、c(雌)、s(思):

舌尖前音也叫平舌音。发音时,双唇微开,舌尖轻抵上齿背,然后微微放松,气流从窄缝中摩擦而出。要分辨卷舌音和平舌音,首先要锻炼耳朵的灵敏度,要听出之间的差别来,用心揣摩,这样问题就迎刃而解了。

自 紫 则 在 贼 早 增 自在 最早 自足 曾祖 栽赃 造作
草 藏 册 粗 凑 村 催 草丛 层次 参差 摧残 苍翠 催促
四 搜 扫 素 岁 涩 森 思索 色素 松散 三色 洒扫 琐碎

4. 舌尖中音

d(得)、t(特):

发音时,用舌尖抵住上齿龈,然后猛地松开,这时候一口气猛地呼出去。需要注意的是:是用舌尖抵住上齿龈,不是舌头的前部,不然就变成大舌头了。

的 店 但 等 东 电灯 当代 达到 大河 动荡 单打
特 疼 他 头 谈 头疼 体坛 体统 屯田 调停 颓唐

n(讷):

"n"是一个鼻音声母。发音时,舌尖抵住上齿龈,气流从鼻腔出来。注意口型不要太大,如果你能做微笑状,那就更好了。做微笑状也是你练声时候的主要状态,毕竟只是微笑。

呢 那 能 闹 您 诺 南 哪能 男女 牛奶 南宁 难弄 能耐

l(勒):

发"l"这个声母的音时,嘴要稍微咧得大一些,舌尖抵住上齿龈,气流从舌的两边流出去。在进行这个声母的发音练习时,可能会感觉难一些,其实不麻烦,大不了多听几遍录音。有的人"n""l"分得不是很清楚。没关系,只要记住前者是鼻音声母,后者不是,就很容易分开了。

拉 冷 林 六 路 连 领 绿林 连理 利率 历来 邻里 玲珑

5. 舌尖后音

zh(知)、ch(蚩)、sh(诗)、r(日):

"zh""ch""sh""r"这几个声母的发音就是我们常说的卷舌音。说它是卷舌音是因为发音时候舌尖抵住的是硬腭最前端(上牙床之后)。发音时,舌尖抵住硬腭最前端,然后微微放松,让气流从窄缝中摩擦而出。相对于上面的舌尖前音来讲,说它难是因为有的人所处的方言区,平时说话里没有卷舌的习惯,又分不清哪个音该卷舌、哪个音不该卷舌,所以弄得一团糟。其实只要多练习,用心听,慢慢地凭感觉就可以判断了。

只 正 真 站 找 准 桌 政治 庄重 正直 正中 卓著 蜘蛛
茶 柴 产 抄 挫 成 池 长城 驰骋 充斥 抽查 出差 拆除

市 爽 身 声 山 顺 上 赏识 山水 手术 烧水 设施 绅士
如 日 人 仍 容 热 绕 柔软 如若 忍让 容忍 荣辱 仍然

6. 舌面音

j(基)、q(欺)、x(希):

"j""q""x"是发音时比较容易出现问题的声母,女孩子尤其要认真地对待它们。发音时,舌面隆起,双唇微开,舌尖要轻抵下齿背,舌面前部贴硬腭,然后送出气流。说它容易出现错误,是因为方言或者发音习惯的关系。舌尖跑到了牙齿中间,或者用力过度,就出现了很怪而且刺耳的声音,声音会显得比较嗲。练习时,可以发得轻一点儿。

机 记 见 竟 就 将 叫 解决 经济 晋剧 即将 进军 检举
起 器 邱 拳 却 恰 晴 请求 恰巧 巧取 清泉 崎岖 亲切
席 新 学 想 选 性 小 详细 学习 喜讯 学校 相信 休息

7. 舌根音

g(哥)、k(科):

发音时,嘴稍微咧开,舌根抵住软腭,然后突然弹开送气。"g"不用用力送气,"k"要用力送气。

个 哥 搁 阁 隔 格 胳 戈 哥哥 高贵 公告 拐棍 古国 故宫
可 克 壳 颗 苛 咳 蚵 窠 开垦 苦口 夸口 亏空 困苦 旷课

h(喝):

发音时,舌根翘起,和软腭接近,气流从中间摩擦而出。

海 合 红 很 后 换 会 行会 和缓 好汉 很好 欢呼 荷花

你最近还听广播吗?如果你还在听,是否可以听出那些动听的声音都是由这些音节组成的呢?他们说的和你说的一样吗?你该一边思考一边来听广播了。对于大部分声母,考生都能正确发音。如果我们要高标准、严要求,那么考生就得多加练习了,因为在未来的考试和学习中,声母读好了,可以让你的声音更有力、更清晰。我们已经走了一段路了,已经不是刚开始什么也不懂的人了,这是多么值得庆祝的事情啊!接下来就让我们高高兴兴地开始下面的学习吧!

八、怎样学习韵母

韵母是音节的主要组成部分,你漂亮的声音要靠它来展现。韵母是需要好好品味的,要体会到那种拉开、滑动的感觉,这就像幸福是需要好好品味的一样。现在你品尝学习进步的幸福,未来你就会品尝到成功的幸福。

韵母就是汉字音节声母以后的部分,共39个,分3类,即单韵母、复韵母和鼻韵母。知道这些还不够,关键是要落实到嘴上,把它说好。

1. 单韵母

a(啊):

发音时,软腭挺起,口腔大开,舌平放,嗓子用力,气流放出。这是普通话里最基础的音节。发"a"这个音的时候,要自然,声音不要靠前也不要靠后,要把软腭挺起。

阿 八 拉 眨 萨 他 发 大厦 打卡 法拉 砝码 哈达 喇叭

o(喔):

以前,我们学习拼音的时候,"o"一般是读"我"音的,但是它的正确读法是"喔"音。怎样发这个音呢？发这个音的时候,双唇呈半圆状,舌根隆起,呼出气流就可以了。千万不要再读"我"音了,否则人家会笑话你不专业的。

噢 破 拨 佛 摸 卧 沃 波墨 婆婆 剥落 没落 摩托 剥夺

e(鹅):

这个音和上面的"o"发音方法差不太多,关键是最后的口型要稍微咧开一些。仔细体会一下每个音的区别,你会找到窍门的。

额 的 讷 车 则 色 哥 隔阂 各个 歌德 合格 色泽 折射

i(衣):

发音时,上下齿相对,口略闭,嘴唇扁平,舌前部上升,嗓子用力,气流放出。

以 比 里 几 西 米 提 细腻 极力 以及 意义 习题 密集 第七

u(乌):

发音时,上下牙、唇合拢,嘴唇收缩成圆形,舌后部上升,嗓子用力,气流放出。

如 涂 古 书 木 路 无 孤独 幅度 读书 督促 苦读 注目

ü(迂):

"ü"和"i"的发音方法也很相似,只不过是唇型的不同,关键是"ü"需要嘴唇收缩到最圆。

女 句 与 许 欲 娶 需 娱乐 女婿 居住 举动 屈服 曲剧

ê(婀):

发音时口半开,舌前部半降,嗓子用力,气流放出。在"i""u""ü"之后构成复韵母。

er(儿):

发音时,挺起软腭,舌中部隆起一点儿,微笑一下就可以了。这个发音要多多练习,如果发不好音,就会把"小桌儿"读错,从而闹出笑话。

二 儿 尔 迩 而 耳 贰 儿童 耳目 耳语 尔后 二胡 儿戏

2. 复韵母

复韵母是由两个或三个元音结合而成的韵母。复韵母的发音有两个特点。一是元音之间没有明显的界限,整个过程是从一个元音滑向另一个元音。二是各元音的发音响度不同：主要元音的发音口腔开口度最大，声音最响亮，持续时间最长；其他元音发音轻短或含混模糊。响度大的元音在前的，叫作前响复韵母；响度大的元音在后的，叫作后响复韵母；响度大的元音在中间的，叫作中响复韵母。

（1）前响复韵母

前响复韵母是指主要元音处在前面的复韵母。普通话前响复韵母有四个："ai""ao""ei""ou"。发音时，开头的元音清晰响亮，时间较长；后头的元音含混模糊，音值不太固定，只表示舌位滑动的方向。

ai(哀)：

发 a 时，口大开，扁唇，舌面前部略隆起，舌尖抵住下齿背，声带振动。发 ai 时，a 清晰响亮，后头元音 i 含混模糊，只表示舌位滑动的方向。

爱 白 买 奶 来 该 凯 彩带 拆台 买卖 灾害 开采

ao(熬)：

发 a 时，口大开，扁唇，舌头后缩，舌面后部略隆起，声带振动。发 ao 时，a 清晰响亮，后头的元音 o 舌位状态接近单元音 u（拼写作"o"，实际发音接近"u"），但舌位略低，只表示舌位滑动的方向。

包 毛 老 高 靠 朝 绕 遨游 翱翔 傲慢 奥妙 凹陷 熬心

ei(诶)：

发音时，起点元音是前半高不圆唇元音 e，实际发音舌位略靠后、靠下。发 ei 时，开头的元音 e 清晰响亮，舌尖抵住下齿背，使舌面前部隆起与硬腭中部相对。从 e 开始舌位升高，向 i 的方向往前高滑动；i 的发音含混模糊，只表示舌位滑动的方向。

陪 被 内 雷 给 黑 贼 贝类 配备 北非 飞贼 累累

ou(欧)：

发音时，开头的元音 o 清晰响亮，舌位向"u"的方向滑动，u 的发音含混模糊，只表示舌位滑动的方向。"ou"是普通话复韵母中动程最短的复合元音。

偶 否 头 周 手 肉 凑 欧洲 殴打 偶尔 呕吐 怄气 沤肥

（2）后响复韵母

后响复韵母是指主要元音处在后面的复韵母。普通话后响复韵母有 5 个：ia、ie、ua、uo、üe。它们发音的特点是舌位由高向低滑动，收尾的元音响亮清晰，在韵母中处在韵腹的位置。而开头的元音都是高元音 i-、u-、ü-，由于它们处于韵母的韵头位置，发音轻短，只表示舌位滑动的方向。

ia(呀)：

i 的发音较短，a 的发音响亮而且时间较长。

呀 崖 轧 哑 丫 雅 娅 家鸭 压价 恰恰 下压

ie(耶)：

i 发音较短，ê 发音响亮而且时间较长。

也 野 叶 液 掖 耶 晔 姐姐 贴切 谢谢 爷爷

ua(蛙)：

发音时,唇形由最圆逐步展开到不圆。u 发音较短,a 的发音响亮而且时间较长。

瓦 哇 洼 袜 娲 娃 凹 挂花 花袜 花褂 耍滑

uo(窝)：

"uo"由圆唇后元音复合而成。发音时,从后高元音 u 开始,舌位向下滑到后半高元音 o 结束。发音过程中,唇形保持圆唇,开头最圆,结尾圆唇度略减。u 发音较短,o 的发音响亮而且时间较长。

卧 喔 我 握 沃 挝 斡 错落 哆嗦 堕落 国货

üe(约)：

"üe"由前元音复合而成。发音时,从圆唇的前高元音 ü 开始,舌位下滑到前半低元音 ê,唇形由圆到不圆。ü 的发音时间较短,ê 的发音响亮而且时间较长。

月 乐 阅 粤 决 学 略 雀跃 雪月 绝学 约略

（3）中响复韵母

中响复韵母是指主要元音处在中间的复韵母。普通话中的中响复韵母共有 4 个：iao、iou、uai、uei。这些韵母发音的特点是：舌位由高向低滑动,再从低向高滑动。开头的元音发音不响亮,较短促,只表示舌位滑动的开始；中间的元音清晰响亮；收尾的元音轻短模糊,音值不太固定,只表示舌位滑动的方向。

iao(腰)：

发音时,由前高不圆唇元音 i 开始,舌位降至后低元音 a,唇形从中间的元音 a 开始由不圆唇变为圆唇。

妖 交 桥 小 秒 了 条 要求 飘扬 刁难 聊天 窍门 消灭

iou(忧)：

发音时,由前高不圆唇元音 i 开始,舌位后移且降至后半高元音,然后再向后高圆唇元音 u 的方向滑升。发音过程中,舌位先降后升,由前到后；唇形由不圆唇开始到后元音 o 时,逐渐圆唇。

就 六 修 酒 有 求 幼 丢失 牛郎 究竟 秋季 休息 优秀

uai(歪)：

发音时,由圆唇的后高元音 u 开始,舌位向前滑降到前低不圆唇元音 a,然后再向前高不圆唇元音 i 的方向滑升。舌位动程先降后升,由后到前。唇形从最圆开始,逐渐减弱圆唇度,至发前元音 a 始渐变为不圆唇。

外 怪 拽 坏 快 侩 徊 乖巧 快乐 揣测 衰败 坏蛋 歪斜

uei(威)：

发音时,由后高圆唇元音 u 开始,舌位向前、向下滑到前半高不圆唇元音 e 的位置,然后再向前高不圆唇元音 i 的方向滑升。发音过程中,舌位先降后升,由后到前。唇形从最圆开始,随着舌位的前移,渐变为不圆唇。

  为 吹 贵 对 岁 追 奎 规律 亏损 吹捧 水分 瑞金 虽然

3. 鼻韵母

  鼻韵母是指带有鼻辅音的韵母,又叫作鼻音尾韵母。鼻韵母的发音有两个特点。一是元音同后面的鼻辅音不是生硬地结合在一起,而是有机的统一体。发音时,逐渐由元音向鼻辅音过渡,逐渐增加鼻音色彩,最后形成鼻辅音。二是除阻阶段作韵尾的鼻辅音不发音,所以又叫唯闭音。鼻韵母的发音不是以鼻辅音为主,而是以元音为主,元音清晰响亮,鼻辅音重在做出发音状态,发音不太明显。

  发鼻音最大的要求是不能鼻音太浓,点到即可。如果过分依赖鼻子,男声会发嗲,女声也会显得娇滴滴的,不好听。

(1) 前鼻音韵母

  前鼻音尾韵母指的是鼻韵母中以-n为韵尾的韵母。普通话中的前鼻音尾韵母有8个:an、en、in、un、ian、uan、üan、uen。韵尾-n的发音部位比声母n-的位置略微靠后,一般是舌面前部向硬腭接触。

  an(安):

  发音时,起点元音是前低不圆唇元音a,舌尖抵住下齿背,舌位降到最低,软腭上升,关闭鼻腔通路,口形由开到合,舌位移动较大。

  安 晚 蚕 蓝 看 赶 谈 安然 案犯 岸标 岸然 安插 安装

  en(恩):

  发音时,起点元音是央元音e,舌位中性(不高不低,不前不后),舌尖接触下齿背,舌面隆起部位受韵尾影响略靠前,口形由开到闭,舌位移动较小。

  奔 趁 身 真 门 振 分 恩惠 恩情 恩怨 恩德 恩泽 恩典

  in(因):

  发音时,从舌位最高的前元音i开始,舌面升高,舌面前部抵住硬腭前部。当两者将要接触时,软腭下降,打开鼻腔通路,紧接着舌面前部与硬腭前部闭合,使在口腔受到阻碍的气流从鼻腔透出,开口度几乎没有变化,舌位动程很小。

  林 今 尽 品 新 金 引 因果 宾客 拼写 林场 今天 亲切

  ün(晕):

  发音时,起点元音是前高圆唇元音ü,与in的发音过程基本相同,只是唇形变化不同。从圆唇的前元音ü开始,唇形从圆唇逐步展开,而in的唇形始终是展唇。

  军 云 寻 群 训 俊 君 云彩 运动 军队 俊俏 群众 寻找

  ian(烟):

  发音时,从前高不圆唇元音i开始,舌位向前低元音a的方向滑降,舌位只降到半低前元音。

片　边　面见　眼　先　前　淹没　编造　面貌　颠倒　填写　黏糊

uan(弯)：

发音时,由圆唇的后高元音 u 开始,口形迅速由合口状变为开口状,舌位向前迅速滑降到不圆唇的前低元音 a 的位置就开始升高。

弯　转　段　团　乱　换　酸　弯曲　端正　团结　欢迎　专长　软弱

üan(冤)：

发音时,由圆唇的后高元音 ü 开始,向前低元音 a 的方向滑降,舌位只降到前半低元音 ê 略后的位置就开始升高。

援　远　卷　愿　泉　拳　娟　愿望　捐献　圈套　劝说　宣传　选择

uen(温)：

发音时,由圆唇的后高元音 u 开始,向央元音 e 的位置滑降,然后舌位升高。发 e 后,软腭下降,逐渐增强鼻音色彩,舌尖迅速移到上齿龈,最后抵住上齿龈做出发鼻音-n 的状态,唇形由圆唇在向中间折点元音滑动的过程中渐变为展唇。

昆　春　润　问　论　滚　存　困难　春色　顺利　温暖　尊敬　村庄

(2) 后鼻音韵母

以"ng"结尾的字母就是后鼻音,在发音的时候要相对比前鼻音往后一些。在发音的时候,注意把嘴张得大一些,舌根上抬,送出气流,这个音就发好了。有很多人前后鼻音不分,把"宾"(bīn)读成"兵"(bīng),这是比较大的问题。大家可以交替发前鼻音和后鼻音,比较彼此之间的差异,一定要发准确。在考场上哪怕有一点不标准,那些耳朵灵敏的考官也会一下子听出来的。

ang(昂)：

发音时,起点元音是后低不圆唇元音 a,口大开,舌尖离开下齿背,舌头后缩。从"a"开始,舌面后部抬起。当贴近软腭时,软腭下降,打开鼻腔通路,紧接着舌根与软腭接触,封闭了口腔通路,气流从鼻腔里透出。

盎　忙　当　躺　浪　刚　长　光芒　昂贵　昂扬　昂然　盎司

eng(亨的韵母)：

发音时,起点元音是央元音 e。从 e 开始,舌面后部抬起,贴向软腭。当两者将要接触时,软腭下降,打开鼻腔通路,紧接着舌面后部抵住软腭,使在口腔受到阻碍的气流从鼻腔里透出。

冷　等　横　正　成　仍　声　风筝　增加　生产　成风

ing(英)：

发音时,起点元音是前高不圆唇元音 i,舌尖接触下齿背,舌面前部隆起。从 i 开始,舌面隆起部位不降低,一直后移,舌尖离开下齿背,逐步使舌面后部隆起,贴向软腭。当两者将要接触时,软腭下降,打开鼻腔通路,紧接着舌面后部抵住软腭,封闭口腔通路,气流从鼻腔透出，口形没有明显变化。

应 并 顶 听 拧 令 青 英明 明净 叮咛 聆听

ong(轰的韵母)：

发音时，起点元音是后高圆唇元音 u，但比 u 的舌位略低一点，舌尖离开下齿背，舌头后缩，舌面后部隆起，软腭上升，关闭鼻腔通路，唇形始终拢圆。

共 同 动 终 农 空 弘 隆重 通融 东西 空洞

iang(央)：

发音时，由前高不圆唇元音 i 开始，舌位向后滑降到后低元音 ɑ，然后舌位升高。

样 娘 江 强 想 两 抢 娘亲 良好 江涛 香料

uang(汪)：

发音时，由圆唇的后高元音 u 开始，舌位滑降至后低元音 ɑ，然后舌位升高。从后低元音 ɑ 开始，舌面后部贴向软腭，唇形从圆唇在向折点元音的滑动中渐变为展唇。

望 装 矿 双 壮 广 黄 瓜筐 庄重 窗户 双手

ueng(翁)：

发音时，由圆唇的后高元音 u 开始，舌位滑降到央元音 e 的位置，然后舌位升高。从央元音 e 开始，舌面后部贴向软腭，唇形从圆唇在向中间折点元音滑动过程中渐变为展唇。在普通话里，韵母"ueng"只有一种零声母的音节形式"weng"。

翁 嗡 滃 蓊 塕 瓮 蕹 水瓮 老翁 嗡嗡 翁仲

iong(雍)：

发音时，起点元音是舌面前高圆唇元音 ü，发 ü 后，软腭下降，打开鼻腔通路，紧接着舌面后部抵住软腭，封闭口腔通路，气流从鼻腔里透出。为避免字母相混，《汉语拼音方案》规定，用字母 io 表示起点元音 ü，写作 iong。

穷 窘 兄 涌 熊 琼 迥 汹涌 炯炯 苍穹 拥护

九、怎样准确地吐字归音

1. 口腔控制要领

读单字、两字词时，你练得很刻苦，发音也标准。可是读句子时，你还是会发现你说的普通话有点儿不那么标准。事实上，你说的普通话要想达到标准规范还要在口腔控制上下功夫。你能够灵活控制你的口腔，你才能自如地掌控声音，语音也才会标准。下面就详细地讲一下口腔控制的要领。

口腔是人体发音共鸣腔中最容易控制的器官。打开口腔不是一味地张大嘴，而是指发音时口腔内壁肌肉绷起，呈腔圆壁坚的状态。同时，音波在口腔内得到良好的共鸣，使其发出的声音圆润响亮。平时，我们张大嘴时，口腔是前大后小，而按照吐字的要求是前口腔和后口腔都要打开。这就要求上腭用力上抬,下巴放松。这种感觉有点儿类似于大口咬苹果的感觉。

打开口腔可从以下四个方面入手练习:

提颧肌。提颧肌不是做出微笑的状态,而是颧肌稍有紧张的感觉就可以了。颧肌提起的时候,口腔的前部以及上腭的顶部有展宽的感觉,这时我们的鼻孔也会略微张大。同时,唇尤其是上唇会感觉到紧贴牙齿,使唇的运动有了依托,这样容易发出力量,对吐字的清晰明亮会产生积极的影响。

打牙关。打开牙关主要是指口部双侧向上、向后仰,保持向上提起的感觉。这样做也是为了加大口腔的开度,使口腔产生共鸣。你可以想象上牙槽、下牙槽、后槽牙之间有一指厚的海绵垫,撑起了牙关和两颊肌肉。

挺软腭。挺起软腭是指抬起上腭后部软腭的动作。挺软腭可以加大口腔后部的空间,同时减小鼻腔出路的入口,以避免声音过多地灌入鼻腔而造成浓重的鼻音。男生用半打哈欠和干杯痛饮时的动作体验挺软腭的感觉,女生可用倒吸冷气的感觉来找到挺软腭的感觉。

松下巴。发音时,下颌向内微收,开合动作保持自然,这是灵活发音的必要条件。有的人在播音时下颌动作僵死,引起喉部紧张,使发音不顺畅。造成这种状态常与对发音动作过程缺乏正确认识、注意力过分集中在下颌动作上有关。初练时,可用手扶住下巴,放松肌肉,然后缓缓地抬头打开口腔,再缓缓地低头闭口,体会松下巴的感觉。

前三步做到位之后,你会感觉到自己的上口盖主动地往上方提了起来,这就明确了声音发出的路线和字音的着力位置。我们发出的声音,应该沿着软腭、硬腭的中纵线,推到硬腭的前部。想象自己的声音就像出膛的子弹,有一个清晰的抛物线痕迹直至靶心。练习时,可以在对面墙上画一圆点,想象声音投入其中。

2. 吐字归音

口腔的控制能力增强了,就可以进入吐字归音的练习了。要准确掌握吐字归音的要领,就要先了解汉语音节的结构。在吐字的过程中,对字头、字腹、字尾的处理,分别叫作出字、立字和归音。例如,汉字"包"的音标 bao(音节)=字头 b+字腹 a+字尾 o。

把一个汉字的吐字发声的过程想象成一个枣核的形状,两头尖、中间鼓。字头、字腹、字尾这三个部位有不同的要求:字头出字,要求叼住弹出;字腹立字,要求拉开立起;字尾收音,要求弱收到位。

3. 勤加练习

以上的学习内容,要加入到你每天的练声当中去,每天至少读一遍。其实一遍是远远不够的,你不会只读一遍的,因为你很好学。在刚开始练的时候,不要贪图快,先发好每一个音素,再连在一起发音节,注意要按照吐字归音的要求发完整。如果你发音不全,那就给每个字标上声调,按声调把音节拉开来读,这样不论什么样的音节就都能读好了。

对每个字、每个音节都要带着兴奋的心情去读,这样每天的练习都像是和老朋友见面一样亲热。这样练习,你不会感觉到累,还会盼望着练声,你的进步就会很快。没有什么奥妙,只因为你是高兴的,高兴时做事就会有事半功倍的效果。

讲到这里,好多考生会觉得早在十几年前他就学过吐字归音了。那位有着长长的头发、美丽的大眼睛的王老师教他的样子至今还记得;在他一岁的时候,妈妈买的汉语拼音挂图,还在家的储藏室里放着呢。这些都是你此生最美好的回忆了。但是,现在你早就不是当年那个胸前挂着小红花的乖宝宝了,对自己的要求也已不是当年的标准了。在你童年的时期,老师不可能很严格地要求你的发音。只要你发的音基本正确,老师就很高兴了,一朵美丽的小红花就会飞到你的胸前,而现在是要以未来著名主持人的标准要求自己了。所以,你不可以掉以轻心,要认真学习。你要检查自己当年是否学得完全正确,检查当年的好习惯你留下了多少。如果当年学得完全正确,那就再好不过了,那样你就不用在这个方面花费太多力气了。但是,如果有哪个音节出了问题,你要认真纠正它,直到读正确了为止。

这些因素就像将要建设的大楼的每一块砖,只有它们都方方正正了,你的大楼才有可能坚固漂亮,你才可以在上面装饰文案,让大楼更美丽。但是,如果有其中某一块砖不好的话,这个大楼就不安全了。怎么在没有老师指导的情况下来判断你的"砖"是不是合格呢?方法很多,除了你的同学之外,还有收音机里那些全国最好的播音员,你知道他们和你一样都是用这些"砖"造"房子"的。每天半个小时的新闻节目就像是一座好房子,这房子造得好漂亮啊!你好羡慕啊!不要着急,大家的原料都是一样的,只不过他们是老建筑师了,你们才刚刚开始而已。我相信通过学习,你可以和他们一样把"房子"造得那么好。

我们先来对比一下各自的原材料吧,看看他们的"砖"和你的"砖"有哪些不一样。现在你已经学会分析了,比如"新"字每一个音素和你发的音一样吗?如果不一样,那么又不一样在哪儿?这样的学习方法也许你觉得太慢了,没关系,不怕慢,就怕站。你可以录下来一小段,也读一遍,再和他们读的情况对照一下,找找差别在哪里。当然你听得越多,就越能听出门道,这是无数事实已经证明了的。模仿是很好的学习方法,尤其是在学习普通话方面。你可以分析一下他的读音中的音节,还可以跟读。学习方法很多,坚持下去,也许有一天你会发现你已经进步了很多。

十、轻声、儿化和声调

普通话里的字词发音有很多的变化。情况不同,字音也会因此而改变。在读文章时,你要根据语句的不同意思来判断字词发音的变化。普通话的音变主要有以下几种情况,我们来分析一下其中的奥秘。

1. 轻声

普通话里有些字词在句子里或一些特别的情况下,读音会变得轻而且短,这就是轻声,例如"的""了"等,再如"包涵""把手"等词的后一个字。此外,读轻声还是正常读音与词的意思有很大关系。以词语"干事"为例,如果"事"不读轻声,这个词的意思就是"做事情";如果读轻声,它就成了一种职务的名称,如在军队里供职的"干事"。大家一定要注意这些细微之处。

轻声不难掌握,因为许多的北方朋友说话就有这样的习惯。南方人发轻声的现象不多,所以南方的同学要注意一下。年轻人喜欢模仿的港台腔,让人听起来怪怪的,所以还是不要乱学习港台腔!

如果你存在轻声不辨的现象,一定要多听新闻。古人云:"近朱者赤,近墨者黑。"各位一定多听好的播读,少模仿港台腔。

2. 儿化

儿化多存在于北京话当中,在普通话里多用来表达可爱细小的事物,这是判断一个词是否儿化的重要依据。在新闻和严肃的稿件中尽量不读儿化音。考试时,指定稿件中也会出现几个儿话音,目的是考查你会不会发儿化音。发儿化音的时候要注意最后的儿化音不要发重,几乎就是个口型。多模仿可以很容易让这个问题得到解决。

3. 声调

有的考生发现自己语音正确、声音动听,可是总觉得不如有些人的普通话流利优美,问题很可能出在声调上:要么是声调发不准,要么就是声调弄错了,所以读出来让别人听着感觉怪怪的。声调对于学好普通话是很重要的,声调读正确是普通话流利动听的重要保障,努力学习声调会让你的普通话更加准确悦耳。

普通话四声的标记方法,就是用一条竖线作为标尺,将调分为5个位度,位度由下到上表现出来的就是声音由低到高的变化。下面就用表格和曲线图来表示声调变化的轨迹,这样声音的起伏一下就看明白了。

汉语拼音声调一览表

声调	名称	调值	特点
一声	阴平	55	高平调
二声	阳平	35	中升调
三声	上声	214	降升调
四声	去声	51	全降调

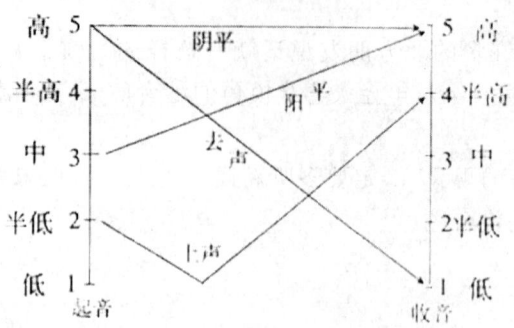

汉语拼音声调调值图

猛然看起来,声调的变化还是有点复杂,其实大多数考生的声调还是基本正确的,问题出在不能完全发到位。比如,一声的调值应该是"55",有的考生发成"53",听起来虽然只有一点点差别,但效果还是相差很大的。要想改正的话,最好的方法是画着声调的轨迹线练习。不要过于在意一声的"55"应该是多高,每个人的基础音高都不一样:有的人的起音是"5",可是另外一个人的起音可能是"4"。关键是要自成一个标准,不要乱了就好。

有些考生不注意声调的变化,原因是觉得到了文章中字词的声调变化不明显了,这显然是一个错误的认识,因为普通话中很多词语都是音节相同,但是声调不同,不同声调的字词表达的是不同的意思。比如"适时"和"时世",如果声调读不准会严重影响到词语意思的表达。而声调读得准确,不仅可以准确表达语句的意思,而且可以让整篇文章显得灵活生动。俗话说:"差之毫厘,失之千里。"缺憾还是完美就在分毫之间,大家千万不要忽视。

练习普通话的声调,就要找到规律。在四声准确的基础上,要根据内容有感受地发出每一个音节,要反复大量练习单音节词、双音节词、四音节词,还应包括诗词、段子、绕口令等等。练习时,要做到高音不挤、低音不散,声音由小到大、由弱到强、刚柔结合、控制适度。

(1) 单字声调练习

本部分既练习声调,也练习声母、韵母的发音。注意声调要准确,吐字要有力,要咬住字头、拉开字腹、收住字尾,声音要连贯,气息控制要自如。

练习时,要体会气息的运动、变化,尤其是用夸张的"上声"体会气息的变化。对"阴平"音,练习时气流平稳;对"阳平"音,练习时气要拉住,力度要加强,避免高音窄、挤;对"上声"音,发音时声带由较松慢慢到最松,再很快拉紧;对"去声"音,练习时气要托住,口腔要控制住,避免气息起时衰弱。

汉字声调练习案例表

	阴平	阳平	上声	去声
ba	巴	拔	靶	罢
fang	方	房	仿	放
ke	科	咳	渴	刻
han	酣	含	喊	汉
xiang	香	详	想	象

续表

	阴平	阳平	上声	去声
sui	虽	随	髓	岁
fei	飞	肥	匪	费
xie	些	斜	写	泻

（2）两字词声调练习

两字词的练习要结合气息一块儿练，尤其是夸张的"上声"练习，对于体会气息的运动变化是个好方法。练习时，读"阴平"音，要平稳，气势平均、不紧；读"阳平"音，用气弱起，逐渐强；读"上声"音，降时气稳，扬时强；读"去声"音，强起到弱气通畅。

阴阴

| 参加 | 西安 | 播音 | 工兵 | 拥军 | 丰收 |
| 香蕉 | 江山 | 咖啡 | 班车 | 单一 | 发声 |

阴阳

| 资源 | 坚决 | 鲜明 | 飘扬 | 新闻 | 编排 |
| 发言 | 加强 | 星球 | 中国 | 签名 | 安全 |

阴上

| 批准 | 发展 | 班长 | 听讲 | 灯塔 | 生产 |
| 艰苦 | 歌舞 | 公款 | 签署 | 根本 | 方法 |

阴去

| 庄重 | 播送 | 音乐 | 规范 | 通信 | 飞快 |
| 扶正 | 刚烈 | 公映 | 酣畅 | 解密 | 蒙骗 |

阳阴

| 国歌 | 联欢 | 革新 | 南方 | 群居 | 农村 |
| 长江 | 航空 | 围巾 | 营私 | 原封 | 图书 |

阳阳

| 直达 | 滑翔 | 儿童 | 团结 | 人民 | 模型 |
| 联合 | 驰名 | 临时 | 吉祥 | 灵活 | 豪华 |

阳上

| 华北 | 黄海 | 遥远 | 泉水 | 勤恳 | 民主 |
| 情感 | 描写 | 难免 | 迷惘 | 平坦 | 旋转 |

阳去

| 豪迈 | 辽阔 | 模范 | 林业 | 盘踞 | 局势 |
| 革命 | 同志 | 崇敬 | 雄厚 | 行政 | 球赛 |

上阴

| 指标 | 统一 | 转播 | 北京 | 纺织 | 整装 |
| 掌声 | 法医 | 演出 | 广播 | 讲师 | 取消 |

上阳

| 指南 | 普及 | 反常 | 谴责 | 讲完 | 朗读 |
| 考察 | 里程 | 起航 | 软席 | 领衔 | 党员 |

上上

| 古典 | 北海 | 领导 | 鼓掌 | 广场 | 展览 |
| 友好 | 导演 | 首长 | 总理 | 感想 | 理想 |

上去

| 改造 | 舞剧 | 主要 | 访问 | 考试 | 想象 |
| 宰相 | 宇宙 | 影院 | 仰仗 | 省视 | 武断 |

去阴

| 下乡 | 矿工 | 象征 | 动机 | 贵宾 | 列车 |
| 卫星 | 认真 | 降低 | 特征 | 印刷 | 气温 |

去阳

| 自然 | 化学 | 措辞 | 特别 | 电台 | 会谈 |
| 政权 | 配合 | 未来 | 要闻 | 调查 | 辨别 |

去上

| 耐久 | 剧本 | 跳伞 | 下雨 | 运转 | 外语 |
| 伴侣 | 信仰 | 戏曲 | 电影 | 历史 | 探险 |

去去

| 日月 | 大厦 | 破例 | 庆贺 | 宴会 | 画像 |
| 示范 | 现世 | 快报 | 致意 | 建造 | 干部 |

在一个词连续的读音中，声调会发生变化，这便是变调。平常的朗读中，变调主要是针对"一""七""八""不"等特殊的字来说的。广播中"八""七"不变调。"一""不"的变化规律是：去声、轻声前读阳平，如"一趟"中的"一"，"不去"中的"不"；非去声（轻声）前读去声，如"一张""一年"中的"一"，"不同""不好"中的"不"；三字中间读轻声，如"看一看""听一听""学一学"中的"一"，"吃不了""了不起""去不了"中的"不"。

十一、怎样美化你的声音

普通话不仅要说得标准还要说得动听，使人听得舒服、悦耳。你的声音伸缩性好，有感染力,就能在考试中获得更高的分数。我们接下来就研究一下怎样美化声音这个问题。

声音的好听与否和共鸣腔有很大的关系。有的人天生共鸣腔就好,说起话来像一个大音箱,富有表现力。有的人可能就稍微差一点儿了,但是这也是可以通过后天调整得到改善的。我相信你通过练习一定可以获得优美的声音。

人体的共鸣器官主要有胸腔、口腔和头腔等三大腔鸣体。胸腔包括喉头以下的气管、支气管和整个肺部。口腔包括喉、咽腔及口腔。头腔包括鼻腔、上颌窦、额窦等。那些动听的声音都是由这样几个共鸣腔相互配合来完成的。播音员、主持人的共鸣方式是以口腔共鸣为主,以胸腔共鸣为基础的声道共鸣方式。如果鼻腔共鸣用得过多会让声音发嗲,影响字音的清晰度。而头腔共鸣主要用来发高音,用来展示高亢激越的情感。口腔共鸣腔是我们最重要的共鸣腔,这不仅因为口腔里的各个器官同样肩负着"咬字"的任务,而且播音员、主持人使用的中音也主要是由它来完成的。胸腔共鸣虽然不直接参与语音的制造,但它能使音量增加,让声音更加洪亮、浑厚、有力,这种声音也是我们希望得到的。

很多同学在发声方面或多或少地存在着这样或那样的问题,距离播音与主持艺术专业的录取要求有不小的距离。有的同学声音单薄,有的同学声音发闷,有的同学有娃娃音,这些都是需要改进的。经常有人问我怎样让他的声音变得浑厚一些,声音太靠后又该怎么办。这些问题解决起来的确是有一些训练方法的,但是这些问题归根结底还是日常练声太少造成的。如果练声刻苦,这一切问题都会迎刃而解的。尤其是备考时间较短的同学,无暇专门抽出时间针对这一方面的不足做大量练习。当然,如果针对声音问题专门做大量的练习也可能会打乱练声计划,还不如抓住最根本的东西,每天坚持练声,追求整体性的提高更为科学。通过"共鸣调节"可以让声音呈现出强与弱、高与低、刚与柔、明与暗、虚与实等有机转换。

在美化声音这一节,同学们首先要找到自己最舒服的发声位置、最漂亮的基础音色,然后加以保持。可能有些同学的声音存在着这样或那样的缺陷,我在这里告诉大家的是:不要怕,勤加练习,功到自然成。在播读文章的时候也要注意,如果播读的内容发生变化,要随时根据内容的变化作出调整,只有符合内容的声音变化才是考官们想听到的。

接下来的练习就可以让你的声音富有弹性。下面讲两种美化声音的方法供大家参考。

"**声音阶梯**"练习法。这种方法好似诗句"欲穷千里目,更上一层楼"的意思。具体的做法为:从自己的中音开始不断重复朗读,每次都比上一次提一点儿音高直到不能再高;再从自己的中音开始不断重复朗读,每次都比上一次降低一点儿音高直到不能再低。你可以想象声音分别在五个高度发声会多么有趣。练习时,你可以把这五个高度想象成"井底—地面—桌面—天花板—蓝天白云之上"。

"**声音铺地**"练习法。这种方法好似诗句"床前明月光,疑是地上霜"的意思。具体的做法为:自然站立,气息下沉,你想象着声音如扇面铺满地面。练习时,要注意声音的集中度。

十二、怎样停连

学了这么多语音知识,也许你已经能把每一个字词都读得很准了,那么怎么把句子或者文章读得更好呢?如果你解决了语音问题,读好句子就不是很难的事情了。你只需要再学习一些技巧,就会把文章读得有模有样了。有了前面学习语音的经验,学习读句子的技巧就更快了。如果你的理解能力足够高,你就会觉得越学越有意思,越学越带劲儿,不信学着瞧!

说普通话就像人生一样要懂得适时进退。古人云:"达则兼济天下,穷则独善其身。"读句子时,句子当中的停连和重音也是这样。大胆地停连吧,它会让你的朗读既充满艺术美又有无穷的"杀伤力"。

1. 停连的作用

不管你的气息多么雄厚,说话的时候总要有喘口气的时候。有时候,你也可以一口气读很长的句子。这种你不喘气读句子的方法就是"连",相反你喘气了就是"停"。连得不合适或者停得不合适的时候都会闹出笑话。比如,你说:"我是你叔叔派来的。"如果你不小心或者恰巧在"叔叔"的后面停了几秒,句子就读成"我是你叔叔——派来的"。人家就会很不高兴:明明两个人是哥们儿,怎么就变成叔叔了呢?这不是乱了辈分了吗?看样子读句子还真的不能乱停。也许你觉得这太可笑,但是有的时候在读别人写的长句子的时候,你理解得不对,停错、连错就成了常见的事情。尤其在考试中,考官经常会把一些相似的句子放到文章中把你难住。所以,我们还是仔细分析一下停连的作用吧。

(1) 停连为句子的意思服务

停连是不能以损坏语句意思表达的清晰度为前提的,就是说不管你停连做得怎样,你都要让别人明白你要表达的意思。有时候,我们觉得文章中的一句话有歧义,但是听人家读很容易明白句子的意思。这固然和表达的感情色彩、语音重读有很大关系,但语句中间正确的停连更容易让人明白语句的意思。所以,语意的清楚明了不仅是停连的前提,也是你确定停连的标准之一。例如,有这样一个句子:"为庆祝老年节,局机关给老干部发放一次性生活补助 500 元。"本来句意很明确,可是有位老兄一时大意,读成了"为庆祝老年节,局机关给老干部发放一次——性生活补助 500 元"。他在"一次"后面停了一下,意思马上发生了改变,"一次性"本来是"补助"的修饰语,却被他读错了——此处乱停顿造成的结果是这 500 元竟成了老干部的性生活补助!听到的老干部风趣地说:"其他的补助我们就要了,要是性生活补助我们还不好意思领了呢。"这听起来是个笑话,大家哈哈一笑也就过去了,可是要是在那些关系国计民生的大问题上读错了意思,可就不是哈哈一笑的问题了。停连首先要考虑语句的意思,这涉及朗读者的文字功底。如果真的是才疏学浅,许多句子不理解意思,那就等着闹笑话吧。作为考生来讲,不理解的就赶快问,抓紧时间学习,要明白每一个词语的含义,弄清句子的结构,千万不要囫囵吞枣、一知半解地读稿件。

（2）停连为感情服务

任何句子都是有感情基调的。要把句子读得活灵活现，还要看句子所要表达的思想感情。要在语意表达清楚的前提下，根据文章中的感情需要来设计停连。比如，有个学生上学迟到了，老师问他原因，学生一边想理由一边回答，他的回答是："我……我……半路上送一位老奶奶过马路了。"这个时候"我"之后要进行停顿，要是非常连续地读下来，表达的语气、感情就大不一样了。要知道文章的感情调子是变化的，句子的停连也不是僵化的：人激动的时候说话快，停得少，连得多；人忧郁、思考的时候，停得就多，连得就少。要注意区分和体会停连的不同变化，而不要过分依赖标点符号，按照人的心理变化合理安排停连才是我们需要的。

（3）停连体现朗读者的个性

停连有一定的规律，但是在语意清楚的前提下，根据朗读者自身条件的不同和对稿件理解的差异，是允许他们有一定的创造性和变化的。比如，某人气息强些，可能安排的停就少一些；某人气息弱些，安排的停就多一些。需要注意的是，停连不仅仅是针对朗读者本人，更多的是要考虑听者的感受，这同样是安排停连的一个重要标准。比如，读到一个新的概念出现或出乎意料的事情发生，这时停可能就要安排得长一些，让听者有个回味的余地和理解的过程。切不可为了炫耀自己善于憋气的能耐，一口气快速地读很多，让大家听不明白。如果只顾自己说得痛快，听者就有可能说："对不起，您说慢点儿好吗？刚才的话重说一遍好吗？"那可真是既尴尬又失败的感觉。

气息弱一点儿的可以适当放慢朗读的节奏，按照自己的情况安排轻重缓急，这同样可以起到很好的效果。

2. 怎么停连

是不是所有的停连都是同一种处理方式呢？当然不是。一个完整的句子，意思表达完之后的停顿要有结束感，尤其是一个段落和一篇文章的最后，这一点是特别需要注意的。一个完整段落的意思表达完之后，如果没有结束感，就很容易把整篇文章读乱，让听的人犯糊涂。那些以"一年后""后来"等字眼开头的段落，之前的停顿要稍微长一些。另外，停顿只是暂时的没有声音，并不表示感情的中断。在这个空白的时段，你的思想要及时地转移到下一段的情景中去。哪怕是短短的两秒钟，你也要仿佛经历了太多的事情一样，开口说："转眼，小虎十八岁了……"这常常是考官考查学生水平的重要方面。如果表达准确就可以给你的朗读增色不少，起到"此处无声胜有声"的效果。

停的时候要小心谨慎，连的时候也要注意变化，不要呆板，哪怕是地名和人名的排列也要结合当时文章的寓意正确地读出变化来。

文章要通篇把握，连得太多，有时会读成一片，没有层次，让听的人昏昏欲睡。出现这种情况的原因是不自信或者不明白文章的意思，见字就读，直到把文章读完。文章读完了，别人问你读的内容是什么，可能你只能回答"不知道"了。

一篇文章如果停的地方太多就会显得支离破碎，如一盘散沙，时断时续，不连贯，不流畅，你的朗读效果也不会好。怎么解决这个问题呢？在保证语意清楚和气息平稳的前提下,注意关键"部位"的停连,这样就会把文章读好。哪些是文章的关键"部位"呢?通常来讲,表示文章中语言逻辑变化的地方和故事发展的重要部分都是关键部位,读好它们才能做到重点突出、层次清晰。这样的效果就像悦耳的音乐,高低起伏、自然变化,是一种美的享受。在这里提醒大家,既然是文章的关键"部位",那就不会很多,多了就不能都称之为关键了。另外,对于新闻稿件来说,要多连少停,这是常识。还有的同学担心结巴,担心出错,就会多停几次,这样做的效果是不是就好了呢?其实这是个错误的认识。停的地方多了,反而出错的概率高了。相反,如果形成了语流,把握住了节奏,自然流畅了,这样就不会出错了。

  停连容易犯的错误是把所有句子的最后几个字都是一样的处理方法。这样会造成句子都是开头高、结尾低的效果。这样做不仅不符合稿件朗读的要求,而且还显得呆板,这是要避免的。可以多听一些名家的朗读录音,听听人家是怎么处理的,改正的方法是很容易找到的。

十三、怎样找重音

  重音连着停连,因为停连是表达重音的重要方法,是把文章读好的重要手段。我们每说一句话都有特定的目的。比如"我要钱"这句话,重音放在不同的字上就会有不同的效果。如果问"谁要钱",那重音是在"我"字上;如果问"你要什么",那重音就在"钱"字上。这是不是有些太容易了呢?可不要小看重音。你把重音读错了,也就意味着你对文章的理解出现了偏差。如果句子长了,读错重音就很容易把听者弄糊涂,把文章的意思表达错误,就是俗称的"驴唇不对马嘴"。

  那么怎么选择重音呢?重音是为了突出语句中的中心词,说明语句要表达的目的。明白了文章的中心思想,很自然,你就能准确地找到表达这些意图的词语了。

  对语句意思有重大影响的中心词,如"是""不是",也是根据语句的中心思想来确定的。

  一些常规重音,如时间、地点、人名和展现逻辑关系的词,在朗读的时候都是要特别注意的。

  怎么强调重音呢?重音就要在朗读中让它突出地表现出来。什么是"突出"呢?和其他内容的表现方式不同就是突出。强调重音首先要有个度:不仅重音数量不能过多,而且强调的幅度也不能太大。如果过分了,会使别人以为你在说反话,使语句意思变得混乱。最常用的办法是比其他词重一点儿,和其他词有个对比,从而使其突出。在正常的播读中,语气忽然变弱所产生的对比也是突出的。快慢的变化、语气强弱的变化就可以突出重音。有些同学不敢表达重音,知道这个词要重音,却不敢加重,原因是他对稿件理解得不深,不能意识到这个词的重要性。我的建议是既然确定重音了,就大胆地表达出来——稀里糊涂是不行的。

  在确定重音和表达重音的时候,要通篇考虑,以更好地表达文章内容为目的,以自然流畅为标准。重音再重要也不能脱离文章。同时,还要在重音中区分出主要重音和次要重音来,用最合适的方法来表达,这样才能有好的效果。

  初学者容易犯的错误是找不到重音。如果是这样,大家可以学一些技巧,进行一些寻找重音的练习。或者干脆从感觉入手,以情带声,感觉会告诉你哪些是需要重音的。

还有人掌握了重音技巧后会觉得满眼都是重音。如果是这样,没什么好说的,抓住最主要的,其他忽略掉就可以了。丢失意味着得到,什么都想要往往一无所获。

无论是停连还是重音,在刚开始学习的阶段都需要大家标注出来。可以在重音的字词下面加上黑点,提醒自己。熟练了就不用这样做了。

十四、语气和节奏

前面学了这么多,你一定有很大的收获了吧。下面让我们乘胜追击,解决语气和节奏问题。

1. 语气

有了重音的文章,就像一幅图画有了美丽的色彩,会变得生动起来。但是还要使文章有气韵,这样才能给听者留下深刻的印象。

语气很容易让人想到的是老师的两种状态。当老师发现你在上课的时候看小说,他会很生气的。这时候他的语气是很严厉的:"你怎么这样,不知道马上要考试了吗?你有没有想过你的前途?"当你拿出哭招,摆出万分懊悔而又下决心跟昨天说再见的架势的时候,这时候老师的语气马上变了,他开始语重心长地诉说起家长的期待、老师的盼望,云云。这时候他的语气跟批评你的语气是不一样的。

有一篇很好的文章——契诃夫的《变色龙》能让你很好地体会语气变化的情况。随着那只小狗身份的变化,周围人说话的语气也在转变,这就是语气的变化。说得正式点,语气变化就是你在播读的时候,因为心理状态的不同而带来的声音形式的变化。它和基调的不同之处在于:基调多基于全篇或者一段文字,而语气则会根据每一句的不同产生不同的丰富的变化。

对语气的把握,在你的现实生活中可能是不存在问题的,因为现实生活中你可以轻而易举地表达自己的情绪。但是要表达其他人的文章情感,就需要下一定的功夫,采用一定的技巧了。其中的关键是分寸的把握:过度和不够都是不好的,恰如其分最好。你可以想象你就是文章中说话的那个人,你该用什么样的语气。你也可以找一下文章的逻辑、脉络,这样也能找到最准确的表达语气。

那么,把握文章语气的基本方法是什么呢?

首先要弄清作者在文章中的心理变化。知道了作者的心理变化,然后用一定的声音、腔调表现出来,这就把握住了语气。举个例子,同样是愤怒,愤怒的程度不同,心情就不同,表达起来的语气也就不同。丢了一百元钱和丢失一分钱之后的心情是不一样的,说话的语气也是不一样的。如果你把它们处理成一样了,那么肯定是你错了。

其次要多练习。在朗读文章时,有的时候你体会到了作者的心理变化,但是你不一定能表达出来。这需要练习,练习声音的弹性,多观察人在生活当中语气的变化。多思考,多练习,这样才能把体会到的感觉通过合适的语气表达出来。

2. 节奏

说到节奏,我们会想到不同的歌曲。例如,《月亮之上》这首歌的节奏比较快,《小河淌水》这首就比较慢。那么我们阅读的文章是不是也应该有这样的区别呢?答案是肯定的。读体育新闻时的节奏一般比较快,播音员的播报像抢东西一样;读优美散文时的节奏则比较慢,因为它需要大家去体会意境。节奏到底是什么呢?直观理解的话,节奏就是音乐或诗歌中交替出现的有规律的强弱、长短的现象。但具体来说,节奏又不是那么简单。

大家可以发现,有些快节奏歌曲的演唱节奏也不是一快到底,中间的节奏也有舒缓一些的时候。《眉飞色舞》和《双节棍》的节奏都很快,但是它们又不一样。这告诉我们不要一看文章就机械地用一种方式来处理。要交替使用不同的方式,这样才能使文章显得丰富多彩。

节奏使文章显得整齐、和谐、回环往复又让文章有难以言传的美感。

节奏和你的内心活动密不可分,只有你有了一定的节奏感,你才会表达出节奏来。不然,外在的表达只是空壳,会失去动人的力量。

节奏听起来难以把握,让人感到无从下手,其实它还是很简单的。当你略读完一篇文章,你心里就会有一个大概印象,这时候再提示一下自己:这篇文章该用什么节奏?是舒缓的还是紧张的?是低沉的还是高亢的呢?

作品自身也有节奏的问题,如诗歌。一般的故事和散文会提示你各自的节奏是不同的:短句多了,可能显得轻快;长句多了节奏就不能太快了。

判断准了节奏,还不算完,还有一个执行的问题,执行的原则是量力而行。节奏的快慢是相对的,并没有固定的标准。如果你唇齿力度不够,还没有练好,一旦读快就会吐字不清楚,从而造成别人听不懂你在说什么,那么你就不要说读那么快,一定要在自己可以控制的范围之内把握节奏。

十五、案例和分析

下面选择了一些不同风格的文章,按照你学到的技巧练习吧,它们会帮助你掌握和巩固各种稿件的读法。

(1) 庄重型表达

中国和智利 14 日在北京发表联合新闻公报。双方对近年来两国全面合作伙伴关系快速发展感到满意,表示以战略眼光审视中智关系,将进一步推动双边贸易和鼓励增加相互投资,为双边投资合作相关人员提供便利措施。

双方重申在国际事务中应倡导多边主义,愿共同努力推动多哈回合谈判取得积极进展。

巴切莱特总统重申,智利坚定地奉行一个中国政策,尊重中华人民共和国的主权和领土完整,承认台湾和西藏是中国的一部分。

公报称,中智自由贸易协定签署并顺利实施后,双边经贸关系充满活力,中国已成为智利产品的主要出口市场。公报还对中智自由贸易协定关于服务贸易的补充协定的签署予以高度评价。双方表示将进一步推动双边贸易和鼓励增加相互投资,为双边投资合作相关人员提供便利措施,支持双方企业在第三方市场合作投资,加强在矿产和质检领域的交流与合作,并同意建立质检领域长效合作机制。双方积极评价中智示范农场项目有效期延长,表示愿加强农产品加工合作和农业技术交流,并探讨在智利设立农业示范项目的可能性。

双方表示愿加强在文化、教育、科技、体育、医疗卫生、旅游、司法、社会保障、环境保护等领域的交流与合作。智方宣布向中国学生提供研究生奖学金,并在京举办"马普切:智利的起源"展览,以增进相互理解。

巴切莱特总统祝愿北京奥运会和上海世博会取得圆满成功,并邀请中方参加2010年智利独立200周年庆祝活动。中方对此表示感谢。

——中国新闻网 2008 年 04 月 14 日

【分析】

这是一篇新闻稿,讲的是中国和智利在北京发表联合新闻公报的事。这是件很严肃的事情,注意读出那种大气、自信和坚定的气势来。如果你实在找不到感觉,可以想一想《新闻联播》里播音员是怎么读的,模仿一下就可以了。这样的稿件读起来不能有慌张的感觉。应注意对长句子的处理,这样还可以锻炼你的停连和重音处理能力。

(2) **深刻型表达**

朋友是磁石吸来的铁片儿。钉子、螺丝帽和小别针,只要愿意,从俗世上的任何尘土里都能被吸来。现在,街上的小青年有江湖义气,喜欢把朋友的关系叫"铁哥们儿"。第一次听到这么说,以为是铁焊的那种牢不可破,但一想,磁石吸的就是关于铁的东西呀。这些东西,有的用力甩甩就掉了,有的怎么也甩不掉,可你没了磁性它们就全没有喽!昨天夜里,端了盆热水在凉台上洗脚,天上一个月亮,水盆里也有一个月亮,突然想到这就是朋友么。

——贾平凹《朋友》

【分析】

这一段是不是有点难懂?开动脑筋想想作家想表达的真实意图是什么,文字后面的秘密是什么,想明白了再把它读出来吧。

(3) **深情型表达**

那时的我把工作辞了,考研的前途一片渺茫,小说也毫无进展,暗无天日,有时看着复习的课本会突然陷入完全的崩溃。而你每天上午9点都会准时给我打电话,让我每一天都保持着好心情对待接下来的时光。因为有你,我才能够努力坚持,坚持到有了一份新的工作,坚持到考试考出了一个好成绩,坚持到第一本小说的出版。我是真的很想很想认真地对你说,那段时光是我人生中最好最好的回忆,我将永远不忘记。

——刘童《我们一起飞过去》

【分析】

　　文中的"你"一定帮了刘童不少忙,要不然刘童也不会永远记住"你"的关心。把那种倾诉感读出来。如果找不到合适的感觉,可以想想那些帮助过你的朋友,就当对他们说好了。

　　（4）温暖型表达

　　我跑到学校后面的土坡上停了下来,风凉飕飕地从耳边吹过。我从土坡上像是坐滑梯似的滑了下去,直到沟底。其实这只是条两米深一米多宽的、在忙季的时候用来引水和灌溉用的水渠,如今已经枯干。两边的斜坡上铺满了枯草,躺在上面毛茸茸的,而且很暖和。因为水渠的流向是东西向的,加之水渠比较深,风几乎吹不进来,只有阳光可以暖洋洋地照在身上,那感觉实在很舒服。

——刘童《骑着蚂蚁看海的少年》

【分析】

　　作者当时的感觉一定很舒服,很惬意。想想那种放松的感觉,再试着朗读。

　　（5）严肃型表达

　　今年5月1日,北京市建委通报称,北京有六成可售期房没有卖出去,北京的商品房市场并非"无房可买",其中,不排除有开发商在大量房子未售出的情况下,故意制造出房子卖空的假象,骗取消费者购买。

　　昨日,北京市建委房屋交易市场管理处处长沈洁在接受采访时表示,建委公布的数字每天更新,非常准确。老百姓感觉买不到房子,一是位置好的房子确实不好买;二是一个楼盘中只有少数好的户型买不到,而开发商摇号摇的也都是这些比较紧俏的房子。

　　沈洁表示,为了让商品房销售市场更加健康,在近两日,针对开发商取得预售许可证后,不按时进行房屋销售的商品房交易行为,市建委将出台政策进行规范和限制。据了解,对开发商拿到预售许可证后留着不卖,或者没有卖出却告诉购房人已经卖出,提供虚假信息的,将受到处罚。

——《新京报》2006年05月09日

【分析】

　　搞乱房价,那还了得,他们不知道老百姓挣钱困难吗?对于这样重大的事件一定要认真对待。所以,你读的时候,心里一定要想这可不是闹着玩儿的,读此稿件千万不可闹笑话。

　　（6）骄傲型表达

　　本台消息,记者从北京航天飞行控制中心了解到,23日07时26分,天舟一号与天宫二号组合体开始进行推进剂补加试验,将持续5天时间,目前组合体状态良好。这是天宫二号与货运飞船进行的第一次推进剂补加,也是中国首次推进剂补加试验。

　　"推进剂补加试验分为多个阶段,共29个步骤。天舟一号与天宫二号需要密切协同配合,其中涉及对多个关键设备、上百个阀门和管路的控制及状态监视,飞控技术复杂,实施难度大。"北京航天飞行控制中心副总工程师孙军说。为确保推进剂在轨补加试验顺利完成,中心利用一年多时间,突破了动态规划、推进剂补加可视化、多目标协同控制和故障实时诊断等多项飞行控制关键技术。

据了解,当日北京航天飞行控制中心的主要工作是进行组合体的状态设置和检测,在轨建立推进剂补加系统。随后,中心将控制组合体按计划进行燃料补加和氧化剂补加。

【分析】

中国首次推进剂补加试验,多么了不起的成绩,为他们喝彩吧!

(7) 回忆型表达

这事说来又是十多年了。

算来我是六岁。因为第二次我见到长子四叔时,他那条有趣的辫子就不见了。

那是夏天与秋天之间,我仿佛还没有上过学。妈因怕我到外面同瑞龙他们玩时又打架,或是乱吃东西,每天都要我靠到她身边坐着,除了吃晚饭洗完澡后同大哥各人拿五个小钱到道门口去买士元的凉粉外,剩下便都不准出去了!至于为甚又能吃凉粉?那大概是妈知道士元凉粉是玫瑰糖,不至于吃后生病吧。

——沈从文《往事》

【分析】

文段描写的是很久以前的事了。作者在回忆,有些事情他已经记得不是很真切了。朗读时声音上应该怎样表现这种情绪呢?

(8) 幽默型表达

周庄之行定在周日,时限紧迫,所以社员们都兴奋难抑,那些刚刚退组的后悔不已,纷纷成为坏马,要吃回头草。不幸,坏马吃回头草这类事情和精神恋爱一样,讲究双方面的意愿,坏马欲吃,草兴许还不愿意呢。马德保对那些回心转意的人毫不手软,乘机出恶气说要进来可以,周庄不许去。那些人直诧异,心事被看穿,羞赧得逃也来不及。

——韩寒《三重门》

【分析】

这事情虽然很幽默,是不是也说明了一个小小的道理呢?作者对那些退组人的态度,你猜到了吗?

(9) 卡通型表达

一头绝顶聪明的猪,住在一个非常出名的图书馆的院子里。它深信自己由于多年图书馆的生活,已经成为一个知识渊博的学者。

有一天,一只八哥来访问。这头猪立即按照惯例,对客人进行自我介绍。

"朋友,请相信我吧!"它说,"我在这个图书馆待的时间已经很长了,我对这里的沟渠、粪坑、垃圾堆都有深刻的了解,甚至屋后山坡上的墓穴都拱翻了好几个。谁要想在这个图书馆得到知识而不来找我,那他算是白跑了一趟。"

八哥说:"你所说的这些都是图书馆外面的事,那里面的情况你也了解吗?"

"里面?"这头学识渊博的猪说,"那我再清楚不过了。里面无非是一些简单的木架子,上面堆满了各式各样的书。"

"你对那些书了解吗?"八哥问。

"怎么不了解呢?"这位渊博的学者说,"那是最没意思的了。它们既没有什么香味,也没什么臭味。我咀嚼过好几本,干巴巴的,连一点水分也没有。"

"可是那些人老在里面待着,据说他们在里面探索知识的宝藏呢!"八哥又说。

"人们?你说他们干什么?"这位猪学者不屑地说,"他们确实是那样想的,想在书里找点什么东西。我常常看到许多人把那些书翻来翻去,结果什么都没有得到,仍然把书丢在架子上又走了。我从来不做那种蠢事,与其花时间去啃那些书本,还不如到垃圾堆里翻几个烂萝卜啃啃。"

"算了吧,我的学者!"八哥说,"一个从垃圾堆里啃烂萝卜的嘴巴,来谈论书本上的事是不相宜的,你还是去啃你的烂萝卜吧!"

【分析】

动物会说话了!你应该看过很多的卡通片吧,那么有了看卡通片的基础,这一篇文章读起来就不是很难了。记得千万不要只顾耍怪腔,要多想想这只猪是否真的有学问以及生活中有没有这样的人。

(10) **活泼型表达**

五一长假又来临了,结束了紧张学习生活的你是不是已经开始酝酿一次愉快的旅程?开心之余,同学们也别忘了注意安全、加强自我保护意识。而我们《新闻袋袋裤》栏目也整装待发,将为大家奉献更精彩纷呈的节目。在接下来的日子当中,我们将一如既往地为大家服务,采取多种多样的节目形式为你们解读国内、国外的大事、小事,让你足不出户,就可以把天下事尽收眼底。《新闻袋袋裤》——充实你的每一天。

【分析】

这是电视台的节目宣传广告语,是针对小朋友的,朗读时注意语气节奏的变化。

(11) **悲凉型表达**

我冒了严寒,回到相隔二千余里、别了二十余年的故乡去。时候既然是深冬;渐近故乡时,天气又阴晦了,冷风吹进船舱中,呜呜的响,从篷隙向外一望,苍黄的天底下,远近横着几个萧索的荒村,没有一些活气。我的心禁不住悲凉起来了。

——鲁迅《故乡》

【分析】

想想鲁迅先生当时的情况吧。他的心情是什么样的呢?

(12) **启发型表达**

我在蒙眬中,眼前展开一片海边碧绿的沙地来,上面深蓝的天空中挂着一轮金黄的圆月。我想:希望是本无所谓有,无所谓无的。这正如地上的路;其实地上本没有路,走的人多了,也便成了路。

——鲁迅《故乡》

【分析】
好厉害啊!一位英雄含蓄地说出了自己的观点,他的内心感受是什么样的呢?

(13) 希望型表达
我不知道春行走的路径有多少条,但有一条是肯定的,那就是从一粒种、一棵芽、一根茎、一片叶、一丛花,尔后零落成泥,循环往复地坚实地走着,走进炎炎夏日,走进猎猎秋风,走进皑皑冬雪,再走出桎梏,走向阳光,走向自由。

【分析】
春天当然是生机勃勃的,尽情释放你自己吧。

(14) 叙述型表达
17日晚饭时分,正在高罗派出所值班的教导员黄威接到110指挥中心指令,称李家河镇刚刚发生一起抢劫案。报警的商铺老板称两名男子一人上前搭讪,一人趁机抢财物,嫌疑人特征非常明显,都是戴着头盔,乘坐一辆摩托车向高罗方向逃窜。要立即在路上设卡拦截。

黄威立即带着民警,火速前往209国道进行拦截。当晚6时40分许,警车行驶至甘溪村时,一辆黑色摩托车进入民警视线,与之前通报的嫌疑人情况一致。

民警立即下车对该摩托车进行拦停盘问。但摩托车速度极快,没有理睬民警,而是直接冲岗逃离。黄威带领民警驱车在后追击。当摩托车快进入高罗集镇时,车上两人弃车经高速公路下方的一处涵洞,逃往该镇卫生院后面的荒山上。

山上杂草丛生,岔路口也比较多,民警一时也不知道嫌疑人往哪个方向跑,只好分头行动,沿着小路一个个查找。

冲在最前面的黄威忽然看到,前面树林中隐约出现一个男子逃窜的身影。"站住,不要动,我看到你了。"黄威大吼一声冲过去。

男子加速夺路逃窜,跑到一处山崖前脚下打滑滚了下去。眼看嫌疑人消失,而十多米高的山崖下就是高速公路,黄威没有犹豫,紧跟着来到山崖边。崖壁上有拦网,黄威原本想借拦网支撑往下降,没想到拦网断裂。眼看要失去平衡,黄威一咬牙跳下断崖,头部、腰部、臀部直接着地。

后脑勺重重磕到地上后,一阵剧痛传来,黄威脑子懵了一下。他下意识地掏出手铐,把同样摔伤的嫌疑人铐住。待同事们赶来,头上、身上到处是血的黄威才松开手,意识模糊,昏了过去。民警迅速将黄威以及嫌疑人送往医院治疗。

【分析】
好紧张的情节啊!朗读时,你要把事情说清楚,尤其是那一波三折的过程。要想想大家是如何关注你的朗读。这里的停连要格外注意,因为停顿的时间是不一样,过程也是不同的,你一定要有所区分。

(15) 说明型表达

大熊猫,属于哺乳纲、食肉目、熊科,是大熊猫亚科和大熊猫属唯一哺乳动物,体色为黑白两色。它有着圆形脸颊、两个大黑眼圈、壮硕的身体、标志性的内八字行走方式,也有解剖刀般锋利的爪子。

大熊猫已在地球上生存了至少800万年,被誉为"活化石"和"中国国宝"、世界自然基金会的形象大使,是世界生物多样性保护的旗舰物种。据第四次全国大熊猫野外种群调查结果显示,野生大熊猫仅有1864只,其中80%以上分布于四川境内,属于中国国家一级保护动物。截至2015年底,全世界圈养单位共圈养大熊猫425只。大熊猫最初是吃肉的,经过进化,99%的食物都是竹子了,但牙齿和消化道还保持原样,仍然划分为食肉目,发怒时危险性堪比其他熊种。野外大熊猫的寿命为18~20岁,圈养状态下可以超过30岁。

大熊猫是中国特有物种,现存的主要栖息地是中国四川、陕西和甘肃的山区。

【分析】

大熊猫虽然是大家都喜欢的动物,但是它的详细情况可能大家还不熟悉,朗读时一定要说清楚。

第二讲　升级篇

一、30天赢得考试

经过20天的刻苦学习,你一定能说一口标准的普通话并基本掌握了播读技巧。我相信你已经具备了播音与主持艺术专业的基本素质。接下来的30天里,我们将进入一个新的学习阶段。这一阶段要对考试的题型进行有针对性的练习,从基础知识的学习转入应考的训练。这一阶段的学习很有趣,但难度更大,需要同学们开动脑筋,动脑加刻苦才能掌握。这一阶段的学习也有它的特点。由于同学们资质不同,有的理解能力强,有的善于表达,所以在这一阶段,有的同学学习起来反倒容易了一些。

本阶段的学习需要开动脑筋,需要展示你思考问题、分析问题的能力:准备自备稿件需要动脑思考,即兴评述更需要思辨能力。我希望大家极大地调动个人的主观能动性,在这个阶段拼搏一番,一举拿下考试所考的内容。

在学习时段的划分上,我建议大家把这个阶段一分为三:自备稿件的选择和练习、指定稿件的选择和练习、即兴评述(或模拟主持)的练习,每个阶段用时10天。用10天时间攻克一项内容并不容易。需要注意的是,让你10天攻克一个难关,不是说其他的练习项目就不练习了,就只练这一项了,而是让你以这一项为主,其他的练习项目(如练声)照常进行。每学习一项新内容,就在练习中加上新学的东西。按照这个顺序,你的练习顺序应该是字词发音—自备稿件—指定稿件—即兴评述(或模拟主持)。随着学习的深入,之前学过的内容在练习时占比可能会降低,但是绝对不能没有。如果实在太忙,或者能力达不到而导致在练习中感到累,可以休息一会儿再进行。你可以把一天的时间分成三个阶段进行练习。我的一位读者就是这样安排时间的:早上练声,以字音为主;中午练习自备稿件和新闻稿件;晚上集中练习即兴评述,每天练习5个题目;间歇时间做口部操和练绕口令。我觉得他的方法很好,值得大家借鉴。这样,各项考试内容齐头并进,就不会捡了芝麻,丢了西瓜,水平将会持续提高,直至最后的胜利。

对于自备稿件来说,由于备考时间的限制,大家不妨选一篇中等难度的、易于把握的稿件,这样在10天里就能达到该项的考试要求。不要选择那些距离自己生活比较远的、自己不熟悉的题材,那样会加大你朗读的难度,如果这个困难是你短时间难以克服的。所以,我推荐现代题材的、描写青年人生活的稿件,这样的稿件考生读起来容易找到感觉。

就表达来说,考生要迅速抛弃背诵课文的调子,转换成表达感情的模式。这一关过去了,自备稿件的考试基本就算拿下了。

对于指定稿件来说,重点是新闻稿件的播读。在这方面,多听是关键,要多感受成熟播音员的播读特点。对考生来说,并不要求读得非常像新闻,只要意思表达正确、基调正确就不算有问题了。在停连、重音方面,有的同学语文水平比较高,凭借语感就能找准,并不需要专门进行学习。但是对大多数同学来说,还是要提前划好停连、重音,理性和感性结合才能完成播读。还要告诉大家的是,无论是自备稿件还是指定稿件,备考程序的正确非常重要。之前学过的备考方法大家一定要掌握熟练。只要掌握了这些方法,就能处理很多的稿件,考试考的就是准备技巧。准备得好,如重音、基调找得又快又准,分数就会高;不会找,或者总是找错,那么在考场上读起来就会结结巴巴,得到的分数自然不会高。

可能很多朋友会比较畏惧即兴评述,觉得在10天时间里很难学好它,这是个错误的观念。即兴评述主要考查两个方面的内容:一个是平时的知识积累情况,一个是备考方法的掌握和运用情况。平时的积累很难短期完成,在你进入高三之前基本就已经定型了。而备考的方法,我们则可以在短期内掌握。掌握备考方法的目的是让你的积累、你的内涵在考场上顺利地展示出来。这是这一阶段学习即兴评述的主要任务。对于即兴评述在短期内得到飞速提高,有人给出了套路。大家千万不要迷信、盲从什么套路,那是害人的东西。大家需要学习的是对主题内涵的把握和提纲意识的培养。到时候有感而发,顺利地完成一段有主题、有理有据、有条理的评述就能获得高分,这一关其实相对前面的自备稿件和指定稿件还稍微容易一些。

在具体的学习中,经常会出现这样的情况:有的同学很喜欢即兴评述,就每天只练即兴评述,其他的不管不问,这是不对的,尤其是对于我们这些备考时间紧的同学来说。要合理安排时间,要齐头并进,才可以应付将来的考试。如果即兴评述已经达到了一定的水平,就应该适当地放一放,把学习重点放在其他的考试内容上,这样更有利于考试时获得好成绩。

有一部分同学,他们经济条件较好,在临考之前会找靠谱的名师进行专门辅导,这也是提高成绩的好方法,关键是要找到真正有水平的老师。另外,同学们也要明白,这个时候,名师做的都是锦上添花的事情:他会针对你的不足,进行最后的雕琢,让你再前进一步,这样就能立刻让你的水平提高一大截。但是,如果这个时候再指望老师能给你从基础抓起,重新塑造,那就是不可能的,因为时间来不及了。所以,这个时候,考生只有具备扎实的基本功,在上名师辅导课的时候,才能马上吸收并且马上掌握老师教授的知识。若考生基本功不扎实,即便名师指出了问题所在,考生也无法在短时间内改正过来,那样学习效果就不会好。

解析30天:

30天的时间,说长不长,说短不短,对于一个艺术专业考生来说却非常关键。前面20天是入门,入门总是会有阵痛的。这一阶段的30天也许你已经习惯学习中的酸甜苦辣,或者你已经掌握了一些专业知识,对这个行业有了新的了解,到这个时候就是考验你耐力的时候了。这个阶段遇到的困难和前面那20天还不一样,有时候无法单纯地用刻苦来战胜,还需要一点灵感和运气。这个时候,我希望同学们放平心态,不要急躁,尽力做到最好,也许那就是你在考场上所呈现出的最好状态。

二、怎样选择学校

每当到了播音与主持艺术专业招生考试报名的时候,选择学校又会成为许多考生头疼的事情。许多孩子把一本报考名录翻得稀烂,思前想后,几番更改,多次请教高人,还是举棋不定、痛苦不堪、不知所措,真可谓耗力耗神啊!这个问题最简单的解决办法是:先把众多的高校分成一二三等——可分为有把握的、有希望、很有把握的这么几等,再根据自己的精力、财力和能力,各选一个报考。当然,也可以在自己最想要的层次上多选一个,以增加保险系数。有的考生报了一大堆学校,却都在一个层次上:要么学校的水平不高委屈了自己;要么和自己实际水平有距离,自己很难达到,最后难以保证拿到录取通知书。这个问题可以集中一两天解决,一旦认定就不要再轻易更改,否则打乱了备考计划就得不偿失了。

在选学校的标准上,我的观点是:一些开设该专业时间较长的、综合性的学校对学生的成长有好处。因为考生进了学校就不单是学专业课的事情了,整个学校的学术氛围、历史人文积淀会对学生产生更大的影响。

就目前的情况来看,一些热门学校比较难考。这些热门学校不仅要求专业课成绩好,而且要求文化课有很高的分数,况且这类学校竞争激烈。位居第二梯队的一些高校,如果考生有足够的信心可以去尝试一下,真的考不上也没有关系,因为一些不知名的大学一样可以培养出人才来。播音员和主持人的工作是一个讲究实力的工作,如果满嘴方言,哪怕手拿数个名校的毕业证也不会有人聘请的;反之,如果实力超群,毕业学校差点也一样可以获得成功。一切的关键因素在于自身努力的程度,老师和学校只是外在因素,并不是决定性因素。所以,我建议大家先考取一所大学以解决学习深造问题,然后再利用充裕的时间努力奋斗。如果真的喜欢那些名校可以以后考它们的研究生。切不可高不成低不就,非某学校不上,那样浪费了精力和时间,真有可能无学可上。

具体到学校的选择问题,可以参照以下几个因素处理:

第一,师资力量。老师的水平关系到学生的成就,没有好老师难出好学生。这方面的信息可以从相关网站上获得,也可以打听往届的学生。

第二,学校的历史与规模。一个相对完整的学科建制和办学时间较长的学校对学生的成长有好处,有利于学生的全面发展。

第三,地域。地域对学生影响颇为重大。一般来讲,南方高校多偏重实用,教学氛围活跃;北方高校注重理论学习,有利于学生逻辑思维的发展。同学们可以根据自己的喜好和特点来选择。

第四,文化课分数。一般综合性大学的艺术类专业对考生的专业要求不是很高,对考生的文化课成绩要求较高。专门的艺术类大学对考生的专业素养非常看重,相对来说,对文化课的要求就不是那么严格了。考生要根据自己的情况选择不同类型的学校。

对于本书的读者,部分同学是临时改学播音与主持艺术专业的,除非资质非常好的才有希望考上名校,大部分同学的目标只是考上大学。所以这时候,大家千万不要高估自己的实力,宁愿保守一点,多选一些一般的院校,也不要全选名校,否则很可能到了明年4月份,一个过关证也没有,那是我们不愿意看到的。

三、怎样选择自备稿件

朗读自备稿件是播音与主持艺术专业招生考试的第一项内容,也是很重要的一项。这一项考试内容的目的是通过考生自备稿件的朗读了解考生的语音面貌和声音情况,即听听考生的发音准不准、声音优美不优美,看看考生的表达情况怎么样,看看考生的身材好不好,看看是不是那种举止得体、大方的人,等等。由于自备稿件的考试有充足的准备时间,考官也会认为它是考生目前所能达到的最高水平。鉴于此,考生就要格外认真,要在这一点上一炮打响!

稿件选择得好,考试几乎就成功了一半。很多考生在选择自备稿件上颇费心思,这是无可厚非的。可还有部分考生有不正确的做法:选好了稿件,一旦读得不好,就怪罪于稿件,就换稿件,这是非常不好的习惯。读不好可能是稿件差,但更多的是自身水平不高造成的,所以一旦选定了稿件就不要乱换。因为换一篇稿件就要从头开始准备,这样做容易浪费时间、挫伤自信心。这种事有点像爬树,有人爬到一半就下来换一棵树重新开始,而另一个人却只爬一棵树,最后当然是只爬一棵树的人爬得高,大家想一想是不是这个道理呢?

大家的自备稿件多来自一些杂志,如《意林》《读者》等;还有一些是往届考生用过的经典稿件。这么多的可选稿件到底哪一篇是属于你的呢?我认为选稿件要遵循以下几个原则。

1. 适合原则

适合是选稿件的最基本的原则。首先所选稿件要适合考试。适合考试的稿件不是很多。因为考试非常特殊,有时间限制,只有几分钟,有时读到中间还会被叫停。所以,这个稿件必须短,最好开头就有高潮出现;铺垫不要太多,铺垫多了就有可能导致考官听不到你展示的优美声音了。另外,题材要合适。由于同学们年龄小,一些有深度的、理论性强的稿件,同学们理解不了,也就很难读好。所以,所选稿件的题材一般是接近同学们生活的小故事,最好是同学们感受真切的题材。比如,描写春天、母爱之类的题材距离同学们的生活都不是很远,他们理解起来比较容易。而一些描写外国人生活的、自己比较陌生的稿件则准备起来比较困难。比如让生活在南方的同学朗诵雪花,他从来就没有见过雪花,怎么能读好呢?所以这样的题材不要选。

其次是适合自己的水平。所选稿件要适合自己的水平,能展示自己的特色,表现自己的实力。到底自己的水平怎么样?同学们自身一般很难判断,多半由老师和其他同学来评定。有的老师会直接帮你选稿件,但我认为自己选择更靠谱一些。接下来,我给大家一些参考意见。根据性别的不同来选择,女生适合读温情的,或者描写花花草草的稿件,一些寓言、童话类也不错,女生一般感情细腻,这是她们的长处;男生适合读一些有气势的、能够展现阳刚之美的稿件,比如军旅题材、英雄赞歌、描写名山大川的文章等,这类文章可以展示力量之美。根据性格的不同来选择,外向型的同学可以选择个性张扬一点的稿件,或者感情外露的文章;内向一点的同学,就选择感情含蓄、内敛的稿件。同样,根据声音的特点来选择,声音厚重的同学,就选择有沧桑感的稿件;声音华丽的同学,就选择声音起伏跳跃明显的稿件。根据相貌的特点来选择,长相甜美的同学就选温情类的,长相成熟的就选哲理性的稿件。以上是一些基本原则,大家要根据自己的情况选择。

2. 喜欢原则

选择自备稿件,非常关键的一点是自己喜欢。要从适合你的稿件里选择你喜欢的那一篇。可能有很多适合你的稿件,但真正让你喜欢的稿件并不多。你在取舍的时候,可以参照这个标准。有些文章是作家写的,有的作家的性格、文笔可能和你差不多,他的文章你读起来就顺溜,容易产生亲近感,朗诵起来就会容易一些。而且你喜欢这篇稿件,准备起来也会更积极,最后的效果也就会好一些。

如果一篇稿件,你初拿到的时候,就可以很顺利地把它读完,而且朗朗上口,而不是字的发音错误百出、句子断得乱七八糟;如果作者的行文习惯、语言风格恰巧和你十分相似,那么你读这样的稿件就像在说自己想说的话,这样的稿件你处理起来也就会容易很多。有这样好的稿件,为什么不选择呢?

反之,那些你不是很喜欢的稿件,就不要去选择它了,因为你会很费力气的,而最后的效果也不一定好。比如,自己明明不喜欢运动,却让你赞美运动,那是很难读出真情实感的。

3. 有竞争力原则

选择自备稿件还有一个关键的原则不能忽视,那就是所选的稿件要有竞争力。我们参加的是一种选拔性的考试,优中选优,不是及格就行,所以每个人都希望比别人更优秀。这时候你要拿出最佳水平来迎战,使出浑身解数,展示最好的你,这样你才有可能胜出。那怎么展示实力呢?我觉得在能力许可的情况下,尽可能地选择难一点儿的、有竞争力的稿件。那么什么样的稿件是有竞争力的稿件呢?

很多同学都看过体操比赛。运动员要在平衡木上完成一套动作,有的选手做的动作难,起评分高,最后的得分就可能高;有的选手起评分低,仅仅就是在平衡木上走几步,就算完成了,哪怕他的动作做得再标准,分数也不会很高。我们的自备稿件也是这样。如果你选择难度大的稿件,再能够顺利完成,就能得到高分。文章原本没有难易之分,只有读得好坏之分,但是客观上一些稿件的朗读技巧要求略高一些。比如,一篇稿件情绪变化大,有大量的对话,这篇稿件就可以被认为难度大;有些稿件只是平铺直叙,难度就小一些。这些都是客观存在的。接下来,我就举几个例子。比如,考生经常用到的《乌苏里江放歌》《商鞅之死》就需要考生完成各种声音的技巧,它们就是有难度的稿件。

为了说明这个问题,我拿《乌苏里江放歌》为例。

多年以后的今天,我生活在一座繁华纷乱的都市,却有一条江一直在我的梦里流淌,仿佛那么远,又那么近。

与江为伴的童年时光,我心中的乌苏里永远是春天里渔民扎部大叔那声悠长的"开江喽",永远是排山倒海般撒野、石破天惊般炸响的大块冰排,永远是夏日中于星罗棋布的小岛上悠然嬉戏的水鸟。是秋风乍起时渔网中翻腾跳跃的大马哈鱼,是一夜清雪后白山黑水间时隐时现的东北虎,是喀尔喀山的漫山叠彩,是珍宝岛上江鸥的低鸣,更是扎部大叔故事里山神的传说……

这是《乌苏里江放歌》中的两段话,里面有很多难点。比如,"那么远,那么近",就要求考生用声音把距离感读出来;"我心中的乌苏里永远是春天里渔民扎部大叔那声悠长的'开江喽'",朗读这句话需要考生模仿扎部大叔的声音,也是一个难点。再如,紧接着的一系列的形容词,它们对考生来说又是不小的挑战。这样的稿子就是难的,如果朗诵得好,就可以展示考生较强的实力。这样的稿件可以让考官更加全面地了解考生,是有竞争力的稿件。

有竞争力的稿件很多,大家不难选择,关键是能够驾驭得了。如果能够驾驭,自然是好;如果不能驾驭,读的基调不对,声嘶力竭,还不如换稿呢。考生应该根据自己的水平来选择适合自己能力的稿件。

4. 谨慎原则

选择自备稿件时要尽量不选择那些"催泪弹"文章。每年都有许多考生选择这样的稿件,原因是这样的稿件感情充沛、容易打动人。可是大家想一想,如果每个人都哭哭啼啼地出现在考场上,那会是什么样的情形呢?考场上,众考生个个泪流满面,哭声震天;考官听了一个上午的悲惨故事,个个哭丧着脸。这样的情形所造成的结果就是考官情感麻木。大家在选择稿件的时候不要盲目跟风,很多情况下并不是一哭就灵。

另外,要慎选富含哲理性的稿件。哲理性的稿件阅读起来效果都不会差,很难表现出考生的水平。有的学校不允许选用这类稿件,虽然有学校没有限制,但我还是建议大家避开这类稿件。

再者就是谨慎选择名家名篇。选择名家名篇考验的是考生的胆量。不是说名家名篇写得不好,而是因为它写得太好了。这些名家名篇许多著名的朗诵家都朗诵过,考官也对稿件相当熟悉。你一旦处理不好,露出的破绽就很容易被考官发现,而你目前的能力想处理好名家名篇是很难的。所以,为了保险起见,还是绕开得好。但是,如果你真的可以处理得很好,有足够的自信,那你会一鸣惊人的。但是这太危险了,还是不冒险得好。

四、怎样读好自备稿件

了解了这么多的技巧,你早就着急了吧:又是句子又是字音的,什么时候开始学习读稿件的技巧呢?我们考试也好,朗诵也好,总是要给那些苛刻的考官读稿件的,时间也差不多了,什么时候开始呢?不要着急,前面讲的都是单独的一招一式。你把那些练熟了吗?即使练熟了,是不是每天都坚持了呢?如果你都做到的话,那我们就开始上阵了。这次,我们要攻克的是一篇稿件。掌握了其中的技巧,你就可以应付许多稿件了。如果说我们前面的工作是在制作一颗颗珍珠的话,那么现在我们就把它串起来,看看你的珍珠项链是不是很漂亮;如果说我们前面练的是一套震惊天下的剑术,那么现在我们就去走江湖了,结果怎样就看你的剑术是不是高明了。出发吧!

1. 读前分析

当你拿到一篇稿件，新闻稿也好，散文稿也罢，哪怕是字数很少的诗歌，你千万不能马上就读，你要认真地准备一下。只有这样做，你才能读得更好！首先要弄清楚四个问题：稿件的内容是什么？稿件为什么要这样写？对谁读稿件？怎么读稿件？这四个问题看似复杂，其实到最后都是要归结到你的朗读上去的。即使你感觉足够好，你感觉可以在很短时间完成，但现在我们练习的时候，你也必须一项一项来做。下面是读前分析的几个要点。

（1）分层次

文章不论长短，都是有若干或大或小的层次组成的。尤其是一些较长的文章，划分层次就显得更加重要了。不然读起来会连成一片，文意模糊得如糨糊一盆，大家听起来也会觉得很累。

分层次，我们在上小学的时候就已经练习过很多次了。有的文章可以按照自然段来划分；有的必须按照一定的逻辑顺序来划分，比如按照时间的先后顺序，按照因果关系，按照事物发展过程，按照提出论点、论证分析、总结观点的逻辑来划分。

划分层次其实不难，关键是要说出划分的理由来，这种练习我们在学校的课堂上也做过很多次。划分层次的理由、文章的中心思想，是每一个考生必须清楚的，因为它们将指导你的声音形态。

层次划分好了，中心思想清楚了，还要能够表达好。最简单直观的方法是层次与层次之间的停顿要长一些。但是要注意，当开始读下一个层次的时候，不要让它和上一个层次割裂开来，要注意声音的呼应和延续，这样才能很好地完成层次之间的过渡。

层次和层次的情感表达要有所区别。比如，上一层说谁和谁是好朋友，下一层说俩人因为小事情闹了矛盾，这两个层次的语气、节奏、感觉显然是不一样的。心里要有层次的概念，作好不同心理状态的转换，这样层次之间才会表达得清晰到位。

分层次体现考生的逻辑思维能力，要认真对待哟！

（2）找主题

找主题这项工作我们也不陌生。在学校，很多人都会写"本文通过什么表现了什么样的主题"这样总结性的话语。这样的话虽然老套却很有用，它告诉我们读这样的文章要达到什么样的目的：作者写文章的用意在哪里？是要表扬某人还是要批评某人呢？有了主题，你的朗诵才会像一群要做事的人有了主心骨，才会旗帜鲜明、灵活生动、有理有据，否则就有可能像无头的苍蝇到处乱撞，或像外表华丽、内里苍白的空心竹。如果理解错了，那就更加贻笑大方了。

主题是作者通过具体人物、事件反映出来的看法、主张、态度等。主题是朗诵的灵魂。主题明确了，你的层次、重音都会很容易找到，因为找到了主题也就知道自己的朗诵该往哪个方向努力。比如一个表现好人好事的稿子，我们知道它的主题就是赞扬这种乐于助人的精神，那么朗诵朝这个方向努力就可以了。有了态度，也就知道了哪些地方该详，哪些地方该略。

找主题的能力就是分析稿件、理解稿件的能力,要尽量在比较短的时间内深刻地准确地理解主题。不要觉得它很难,脑子是越用越灵的,慢慢地你会体会到这一点,在读文章的时候有了条件反射:这就是主题,层次是这样的……

有了主题,就知道了朗诵的目的。朗诵任何稿件都有不同的目的,比如说介绍风景、普及知识等等。

明确目的和找主题是相辅相成的。比如,某篇稿件的主题是宣传某位同学刻苦学习的精神,那么它的目的当然就是表扬这位同学,就是让那些学习不刻苦的同学向他学习。再如,一篇以母爱为主题的文章,其目的也不外乎让我们歌颂爱、热爱生命、孝敬老人。

(3)看背景

了解背景可以让朗诵者和听者更容易走近作者,走进时代,更深切地感悟稿件内容,从而与作者形成情感上的共鸣。当然也有助于朗读者做到有的放矢。

当你心里有了背景这个概念,文章的分量轻重、位置,以及语气等问题都会迎刃而解,非常有助于你把文章读得生动、贴切。

如果对稿件内容不甚熟悉,比如描写太阳能发电的稿件,你必须查资料,这样才能确定目前这个稿件是否重要。在你参加考试的时候,你是没有机会做这些工作的,那就只能靠平时多积累了。

要了解背景,有两方面的工作要做。一方面,要思考稿件主题在当前社会环境下的情况。例如,在冬天讲买什么样的花裙子好,显然有点不合时宜。如果是在夏季到来的时候讲这个话题就会很合适,大家也会喜欢。由此可见,背景也会影响到你的朗诵基调等一些很具体的东西。另一方面,要了解作者创作作品时的背景。尤其是一些文学作品,了解创作背景有利于理解作者的创作意图,做到了这一点很多令人疑惑的问题都会得到解决。

了解背景很关键的一点是不要乱联系,不要把芝麻粒大的事情无限扩大,特别是面对针对性不是那么强的稿件。

在你读稿件的时候,你已经把对稿件背景的理解包括进去了。这里的提示只不过是让它更明晰,更有感染力而已。

(4)分主次

前面的分层次、找主题让我们解决了文章的内容是什么的问题,看背景让我们知道了对谁读和为什么读的问题。这里的分主次以及再靠后面的找基调,解决的是怎么读的问题。

找到了文章的主题和朗诵目的,主次也就很容易找到了:那些能直接表现主题和目的的语句、层次、段落是主要的,反之就是次要的。

读到文章的重点内容,一定要认真处理,这个是大家应该明白的。但是怎么处理次要的内容就很见功力了。次要的不是没有用的。如果主要的内容是鲜花,那么次要的内容就是绿叶;如果主要的内容要读得精彩,那么次要的内容就要读得清楚。要弄清次要部分和主要部分各是哪些内容,弄清楚次要部分在文章中是起铺垫作用还是映衬作用,弄清楚在次要的内容里哪些是最不重要的、哪些是次重要的。只有弄清楚了这些才能把文章读得有层次感,有情感变化,让人听来感觉回味无穷。

刚开始读文章时,总觉得什么都是重要的,什么都放不下,哪里都可以表现技巧,这样认为也很正常,但也是比较难解决的问题。正确的态度是:要知道欲扬先抑和有所得就必有所失的道理,要大胆地舍弃一些东西。正确的做法是:在做这些工作之前要先给文章的重点部分排排队,弄清楚哪里是最重要的、哪里是次重要的,然后分别处理。

往深处说,分主次相当于你对文章的一次再编辑,这也能体现出你的才能和素质,是显露你内心世界的重要渠道。你做得好了,考官就对你有好的认识;如果弄得不好,也会给考官留下不好的印象。

(5) 把握基调

如果前面是对文章进行"大卸八块"式的理性分析的话,那么最后的定基调就是整合问题,是要把以上的问题再整合起来,让它成为一个完美的整体。有时候会出现这样的情况:考生对每一部分都作了仔细的深入的分析,各方面理解都比较到位,可是当考生开始全篇朗诵的时候仍然有许多不和谐的音符来撞击听者的耳膜;它们听起来让人觉得很热闹,仿佛一次声音秀,但实际上给人的感觉是情绪混乱、彼此对立、不知所云。它就像调错味道的菜,用了很好的原料却依旧让人难以下咽。这就是在基调的把握上出了问题。

就一篇文章的表达来讲,基调就像是最初的一道门。如果这一道门你没有进对,那么后面的许多努力将是在一个错误的基础上进行的。基调准确太重要了,事实就是这样的。如果说在紧急情况下,许多稿件的准备步骤可以省略的话,但是基调这一步是无论如何都不能省略的。

说了这么多,基调到底是个什么东西呢?事实上它一点都不复杂。基调就是一篇文章总的感情色彩和态度。它能告诉你一篇文章是表扬型的还是批评型的,是言语轻松的聊天还是大是大非的义正词严的论述。再往简单处说,如果文章像电影,那么基调就是告诉你电影是喜剧还是悲剧。这真是一个大问题啊。

确定基调之后,文章中所有相关的表达都要在这个框架中进行,一般不能超过这个范畴。我们前面提到的错误就是因为有些朗读者的言语超越了这个界限,心里没有基调的概念。比如,明明是朋友之间的一句"把我的书还给我",为了突出严厉,让人听起来却像在审讯犯人。明明是好的用意,出来的效果却成了笑话。所以,大家要多练习,多动脑,多听听其他人的意见。另外,读得多了,熟能生巧,把握基调也就不难了。

基调要求贴切、统一,在统一的前提下有变化。这样的朗诵才有整体感,不走板,不跑调,才会给人一种完整统一的感觉。

读文章很重要的一点就是对感情表达程度的把握。以前我们读文章,在不了解一些技巧的时候,就是凭着火热的激情来读。现在我们对技巧的学习是为了给你的朗诵效果锦上添花。等你运用熟练了,感情会和理性的分析完美结合。到那个时候,你读文章的水平也有会很大的提高。

2. 朗读过程中的技巧

上面我们对读好稿件的技巧进行了讲述,但具体到每一篇稿件,又该如何处理呢?下面我就讲一讲对一篇稿件的各个部分的处理。

（1）开头部分

处理好开头部分要做到两点：先声夺人和叙述清楚。

① 先声夺人

开头部分要先声夺人，这是在这一环节你留给考官的第一印象。先声夺人的标准是什么呢？首先要吐字清楚、声音饱满、基调正确、音色优美，这些是基础。然后，一定要把内容叙述清楚，要让考官听懂你说的是什么事情。

在开头部分，许多考生面对几个决定自己命运的陌生人难免会紧张，往往进入状态慢，情绪慌张，声音发颤，但这些不良状态是必须克服掉的。最好是和考官有一见如故的感觉，看到考官你就感到兴奋，有非常强的表达欲望，而不是害怕、担心。这才是一种正确的心理状态。这种状态恰到好处，你的表达效果就会很好。如果太过了，就会陷入另外的误区：过于兴奋往往控制不住声音，使声音变高、变挤。一旦出现这种情况，怎么办呢？深吸一口气，让自己放松，让气息下沉，使自己迅速进入平时找好的声音状态里。

让自己迅速地进入状态还有一个方法，那就是在开口前停顿几秒，先进入稿件需要的情境，然后再开口朗诵，这样就能迅速进入状态了。这个方法要求你对稿件非常熟悉。这样考场带来的紧张感才不会摧毁你的记忆。看样子，功夫还要下在平时。

② 叙述清楚

文章开头一般都是一些叙述性的文字，以说明时间、地点、事件的开端，为后面的发展和高潮做准备。我们朗诵也是这样的，开头可以略收一些，不求多么好，不出错就是成功。一般来说，开头读好了，找到了感觉，后面就会一气呵成。如果开头要求过高，一旦出了错误，就会更加慌张，会严重影响后面的发挥，所以开头一定要稳下来，找到倾诉的感觉，能顺利完成就可以了。开头读完，你对周围的环境也就基本熟悉了，紧张感会慢慢消除，这很有利于后面的发挥。所以对开头，我们可以暂时放低要求，只要求顺利地找到基调、进入情景、不出错就可以了。也有的考生，一张嘴发现和往常不一样，声音像是另一个人的，这时候他就慌了：怎么会是这样呢？有的心理素质好的考生就会主动调整，慢慢地习惯这种声音。有时候觉得这声音比自己以前的声音好听，这是好事，但是因此而过于激动就不好了。一定要注意，你再激动，再有冲劲，也要在稿件的情景范围内来进行。你不能冲上前去用拳头指着考官："你不让我过，我就和你拼命。"那样做没有用，还是得靠声音征服考官，所以这时候要严格按照之前的设计来进行，最好不要擅自发挥。如果感觉声音不如平时好听，那么心里一定要有清晰的思路：既然已经这样了，那就继续读下去吧，没准一会儿能调整过来呢。一般考场环境会比较安静，周围也会比较空旷，声音和以前不一样也是正常的，对此你要有一定的心理准备。

（2）中间内容

稿件的开头读好了，中间部分就好读了，但此时也不要放松，依然要集中精力。哪怕考官在交头接耳，你也要全神贯注、心无旁骛地朗读。最好的状态是：你已经沉浸在稿件的悲欢离合之中，周围一切仿佛都不存在了，你忘记了这是考试，你因稿件的内容而自然地出现喜怒哀乐的表情，就像整个世界都是你的。如果达到这样的效果，你就已经成功了。对于中间部分的朗诵，我有下面几个要求。

① 状态良好

稿件进入了主体部分,考官要对你进行进一步的了解,你也渐入佳境,完整展示你实力的时候到了。最好的效果是:考官觉得你的开头不错;听了中间部分,更印证了他先前的判断,觉得你是个有实力的考生,达到了录取的要求。比较差的情况是:仔细一听,这位考生水平一般,很多地方处理得不好,需要继续学习。那可就令人失望了。我们要争取好的结果。

作为考生,要在这一阶段继续努力,再接再厉,吸引考官听下去,让他们舍不得不听结尾。在这一阶段,有的考生会犯松懈的毛病。按说稿件应该是一层一层推进的,越来越吸引人,感情越来越充沛,像登山一样,越往后景色越美。但是有的考生会忽然读着读着没有感觉了,声音慢慢变小,最后草草收场,这是心理因素造成的。有的考生可能是受到其他方面的一些影响。例如,他用眼睛的余光看到考官没有看自己,心里就开始犯嘀咕:我行吗?我能通过考试吗?这样就越来越没有信心。而考生正确的想法应该是这样的:我就是这样的,我是如此优秀,你们学校不要我是你们的损失;我的声音多好,你低头了,我要用我的表现让你抬起头,让你进入我的艺术世界中去。这是考生正确的状态,有了这个状态才能成功。这里说一个小问题,有的考生不敢看考官,表现得羞答答的。这样很不好,得改正。好的考生都是大方、不卑不亢的。有的考生读稿件的时候,不敢抬头,或者是迅速抬一下就马上低下,这也是错误的。看人要正当地看,尤其是和老师对话的时候,要看着考官,这样才显得尊重人。

② 情感饱满

对稿子的主体部分,读的时候情感应饱满,每一个语言点都要完美地诠释。考官和一般观众不一样,他们不是单纯地欣赏,他们是在挑毛病。如果你的毛病少,那就是好;如果让他们找到很多毛病,那就是不好,就很危险。考生有点像捡蘑菇的小姑娘,那些语言点就是蘑菇。如果你每个蘑菇都捡到,那你最后积攒的蘑菇就多,考官就会让你过关;如果你对蘑菇视而不见,最后的收获就很可怜,就不能从考官那里换到过关证。如果很明显的语言点你没有读出来,或者发挥得不好,考官就会很生气。考官生气了,后果就会很严重。所以在稿件的主体部分,大家要尽力地展示自己的能力,把每一个语言点都读好,这样才能给考官留下好的印象。

③ 有吸引力

在稿件的主体部分,你最好还要读得能吸引人。不要管你的稿件考官听了多少遍,你只要认真地读,总有吸引人的地方。每个人的性格是不一样的,处理稿件的方式肯定也是不一样的。只要你认真地读,考官就能感觉到你的态度。在读稿件时,要有交流感,感觉像是在与考官交流。要把稿件读得吸引人,有几种情况需要注意:有的考生有快乐地读稿件的习惯,在那里自我享受,这是个坏习惯;有的考生喜欢微笑着说话,不管什么内容的稿件都是微笑着读,这也是要改正的。考场上,你需要全身心地投入稿件中,这样你才能成功。

④ 技巧丰富

一篇优秀的自备稿件的主体部分一定是包含很多朗诵技巧的,比如模仿对话等。这些技巧就是你的亮点,是你得分的地方。所以,这些技巧,你在朗读中一定要有所表现,要展示出来。如果能力不够,还不如选择平淡一点儿的稿件。而其实平淡的稿件更难,因为稿件没有给你发挥能力的机会,全靠叙述来展示实力,那样也会很吃亏。

(3) 结尾部分

终于读到结尾部分了。很多考生到这时会松一口气,因为前面已经顺利完成了。收尾处松懈,这也是错误的表现。只有走出考场才是你放松的时候,在考场上的每一秒都要集中精力。稿件的结尾部分会出现一次高潮,然后结束。这时候,由于前面已有了充分的积淀,到了感情升华的时候了。升华很重要,万不可轻视。有时候因为前面过于紧张,这时候的升华部分会忽然失去控制,变成大喊和号叫。我们知道长跑运动员在冲刺前都会留一定的力量,我们读稿件也是这样。最后的高潮一定要在可控制的范围,把这个句号画圆。这里我还要提醒考生的是,有的考生一旦读完会马上松弛下去,一副如释重负的样子,这是不好的。可能考官能理解,但是这样真的不完美。你应该自然结束,稍微停一下,让考官从你设定的情景中走出来,然后自然地等待考官的安排,这样能说明你刚才读稿件的状态是真实的,而不是伪装出来的。

结束感,就是读到最后要给人结尾的感觉。结束感很重要,它告诉大家文章结束了。文章最后的文字一般是点题部分或者故事的后续交代,要求考生把意思表达完整。考生内心的感受是:我的文章结束了,就是这样,我被感动了。考生读完了稿件,一件艺术作品就算完成了。结尾的时候,要先收声音,再收感情。

五、自备稿件朗读案例分析

学过了自备稿件朗读的技巧后,我在下面选择了几篇稿件,并按照步骤进行了分析。我把它们作为范例,供同学们参考。需要注意的是,这是最基本的步骤和做法,只起到一个提示的作用,你可以开动脑筋做得更好。

篇一:丑 娘

李兆权

在村里,没有人不说我娘长得丑的。或许就是这个缘故,在她嫁到李家之后,人们先是叫她"丑媳妇";在生下我以后,不管长辈小辈的又都改称她为"丑娘"。

娘说我是日本同中国打仗的第6个年头来到这个世上的。在娘身边,我一直长到了8岁,后来才由爹送我到城里的一所小学去念书。当时,我不明白"丑"是什么意思,因为娘待我特别好。临走的时候,她给我做了一双毛边布鞋、一个小书包。书包里除装了一支铅笔外,还塞下了满满一袋鸡蛋。我依稀记得就在她把我送到村口时,我第一次看见她流下了眼泪,泪水大滴大滴地顺着她的脸颊直落到我的小手背上。

一件事使我开始认识了我的母亲。

一天,学校上体育课,因为舍不得穿娘做的鞋,我就想把娘做的鞋挂在凳子上。当我把它脱下挂在凳子上时,恰巧让老师给看见了。他提过鞋左看右看,随即又把鞋举得高高的,兴奋地说:"好漂亮的鞋呀!"说着,又把鞋底端详了半天,数着一层一层连起来的底,足有8

层之多,且针脚细密结实,靠脚掌和脚跟的部分都挑上了花。之后,他问我:"你娘一定是漂亮的吧?"殊不知,就在我要回答老师的问话时,同村来的一个同学抢上话头:"老师,他娘不漂亮,村里人都叫她'丑娘'。"

之后,我仿佛才知道"丑"是什么意思。

或许老师说的话全错了,而那个同学的话是对的。我的娘确实不漂亮:黑黑的肤色,原本挽成髻的头发在解放的那年她自个改成了齐耳短发,额头上一块大大的胎记在黝黑的脸上是这样显眼。为此,我心里满含着委屈,在公开场合很少提及她,更不愿把同学领到家里,只是在每次放假时呆呆地看着生我养我的她。而这时,娘总是像欠账似的默默地把我搂在她胸前。临别,又拿出一双同样的毛边布鞋给我。她那双分外黑亮的眼睛像是两潭水,即使漆黑的夜也能让人感到它的明亮。许多现实生活中发生的事,往往需要以后才能得到公正的解释。

到了20世纪60年代末,我已经是一个大小伙子了。娘已苍老了许多,原来虽黑但还丰满的脸颊已经凹陷了下去,头发变得稀疏而花白,手背上的骨节突兀出来。看着娘养我这么大,一辈子在农村吃苦,且作为一个丑女子面对别人的嘲笑从不与人红脸,对于种种伤心话语所表现出的难能的平静,我的心在发酸。

一天,当我把在外边买的几件湖蓝色起暗花的衬衣和两瓶珍贵的雪花膏给她时,她先是一惊,继而情不自禁地又像儿时一样把我拥到她的胸前,嘴里喃喃地说:"要那干什么呢?娘是不配了,待以后你相上媳妇了,就送给她吧。"娘还说到时一定要把姑娘领回家让她看看。

我是20世纪70年代初结婚的。按照她的嘱咐,婚前几天我和爱人终于赶到家里。事前,我就同爱人讲好,娘一辈子在农村,农村人显丑显老,见了面一定要多说些宽老人心的话。爱人说,谁还没有老的一天,但娘一定不丑。

到家了,不知怎么,我发现屋里空荡荡的。看着爹和弟弟的眼睛又红又肿,我一问才知道娘已在一个星期前病逝了。爹说是娘病重时交代他不让我们知道的,要不会冲了我们的喜。望着突然空寂和失去了生气的屋子,我极力控制住自己的感情。当到了娘的床前收拾她的遗物时,我发现一切都是经过精心整理过的,唯见一块红绸布包放在她平时靠头的那一面。我急忙打开一看,原来是两双精致的毛边布鞋,一大一小,显然一双是给我的,一双是给她的儿媳妇的。看着看着,我觉得膝头一阵酸涩,扑通一声跌跪在地上。我和爱人的眼泪如泉涌般直落下来。

我想起了儿时老师说过的话:"你的娘一定是漂亮的吧?"

【分析】

这是一篇许多人选过的稿件,原因是它比较适合考试:母爱题材,感情真挚,容易打动人,而且容易把握。从语言角度来说,这篇文章比较平实,时空、语言都有变化,容易表现出考生的素质。而且此类稿件也是考生比较喜欢选择的类型。我们就以它为例子详细分析一下,让大家更清楚一篇自备稿件朗读前应该怎样准备。

假设你决定朗读这一篇稿件了,那么第一步要做的就是先看一遍。看完之后,你会很受感动,很喜欢。这篇稿件给你很大的震撼,你会觉得这个"丑娘"真的很伟大,虽然她长得丑,但是心灵是美的;这个"丑娘"是天下所有母亲的代表,天下的母亲都是最美的。而且你会想到自己妈妈无微不至地照顾你的情景……这说明你已经进入角色了。同时,你一定要有决心和信心,一定要把它读好,相信自己也能读好。这时你觉得自己很有激情,用专业的话说,就是有很强的朗读愿望。

第二步是分层次。按照前面讲过的方法,我们把它分出层次。

第一段:

在村里,没有人不说我娘长得丑的。或许就是这个缘故,在她嫁到李家之后,人们先是叫她"丑媳妇";在生下我以后,不管长辈小辈的又都改称她为"丑娘"。

这一段说的是"丑娘"名字的来历,这是单独成段的理由。"丑娘"这个名字可真够有个性的,那么她的故事也一定与众不同,大家一定想了解她的人生。作为她的儿子,对这个名字又有什么样的反应呢?这一定也是大家想了解的。第一段,一定要读出它的特点,抓住考官的心,让大家都来关注你的朗读。

第二段:

娘说我是日本同中国打仗的第6个年头来到这个世上的。在娘身边,我一直长到了8岁,后来才由爹送我到城里的一所小学去念书。当时,我不明白"丑"是什么意思,因为娘待我特别好。临走的时候,她给我做了一双毛边布鞋、一个小书包。书包里除装了一支铅笔外,还塞下了满满一袋鸡蛋。我依稀记得就在她把我送到村口时,我第一次看见她流下了眼泪,泪水大滴大滴地顺着她的脸颊直落到我的小手背上。

一件事使我开始认识了我的母亲。

一天,学校上体育课,因为舍不得穿娘做的鞋,我就想把娘做的鞋挂在凳子上。当我把它脱下挂在凳子上时,恰巧让老师给看见了。他提过鞋左看右看,随即又把鞋举得高高的,兴奋地说:"好漂亮的鞋呀!"说着,又把鞋底端详了半天,数着一层一层连起来的底,足有8层之多,且针脚细密结实,靠脚掌和脚跟的部分都挑上了花。之后,他问我:"你娘一定是漂亮的吧?"殊不知,就在我要回答老师的问话时,同村来的一个同学抢上话头:"老师,他娘不漂亮,村里人都叫她'丑娘'。"

之后,我仿佛才知道"丑"是什么意思。

或许老师说的话全错了,而那个同学的话是对的。我的娘确实不漂亮:黑黑的肤色,原本挽成髻的头发在解放的那年她自个改成了齐耳短发,额头上一块大大的胎记在黝黑的脸上是这样显眼。为此,我心里满含着委屈,在公开场合很少提及她,更不愿把同学领到家里,只是在每次放假时呆呆地看着生我养我的她。而这时,娘总是像欠账似的默默地把我搂在她胸前。临别,又拿出一双同样的毛边布鞋给我。她那双分外黑亮的眼睛像两潭水,即使漆黑的夜也能让人感到它的明亮。许多现实生活中发生的事,往往需要以后才能得到公正的解释。

这几自然段讲述了故事的背景等情况,叙述了娘对"我"的好和"我"对娘的理解。其实这一部分还可以继续分成许多个小段落,但是分得太细不好把握,而且也容易弄成没有了整体感。

分析一下这篇文章,不难看出它采用的是先抑后扬的手法,文中并没有真正正面描写"丑娘"的伟大,而是通过生活小事和别人的话及自己的反应来衬托"丑娘"的美的。所以一些看似不经心的描写,往往是重点,对这些描写一定要好好对待,把文字背后的意思表达出来。

第三段:

到了20世纪60年代末,我已经是一个大小伙子了。娘已苍老了许多,原来虽黑但还丰满的脸颊已经凹陷了下去,头发变得稀疏而花白,手背上的骨节突兀出来。看着娘养我这么大,一辈子在农村吃苦,且作为一个丑女子面对别人的嘲笑从不与人红脸,对于种种伤心话语所表现出的难能的平静,我的心在发酸。

一天,当我把在外边买的几件湖蓝色起暗花的衬衣和两瓶珍贵的雪花膏给她时,她先是一惊,继而情不自禁地又像儿时一样把我拢到她的胸前,嘴里喃喃地说:"要那干什么呢?娘是不配了,待以后你相上媳妇了,就送给她吧。"娘还说到时一定要把姑娘领回家让她看看。

我是20世纪70年代初结婚的。按照她的嘱咐,婚前几天我和爱人终于赶到家里。事前,我就同爱人讲好,娘一辈子在农村,农村人显丑显老,见了面一定要多说些宽老人心的话。爱人说,谁还没有老的一天,但娘一定不丑。

到家了,不知怎么,我发现屋里空荡荡的。看着爹和弟弟的眼睛又红又肿,我一问才知道娘已在一个星期前病逝了。爹说是娘病重时交代他不让我们知道的,要不会冲了我们的喜。望着突然空寂和失去了生气的屋子,我极力控制住自己的感情。当到了娘的床前收拾她的遗物时,我发现一切都是经过精心整理过的,唯见一块红绸布包放在她平时靠头的那一面。我急忙打开一看,原来是两双精致的毛边布鞋,一大一小,显然一双是给我的,一双是给她的儿媳妇的。看着看着,我觉得膝头一阵酸涩,扑通一声跌跪在地上,我和爱人的眼泪如泉涌般直落下来。

我想起了儿时老师说过的话:"你的娘一定是漂亮的吧?"

把这几个自然段归为第三段是因为上一段的结尾说要有个公正的解释,那么下面自然该讲这个公正的解释了。文章的脉络是这样的:大家认为"丑娘"是丑的→"我"由于没有理解妈妈,也认为娘不是漂亮的→"丑娘"一点不丑,是最美的。

弄清楚了文章的脉络,自己心里也有底儿了,至少不会把文章读得凌乱不堪。最后一句话很重要,是点题的,要读得有分量。

分完段落,要整理一下思绪,把自己发现的问题记下来,提示自己不要忘记。

a. 文章是以第一人称写的,一定要进入文章规定的时空中去。

b. 文章时间跨度比较大,读的时候要有所区别。

c. 文章中"我"的认识过程、心理变化是重点,要读得有层次感。

d. 文章关于"丑娘"的文字是重点,因为它们表现了丑娘的内心世界。

e. 文中的对话要谨慎处理,不可喧宾夺主。

现在可以出声朗读了,你要一边朗读一边分析文章的基调。通过朗读,可以看出应该以这样的基调来朗读稿件:用一种满含深情、自然而又略带回忆的感觉去读。下面对文章进行进一步的分析。

在村里，没有人不说我娘长得丑的。或许就是这个缘故，在她嫁到李家之后，人们先是叫她"丑媳妇"；在生下我以后，不管长辈小辈的又都改称她为"丑娘"。

这一段的关键是一个"丑"字。经过斟酌，这个"丑"字虽然是对相貌的客观评价，但是还是应读出一种爱意，因为这相当于作者对往事的回顾。现在你已经明白了"丑"的真正含义，自然不能读得太客观，不然就和文章割裂起来了。大家可以想一想，儿子说自己娘长得丑，该是一种什么样的心态。

这一节最后两个字是题目，它还有引起下文的作用，读的时候要稍微突出一些。由于这是全文的起首段落，读时要稍微慢一些，让大家听清楚。

娘说我是日本同中国打仗的第6个年头来到这个世上的。在娘身边，我一直长到了8岁，后来才由爹送我到城里的一所小学去念书。当时，我不明白"丑"是什么意思，因为娘待我特别好。临走的时候，她给我做了一双毛边布鞋、一个小书包。书包里除装了一支铅笔外，还塞下了满满一袋鸡蛋。我依稀记得就在她把我送到村口时，我第一次看见她流下了眼泪，泪水大滴大滴地顺着她的脸颊直落到我的小手背上。

这一段主要讲我不明白"丑"的意思。但是从此段开始，作者已经开始着力描写"丑娘"的心灵之美了。那些表现"丑娘"的爱的词句要强调，如"布鞋"（这是关键的物品）和"满满"等词语。

一件事使我开始认识了我的母亲。

一天，学校上体育课，因为舍不得穿娘做的鞋，我就想把娘做的鞋挂在凳子上。当我把它脱下挂在凳子上时，恰巧让老师给看见了。他提过鞋左看右看，随即又把鞋举得高高的，兴奋地说："好漂亮的鞋呀！"说着，又把鞋底端详了半天，数着一层一层连起来的底，足有8层之多，且针脚细密结实，靠脚掌和脚跟的部分都挑上了花。之后，他问我："你娘一定是漂亮的吧？"殊不知，就在我要回答老师的问话时，同村来的一个同学抢上话头："老师，他娘不漂亮，村里人都叫她'丑娘'。"

之后，我仿佛才知道"丑"是什么意思。

这三个自然段讲了作者开始明白"丑"的意思，与上一段的"不明白"形成了呼应。注意这时作者是沉浸在回忆之中的，朗读时语句尽量真实一些。在这几个自然段中，作者仍然花了大量篇幅描写"丑娘"的心灵之美。上一段讲道儿子的书包里塞了那么多吃的东西，表现了她的母爱；这几自然段描写鞋子，不仅描写了母爱，更说明了"丑娘"心灵手巧。

或许老师说的话全错了，而那个同学的话是对的。我的娘确实不漂亮：黑黑的肤色，原本挽成髻的头发在解放的那年她自个改成了齐耳短发，额头上一块大大的胎记在黝黑的脸上是这样显眼。为此，我心里满含着委屈，在公开场合很少提及她，更不愿把同学领到家里，只是在每次放假时呆呆地看着生我养我的她。而这时，娘总是像欠账似的默默地把我搂在她胸前。临别，又拿出一双同样的毛边布鞋给我。她那双分外黑亮的眼睛像是两潭水，即使漆黑的夜也能让人感到它的明亮。许多现实生活中发生的事，往往需要以后才能得到公正的解释。

第二讲 升级篇

这一段写"丑娘"的长相,可以从"满含着委屈"这几个字里来找感觉。作者当时一定是一种难以解脱的无奈:一方面"丑娘"真的不漂亮,一方面又对他那么好。但是,此段母亲的表现又反映了"丑娘"对儿子的爱是无私的,并没有因为儿子的嫌弃而改变对儿子的爱,尤其又拿出同样的一双鞋来(鞋这个物件实际上表达的是"丑娘"无私而持续的爱,一定要理解)。该段中最后一句话有引起下文的作用,朗读时要读出那种感觉来。

到了20世纪60年代末,我已经是一个大小伙子了。娘已苍老了许多,原来虽黑但还丰满的脸颊已经凹陷了下去,头发变得稀疏而花白,手背上的骨节突兀出来。看着娘养我这么大,一辈子在农村吃苦,且作为一个丑女子面对别人的嘲笑从不与人红脸,对于种种伤心话语所表现出的难能的平静,我的心在发酸。

一天,当我把在外边买的几件湖蓝色起暗花的衬衣和两瓶珍贵的雪花膏给她时,她先是一惊,继而情不自禁地又像儿时一样把我拢到她的胸前,嘴里喃喃地说:"要那干什么呢?娘是不配了,待以后你相上媳妇了,就送给她吧。"娘还说到时一定要把姑娘领回家让她看看。

从这一段文字来看,首先是时间变了:在前面,作者是个小孩子;现在,他是小伙子了。朗读时要注意"大小伙子"和"苍老"的对比。很显然作者的长大和娘的付出是有很大关系的。这个时候娘的容貌描写和前面的描写也是有一个对比的,不仅是容貌的对比,更有作者心态的对比。这时候,作者长大了,对于"丑"的认识一定和以前不一样了。作者又是什么心态呢?尤其"丑娘"得到了儿子的礼物,他的心情是什么样的呢?她是怎么猜儿子送礼物的初衷的呢?这些都需要大家仔细思考。尤其是从本段的最后几句可以看出"丑娘"的心里一定很复杂。"她先是一惊",她惊奇什么呢?为什么说自己不配呢?我想她高兴是肯定的,喜欢礼物也是毋庸置疑的。而让儿子把礼物以后送给儿媳是不是也表现了"丑娘"的无私呢?这一段对于"丑娘"美的描写和刻画又深了一层,写"丑娘"不仅面对儿子的不理解时保持宽容,而且一辈子对别人的嘲笑都不红脸,这是多么难以做到的啊!"雪花膏"那一段不仅引起下一段,而且描写了母子情深,也为下一段的感情爆发作了铺垫。

我是20世纪70年代初结婚的。按照她的嘱咐,婚前几天我和爱人终于赶到家里。事前,我就同爱人讲好,娘一辈子在农村,农村人显丑显老,见了面一定要多说些宽老人心的话。爱人说,谁还没有老的一天,但娘一定不丑。

到家了,不知怎么,我发现屋里空荡荡的。看着爹和弟弟的眼睛又红又肿,我一问才知道娘已在一个星期前病逝了。爹说是娘病重时交代他不让我们知道的,要不会冲了我们的喜。望着突然空寂和失去了生气的屋子,我极力控制住自己的感情。当到了娘的床前收拾她的遗物时,我发现一切都是经过精心整理过的,唯见一块红绸布包放在她平时靠头的那一面。我急忙打开一看,原来是两双精致的毛边布鞋,一大一小,显然一双是给我的,一双是给她的儿媳妇的。看着看着,我觉得膝头一阵酸涩,扑通一声跌跪在地上。我和爱人的眼泪如泉涌般直落下来。

我想起了儿时老师说过的话:"你的娘一定是漂亮的吧?"

这是文章的高潮部分,也是文章的升华部分,是最打动人的地方。作者很高明,没有类似文章常见的最后独白或者声泪俱下的场景,而是把无限的感情凝结在两双鞋上,含蓄而又深沉地表现了母亲无私的爱,这给朗读者带来不小的挑战。其实只要是前面感情表达到位了,后面的感情表达自然就会有了,多余的设计反而不好,只要用那些平实的词句把对"丑娘"的感情表达出来就可以了。此时大家应该仿佛看见"丑娘"一边思念儿子,一边做鞋的情景。她一定头发白了吧,那是多么动人的情景啊!她一定想看看儿媳妇的样子,但是为了不冲儿子的"喜",她不让儿子知道她将要离开人间。这是多么无私,需要多大的勇气啊!而现在儿子来了,人已经阴阳两隔了,这里该有多么伤心和复杂的心情啊!朗读者应该觉得自己仿佛就在现场。

关键是最后一句的朗读。这是点题的一句,既表达了作者的心声,也是大家想说的话,同样是引起情感共鸣的一句话。这句话是作者对母亲最真实的感受,也是他对母爱的理解:母爱不需要有华丽的外表,但那是最无私的,也是最美的。考生应该带着对"丑娘"无限的爱和思念来读这一句。这句话是人悲伤过后的一种内心的表达,虽没有现场撕心裂肺的呼喊,却比那种呼喊有更多的深情,用那种略微平淡的方式来处理或许更好。那是一个问句,问自己也是问大家。全文在高潮中戛然而止,意味更加深长。

最后分析一下题目的读法。题目一定要读得平实醒目,切忌太夸张。

通读全篇,每次都有新感觉,有那种荡气回肠的感觉。你会觉得这已不是为考试而准备了,这就是你内心要表达的感情,这也是我们想要的感觉。

篇二:狮子与报恩的老鼠

狮子睡着了,有只老鼠跳到了它的身上。狮子猛然站起来,把老鼠抓住,准备吃掉。老鼠请求饶命,并说如果保住性命,必将报恩。狮子轻蔑地笑了笑,便把它放走了。不久,狮子真的被老鼠救了性命。原来狮子被一个猎人抓获,猎人用绳索把它捆在一棵树上。老鼠听到了它的哀号,跑过去咬断绳索,放走了狮子,并说:"你当时嘲笑我,不相信能得到我的报答,现在可清楚了,老鼠也能报恩。"

——《伊索寓言》

【分析】

这个故事说明了这样一个道理:环境变化太快,强者也会有需要弱者的时候。

读寓言故事的时候,要先弄明白它说的是什么道理再去读,然后弄明白寓言里的动物是什么角色、它们有什么特点、代表了生活中什么样的人,最后为它们设计声音形象,按照层次表达。寓言并不是专门给小孩子准备的,声音不要有过浓的"化妆"痕迹。就考试来说,选寓言故事是为了显示声音的可塑性,如果夸张过头,就不知道你本来声音的样子,就弄巧成拙了。

具体到这则寓言故事,不但要找准狮子轻视老鼠的感觉和老鼠最后那句话的语调,还要明白最后一句话基本是脱离故事发展的,是结论,要读出分量和内涵来。

篇三：狼和七只小山羊

从前有只老山羊，它生了七只小山羊，并且像所有母亲爱孩子一样爱它们。一天，它要到森林里去取食物，便把七个孩子全叫过来，对它们说："亲爱的孩子们，我要到森林里去一下，你们一定要提防狼。要是让狼进屋，它会把你们全部吃掉的——连皮带毛通通吃光。这个坏蛋常常把自己化装成别人的样子。但是，你们只要一听到它那粗哑的声音，一看到它那黑黑的爪子，就能认出它来。"小山羊们说："好妈妈，我们会当心的。你快去吧，不用担心。"老山羊咩咩地叫了几声，便放心地去了。

没过多久，有人敲门，而且大声说："开门哪，我的好孩子。你们的妈妈回来了，还给你们每个人带来了一点东西。"可是，小山羊们听到粗哑的声音，立刻知道是狼来了。"我们不开门，"它们大声说，"你不是我们的妈妈。我们的妈妈说话时声音又软又好听，而你的声音非常粗哑，你是狼！"于是，狼跑到杂货商那里，买了一大块白垩土，吃了下去，结果嗓子变细了。然后它又回来敲山羊家的门，喊道："开门哪，我的好孩子。你们的妈妈回来了，给你们每个人都带了点东西。"可是狼把它的黑爪子搭在了窗户上，小山羊们看到黑爪子便一起叫道："我们不开门。我们的妈妈没有你这样的黑爪子。你是狼！"于是狼跑到面包师那里，对他说："我的脚受了点伤，给我用面团揉一揉。"等面包师用面团给它揉过之后，狼又跑到磨坊主那里，对他说："在我的脚上洒点白面粉。"磨坊主想："狼肯定是想去骗什么人"，便拒绝了它的要求。可是狼说："要是你不给我洒面粉，我就把你吃掉。"磨坊主害怕了，只好洒了点面粉，把狼的爪子弄成了白色。

这个坏蛋第三次跑到山羊家，一面敲门一面说："开门哪，孩子们。你们的好妈妈回来了，还从森林里给你们每个人带回来一些东西。"小山羊们叫道："你先把脚给我们看看，好让我们知道你是不是我们的妈妈。"狼把爪子伸进窗户，小山羊们看到爪子是白的，便相信它说的是真话，打开了屋门。然而进来的是狼！小山羊们吓坏了，一个个都想躲起来：第一只小山羊跳到了桌子下，第二只钻进了被子里，第三只躲到了炉子里，第四只跑进了厨房，第五只藏在柜子里，第六只挤在洗脸盆下，第七只爬进了钟表盒里。狼把它们一个个都找了出来，毫不客气地把它们全都吞进了肚子。只有躲在钟表盒里的那只最小的山羊没有被狼发现。狼吃饱了之后，心满意足地离开了山羊家，来到绿草地上的一棵大树下，躺下身子开始呼呼地大睡起来。

没过多久，老山羊从森林里回来了。啊！它都看到了些什么呀？屋门敞开着，桌子、椅子和凳子倒在地上，洗脸盆被摔成了碎片，被子和枕头掉到了地上。它找它的孩子，可哪里也找不到。它一个个地叫它们的名字，可是没有一个出来答应它。最后，当它叫到最小的山羊的名字时，一个细细的声音传来："好妈妈，我在钟表盒里。"老山羊把它抱了出来，它告诉妈妈狼来过了，并且把哥哥姐姐们都吃掉了。大家可以想象出老山羊失去孩子后哭得多么伤心！

老山羊最后伤心地哭着走了出去，最小的山羊也跟着跑了出去。当它们来到草地上时，狼还躺在大树下睡觉，呼噜声震得树枝直抖。老山羊从前后左右打量着狼，看到那家伙鼓得老高的肚子里有什么东西在动个不停。"天哪！"它说，"我的那些被它吞进肚子里当晚餐的可怜的孩子,难道它们还活着吗?"最小的山羊跑回家,拿来了剪刀和针线。老山羊剪开那恶魔的肚子,刚剪了第一刀,一只小羊就把头探了出来。它继续剪下去。六只小羊一个个都跳了出来,全都活着,而且一点也没有受伤,因为那贪婪的坏蛋是把它们整个吞下去的。这是多么令人开心的事啊!它们拥抱自己的妈妈,又蹦又跳。羊妈妈说:"你们去找些大石头来。我们趁这坏蛋还没有醒过来,把石头装到它的肚子里去。"七只小山羊飞快地拖来很多石头,拼命地往狼肚子里塞。然后山羊妈妈飞快地把狼肚皮缝好。结果狼一点儿也没有发觉,它根本就没有动弹。

狼终于睡醒了。它站起身,想到井边去喝水,因为肚子里装着的石头使它口渴得要死。可它刚一迈脚,肚子里的石头便互相碰撞,发出哗啦哗啦的响声。它叫道:"是什么东西在碰撞我的骨头?我以为是六只小羊,可怎么感觉像是石头?"

它到了井边,弯腰去喝水,可沉重的石头压得它掉进了井里,淹死了。七只小山羊看到后,全跑到这里来叫道:"狼死了!狼死了!"它们高兴地和妈妈一起围着水井跳起舞来。

——《格林童话》

【分析】

这篇文章篇幅大了一点儿,播读时注意模仿小山羊和老狼的语言,这是一个难点。

篇四:耳 朵

一天清晨,一个婴儿在一家医院里呱呱坠地了。

"我可以看看我的孩子吗?"孩子的母亲幸福地向医生请求道。随即医生就把裹着婴儿的小被包递进了她的怀里。移开被布,看见了婴儿的小脸,她不禁倒抽了一口冷气。医生不忍心再看,迅速转过脸去。原来,这个婴儿生来便没有耳朵。

他的父亲给他取名叫小亮。一段时间过后,小亮的父母很庆幸地发现孩子的听力没有什么障碍,跟正常人一样,缺少耳朵只是损坏了他的相貌。但是天真的小亮并没有意识到与别的孩子有什么不同。在父母的关爱下,他度过了快乐无忧的童年。

光阴流逝,当小亮7岁的时候,他走进了校门。有一天,小亮突然从学校里跑回家,一头扎进妈妈的怀里,大声哭了起来,哽咽着向妈妈说出了在学校里的遭遇:"一个男孩,一个大孩子……管我叫畸形人!"听了孩子的倾诉,妈妈叹息着搂紧了小亮,她知道这孩子今后的人生将会遭遇连续不断的打击。

小亮渐渐地长大了,因为没有耳朵,越发显得与众不同。同学们都很喜欢他,要不是因为相貌缺陷,他也许会当上班长呢。并且在文学和音乐方面,他也表现出了非凡的天赋。

"为什么我没有耳朵呢?"小亮经常问妈妈。

"不然的话,你会和别的孩子分不清的呀!"妈妈安慰着儿子,心里却充满痛楚的怜爱。

终于有一天,小亮明白了自己实际上是残疾人。因为没有耳朵,他感到自卑,再也不愿去学校了,性格也变得越来越孤僻,甚至不敢走出家门。父母为此感到十分苦恼。小亮的爸爸去请教一位熟识的医生:"难道孩子的缺陷真的一点补救的办法都没有吗?"

"如果能得到一双耳朵的话,我相信我可以给他做移植手术。"医生非常肯定地告诉他。可是,到哪里去找一双耳朵呢?有谁肯为一个孩子作出如此巨大的牺牲呢?而且做这个手术也需要一大笔费用。

两年过去了。有一天,爸爸对小亮说:"孩子,你要去医院做个手术。妈妈和我已经找到了为你捐献耳朵的人,不过捐献人的身份是保密的。"

移植手术非常成功,小亮终于有了一双耳朵。他高兴极了,简直像换了一个人一样。他又重新回到了学校,他的各项潜能不断地开花结果,迅速成长,成功接踵而至。大学毕业后,他结婚了,并且进入了外交部门。

工作在富丽堂皇的政府大楼里,出入觥筹交错的外交场合,回到家里有娇美贤淑的妻子相伴,小亮幸福之际常举手抚摸着耳朵,他真想当面好好感谢那位神秘的捐献人。正是因为这双耳朵,重新给了他生活的勇气和信心,使他取得了今天的成就。

"我必须得知道!"他急切地催问着爸爸,"是谁给了我如此慷慨的捐助?"

"孩子,根据约定你不可以知道……至少现在还不行。"

无数的岁月静静地流过,深埋着他们的秘密。虽然他也私下里进行了长时间的调查,但仍然没能找到这位神秘的捐献人。然而,揭示谜底的那一天终于到来了。那是小亮一生中经历的可能最黑暗的一天。他和爸爸一起站在妈妈的棺材跟前。慢慢地,轻轻地,爸爸向前伸出一只手,撩开妈妈那浓密、灰白的头发……他惊讶地发现安卧在那里的妈妈居然没有耳朵,他一下子什么都明白了。

"我终于知道了妈妈为什么说她很高兴自己永远都不用剪头发。"早已泪流满面的小亮对爸爸低语道,"没有人觉得妈妈不如从前美丽,是吗?"

【分析】

这又是一篇关于母爱的稿件,尽可能地被它感动吧,尽可能发挥你的想象力吧,这对你读其他稿件也是有好处的。

篇五:与太阳赛跑

林清玄

我读小学三年级的时候,有一天放学回家,看到天边的夕阳正要沉落,晚霞一道一道从山谷升起。"我要和太阳赛跑,要在太阳没有下山以前跑回家。"我心里有一个声音说。然后,我拔足狂奔,一刻也不停歇地跑回老家的四合院。我站在大厅的红门外时,夕阳还露出最后的一角,迷离的光影映着红门上的狮头铜扣。

我安静地站在厅前,看夕阳一分一分地沉到山的背面,心里涨满了感动,跑进厨房对正在生火做饭的母亲说:"我跑赢太阳了,我跑赢太阳了。"接下来,我的小学时代几乎都是在与太阳赛跑,在夕阳未落前返家,欣赏着蕉园上那绝美的落日。我对生命的美感就是从那时有的。我觉得如果不比时间跑快一步,就没有空间,也没有心情享受落日的美景了。只是,生命的悲情是,我们自以为比时间快一步,但岁月也很快地被时光掩埋。对人生高远的目标,虽然我们也曾像与太阳赛跑时一样地奔赴前程,有时站在红门前微笑,以为赢过了什么,但夕阳总是在我们微笑时,依然沉落。当然,如果我们悲哭,它还是要沉落的。

因此,任何的奔赴与企求都带着一些虚妄的本质吧!还不如回到这当前的一刻,以全身心投注于每一个变化之中,在因缘的变化中顺应、无憾、欢喜。

到了四十岁,可能说不出"我跑赢太阳了"这样有豪情的话。但是,每天我起床的时候,对着镜子的第一件事就是对自己的影像说:"嗨!让我们今天来为生命创造一点什么吧!"

每天,都含着笑意,来与宇宙时空的无情、岁月生命的多变共同运转。那么在生活中,也会有江上明月、山间清风、岸边垂柳那样的美景不断地映现。

我,宁与微笑的自己做拍档,不要与烦恼的自己同住。

我,要不断地与太阳赛跑,不断穿过泥泞的田路,看着远处的光明。

【分析】

这样的稿件适合阳光力量型的考生选择,可以表现他们的乐观和豪放。

篇六:花之笔记

张晓风

我喜欢那些美得扎实厚重的花,像百合、荷花、木棉。但我也喜欢那些美得让人发愁的花,特别是开在春天的、花瓣儿薄的、眼看着便要薄得没有了的花,像桃花、杏花、梨花、三色堇或波斯菊。

花的颜色和线条总还比较"实",花的香味却是一种介乎"虚""实"之间的存在。有种花,像夜来香,香得又野又蛮,的确是"花香欲破禅"的那种香法。含笑和白兰的香是荤的。茉莉是素的,素得可以及茶的。水仙更美,一株水仙的倒影简直是一块明矾,可以把一池水都弄得干净澄澈。

栀子花和木本株兰的香总是在日暖风和的时候才香得出来,所以也特别让人着急,因为不知道什么时候就没有了。

树上的花是小说,有枝有干地攀在纵横交叉的结构上,俯下它漫天的华美。"江边一树垂垂发""黄四娘家花满蹊,千朵万朵压枝低",那里面有多层次、多角度的说不尽的故事。

草花是诗,由于矮,像是刚从土里蹦上来的,一种精粹的、鲜艳的、凝聚的、集中的美。

散文是爬藤花,像九重葛、荼蘼、紫藤、蔦萝,乃至牵牛花和丝瓜花、扁豆花,都有一种走到哪里就开到哪里的挥洒。爬藤花看起来漫不经心,等开完了整个季节之后回头一看,倒也没有一篇是没有章法的——无论是开在疏篱间的,泼洒在花架上的,哗哗地流下瓜棚的,或者不自惜地淌在坡地上的,乃至于调皮习钻爬上老树把枯木开得复活了似的……它们都各有其风格。真的,丝瓜花有它自己的文法,牵牛花有它自己的修辞。

【分析】

这是一篇描写花的稿件。有所不同的是这篇稿件把花比作了文体,什么散文、诗之类的,所以显得别具匠心。一个内秀的女孩子读来一定会打动考官的。

这是一篇比较含蓄的美文,语句处理上不要有太浓的技巧痕迹。

处理一篇稿件,除了理解它的内涵之外还要知道如何通过声音去塑造人物形象。比如,描写战争英雄的稿件那就以实声为主,描写母爱、小花等就以自然亲切为主,笑话、童话、小故事则声音变化可以多一些。

可以做自备稿件的文章很多,用心去找,一定会找到适合你的那一篇,只是不要浪费太多时间。

六、怎样精心准备自备稿件

前面讲了准备自备稿件的一般方法。如果想把稿件准备好,还需要作进一步的努力,需要借助多种方法。下面我就从三方面对怎样准备自备稿作进一步的讲解。

1. 创作背景

准备自备稿件时,要搞清楚这篇文章的创作背景是什么,弄明白作者处在什么时代,知道作者是在什么状态下写的这篇文章。有些稿件不是很有名,我们查不到相关的资料,但是我们也可以从稿件的文字中发现作者的创作背景。比如《乌苏里江放歌》,我们可以发现,作者应该生活在现在这个社会里,可能是个"90后",文章可能是作者生活在城市里许多年后,听到来自家乡的歌曲,所引发的一段回忆。这就是这篇稿件的创作背景。了解创作背景有什么作用呢?我觉得通过了解创作背景可以找到作者的创作动机和创作目的,这也是朗诵前需要解决的问题。朗诵不是随随便便一读,因为稿件一定是表达了一种情感:或者是呼吁大家热爱祖国,或者是弘扬一种精神,等等。了解了创作背景,知晓了作者的创作意图,就可以用它来指导你朗读了。在这种情况下,你的朗读才会主题突出,有感人的力量。通俗点说,就是你知道往哪里用劲儿了。这一点很关键,因为有的考生对文章的创作背景理解得不到位,经常弄出错误。比如,一篇描写风景的文章,他只看到了对风景的赞美,理解不了背后对家乡的热爱。理解得不深刻又怎么能读出深刻的韵味呢?而在朗诵的过程中,理解上的微小偏差,都会体现在声音上,就很容易被考官发现,从而导致失分。

2. 现实背景

了解了创作背景还不算完成任务。还有一点,就是要了解现实背景。怎么理解现实背景呢?我觉得它也有两层意思。一层是你在考场上的背景。你朗诵的时候是在考场上,不是在朗诵会上,也不是你自己读着玩。那是一个竞争性很强的场合。这个背景要求考生朗诵的时候更加积极,更多展示声音的特色。这是考场给考生的要求。另一层是当今社会的大背景。这里需要说明的是,有些稿件年代久远,而内容又有一定的多义性,所以这就需要考生选出最适合当下现实社会的那个主题来。这样说可能有点难以理解,下面我举个例子。比如孝敬老人的文章,如果在大家都比较孝敬老人的时候,这篇文章就是颂扬爱;而现在许多地方出现了老人倒地无人敢扶的荒唐事,那么这个时候的朗诵应该更多的是呼唤社会中善的良知。了解了现实背景,你就懂得读这篇文章的必要性,也就理解了它的重要性,这样更容易读出分量感。

3. 了解作者

以上了解了外在环境对文章的影响，接下来再说说文章的作者。我们常说文如其人，这一点也是很有道理的。了解了作者的性格，基本也就把握住了文章的特点。如果相关资料充足，对考生的帮助会更大。建议考生了解一下作者的生平经历，最好多读一点儿他的作品，加深对作者的了解。这样做有什么好处呢？第一，可以知道作者的人生观是什么样的，知道他的性格是忧郁的还是开朗的、是悲观的还是乐观的。掌握这些信息有利于分析作者在这一篇稿件中表达的是什么样的情感。这样做，最直接的好处是：你可以模仿作者，在朗诵的时候按照他的想法表达观点。第二，由于你对作者已经很了解了，他的形象在你心中已经非常丰满了，这样读起来就更自如、更从容，而不是从前那样，心里空空的。说到这里，有的同学可能会说：读稿件不是要突出自己的理解吗？是的，这话没有错，但是它有个前提，你必须在了解原作精神内涵的基础上加入自己的理解，这样才能好上加好。原因很简单，你既然选择这篇文章作为自备稿件，那它一定有独到之处；作者写这篇文章很可能也花了很多精力，没准还浓缩了他一生的感悟，而你才刚刚接触这样一篇稿件。所以，只有在了解作者意图的前提下，才能重新进行创造，他的优点加上你的优点，才能达到一个好的效果。我对考生有一个高要求，那就是无一字无出处，即每一个字都在作品规定的情境之中发挥自己的作用。让它们集中能量，创造出美好的艺术境界吧。我觉得以上这些案头工作能帮助大家达到目标。

七、自备稿件准备的案例分析

为了让大家更好地准备自备稿件，我特地精选了不同风格的作品，并且作了详细的分析，希望大家能从中学到方法。当然考生也可以选取其中部分段落作为自备稿件，只是不要选太长的稿件，因为很多考官都是急性子，只听一分钟或者两分钟就会喊停。

篇一：祖国万岁

曾经
在烟波浩渺的大洋上
一名周游世界的年轻海员问我
祖国是什么

曾经
在唐人街的牌楼前
一位久别乡梓的老华侨问我
祖国是什么

曾经
在亚龙湾的沙滩上
一个拾贝壳的孩子问我
祖国是什么

曾经
在大漠戈壁的哨所
一个刚刚入伍的战士问我
祖国是什么

祖国是什么
是春雨江南的新绿
金秋北国的丰饶
是开放的沿海
崛起的中部
西部大开发的嘹亮号角

祖国是什么
是三峡大坝的巍峨
西气东输的温暖
南水北调的欢笑
是格桑花开的青藏铁路
登顶地球之巅的深情问好

祖国是航天城出发太空的和平报告
祖国是港澳回归百年圆梦的完美句号
祖国是灾后新区重新绽放的繁花绿草
祖国是人类奥林匹克荣誉殿堂里北京神奇的鸟巢

这一刻
我想和你一起走下舞台
走向十里长街
在2009年国庆大阅兵的行列中
回眸纪念碑
让所有光荣的语汇
在解读新中国缔造者的不朽中

永恒闪耀

我想和你一起
在大会堂前守候难忘
在顶天立地的大理石柱
和花开的台阶上抚平心潮
细数当家做主的成就
品味一个公民的自豪

我想和你一起
用岁月的齿轮和收获的麦穗
装饰金水桥畔的华表
让一代又一代建设者的汗水
挥洒出游行队伍中
绚烂的花海春潮

我想和你一起
用满天的礼花装点夜空
等待着
等待着五星红旗
在十月的朝晖中冉冉升起
60年前从这里出发的憧憬
已经化作了江山如画
神州妖娆

来吧，朋友们
还等什么
就在今晚
就在现在
让我们尽情抒发
对祖国母亲生日的礼赞

我看见你其乐融融
生日歌里写满祝福的蛋糕
我看见你在爽朗的笑声中
高高端起的酒杯

我看见你忙碌的脚步
奔跑在插满国旗的小院胡同和城乡街道
我看见你网页上更替最新的内容——中国红
我看见你正在归国途中
要把海外游子的思念准时送到
我看见五彩的气球
在老人和小孩手中传递喜悦

我看见
我看见今晚整个中国
都在激情地等待
热切地期盼
一个伟大时刻的来到

今天
如果有人问我祖国是什么
我会告诉他
祖国是地球上最耀眼的发展坐标
我会告诉他
祖国是东方最美丽的微笑
我还会告诉他
祖国是九百六十万平方公里
加上十三亿中华儿女澎湃的心跳

祖国是
我的生命
我的所有
我的奋斗
我的幸福
我的自豪

有一句心里话
我一直想对你说,祖国
这句话无论沧海桑田
无论风云变幻
都像一团永不熄灭的火
在我们的心头灼热

在我们的热血中燃烧

这句话
我们昨天说
今天说
明天还要说
世世代代永远说下去
这就是——祖国万岁

祖国万岁
祖国万岁
祖国万岁

【分析】

　　这是一首歌颂祖国的诗歌,诗句通俗易懂,较容易理解。对祖国的热爱是我们共同的情愫。所以这篇稿件在情感上容易把握,容易引起大家的共鸣。朗诵这类作品要注意欲扬先抑的写法和节奏的变化,避免刚开始就大声叫喊,到高潮就声嘶力竭,最后变成大嗓门比赛。应该合理运用节奏,一步一步地到达高潮。

　　诗歌虽然简单,但是也要认真对待,不可掉以轻心。接下来我们逐节分析。

　　　　曾经
　　　　在烟波浩渺的大洋上
　　　　一名周游世界的年轻海员问我
　　　　祖国是什么

　　"曾经",那就是指"过去"了,所以读这一节时要有回忆的感觉。最后的问句,要有提问的语气。句尾语气往上扬,再配合疑问的表情,这样你的感情表达就更加到位了。

　　　　曾经
　　　　在唐人街的牌楼前
　　　　一位久别乡梓的老华侨问我
　　　　祖国是什么

　　这一节较之上一节,地点和主角都发生了变化:提问的人从年轻海员变成老华侨,而且是在异乡。提问的目的是引起大家的思考,制造更大的悬念。

　　　　曾经
　　　　在亚龙湾的沙滩上
　　　　一个拾贝壳的孩子问我
　　　　祖国是什么

　　上一节述说了在异乡的老人,这一节的主人公是个孩子。朗诵者可以把他们的提问角色化,要注意年龄感,但是不可太"过"了。这是大题材的作品,庄严肃穆是整体风格。

> 曾经
> 在大漠戈壁的哨所
> 一个刚刚入伍的战士问我
> 祖国是什么

　　对比一下这些形象化的语言,大海、沙滩、唐人街、戈壁,不同的地方有不一样的意境,给人不一样的感受,朗诵者要把它们区别开。怎么区别呢?音色、声音大小都是区别的好办法。比如,"大海"可以读的宽点、亮点,"戈壁"可以冷点、硬点。

　　提问重复了四遍,终于转到了回答,答案是什么呢?和听众心中的答案是不是一样呢?经过那么多的铺垫,掀开盖头的是不是美丽的新娘呢?我们接着往下看。

> 祖国是什么
> 是春雨江南的新绿
> 金秋北国的丰饶
> 是开放的沿海
> 崛起的中部
> 西部大开发的嘹亮号角

　　从这一节开始,诗歌转入另外的一个层次,转入回答问题的部分。回答的内容很特别。熟悉修辞手法的人都知道,这是自问自答,这样的修辞手法叫设问。这不是揣着明白装糊涂,而是思索之后的回答。读者要把这种思想的变化表达出来。从诗句中可以看出,作者的回答是坚定的。所以你在读时候,要和前几节的疑问区别开,具体的语势上应当由提问的句尾上扬变成确切的回答感。

　　上一节前两句是季节的变化——春天和秋天的变化,后面两句是地域的变化——从沿海到中部再到西部,这些描述给人的感觉都是欣欣向荣的喜人景象。尤其这样的句段,朗诵时要想象眼前就是那些风景。诗中所描述的情景都是我们熟悉的:江南春雨也好,嘹亮号角也罢,都很容易想象。朗读者在朗读时,心里要有这种场景,眼里要有这种场景,嘴里要有这种场景,这样才能感染人。

> 祖国是什么
> 是三峡大坝的巍峨
> 西气东输的温暖
> 南水北调的欢笑
> 是格桑花开的青藏铁路
> 登顶地球之巅的深情问好

　　这一节主要描述了祖国的建设成就。三峡大坝和西气东输都是举世闻名的大工程。朗读这一节时的感情基调应该是自豪的。朗读前一定要弄清楚这几个工程的情况。如果你连西气东输是什么都不知道,那么期待你朗诵好也是一厢情愿了。这样的排比句,一般采用两种处理方式:一种是递进型的,越来越高;一种是一句强,一句弱。切忌都是一样的处理方法。

> 祖国是航天城出发太空的和平报告

祖国是港澳回归百年圆梦的完美句号
　　祖国是灾后新区重新绽放的繁花绿草
　　祖国是人类奥林匹克荣誉殿堂里北京神奇的鸟巢

　　上一节主要是介绍祖国的建设成就,这一节主要介绍祖国取得的历史性的重大成就。朗诵者要理解这一系列事件的来龙去脉。要想找到相关的资料很容易,照片、影像都是很好的参考资料。朗诵这样几句要注意每一句的连接和起承转合。朗诵者的内心感受应该是从"这里"到"那里",用思绪的变化把这些事件串联起来,思绪要有强有弱,这样才能使内容显得丰富多彩。最忌讳不管内容从头喊到尾。

　　这一刻
　　我想和你一起走下舞台
　　走向十里长街
　　在2009年国庆大阅兵的行列中
　　回眸纪念碑
　　让所有光荣的语汇
　　在解读新中国缔造者的不朽中
　　永恒闪耀

　　这一节较之上一节又有转折。上面几节回答问题,引发了诗人的感想。这一节,变成了邀请和号召,说到了自己。到这里,这首诗的逻辑基本显现出来了:先是问,后是答,接下来是邀请。"这一刻"指的是"现在",表现了诗人迫切的心情。作者要到哪里去呢?走进国庆阅兵的行列里。想来国庆阅兵的壮观场面你还没有忘记。然而又有转折:在天安门广场回眸,想起今天生活的来之不易,感谢前辈的无私奉献。

　　我想和你一起
　　在大会堂前守候难忘
　　在顶天立地的大理石柱
　　和花开的台阶上抚平心潮
　　细数当家做主的成就
　　品味一个公民的自豪

　　这一节依旧描写现在,体味今天的美好生活。朗诵这一节时要注意一些表面语言背后的含义,比如"顶天立地的大理石柱"和"花开的台阶",这些都有象征意义。

　　我想和你一起
　　用岁月的齿轮和收获的麦穗
　　装饰金水桥畔的华表
　　让一代又一代建设者的汗水
　　挥洒出游行队伍中
　　绚烂的花海春潮

　　这一节由思考变成了行动的号召,美好生活由我们创造,让大家一起努力。

　　我想和你一起

用满天的礼花装点夜空
　　等待着
　　等待着五星红旗
　　在十月的朝晖中冉冉升起
　　60年前从这里出发的憧憬
　　已经化作了江山如画
　　神州妖娆

很自然的抚今追昔之后，作者开始展望未来了。这是惯用的程式，有人觉得陈旧，其实无妨，我们的思维就是这样的，关键是用得自然。

　　来吧，朋友们
　　还等什么
　　就在今晚
　　就在现在
　　让我们尽情抒发
　　对祖国母亲生日的礼赞

描写转到了现在，我们再看看他的号召。

　　我看见你其乐融融
　　生日歌里写满祝福的蛋糕
　　我看见你在爽朗的笑声中
　　高高端起的酒杯

现在开始想象，想到这个，想到那个。这个时候朗读者的表情也要有变化，要学会用表情来朗诵。

　　我看见你忙碌的脚步
　　奔跑在插满国旗的小院胡同和城乡街道
　　我看见你网页上更替最新的内容——中国红
　　我看见你正在归国途中
　　要把海外游子的思念准时送到
　　我看见五彩的气球
　　在老人和小孩手中传递喜悦

经过几多铺陈，高潮终于到来。这个时候是朗读者感情挥洒的时候了。节奏也应该加快，但高潮时更需要控制，要控制感情，控制声音，因为真理和谬误差之毫厘，过一点就是不好。有的人以为感情充沛就是好，往往泣不成声，泪流满面，鼻子一把泪一把，哭肿了双眼，泪花乱了妆容，好看的一张脸顷刻间变成"熊猫脸"，这是一个误区。朗诵是艺术的真实、有控制的真实，不是真正的生活，太像不是艺术。

　　我看见
　　我看见今晚整个中国
　　都在激情地等待

热切地期盼
一个伟大时刻的来到

今天
如果有人问我祖国是什么
我会告诉他
祖国是地球上最耀眼的发展坐标
我会告诉他
祖国是东方最美丽的微笑
我还会告诉他
祖国是九百六十万平方公里
加上十三亿中华儿女澎湃的心跳

祖国是
我的生命
我的所有
我的奋斗
我的幸福
我的自豪

这是最炙热的情感了。朗读者要在这些炙热的情感中分出层次来，这也不是一件容易的事。我教你一招，你最喜欢的语句就是重点了。不要弄得重点太多，否则就没有重点了。

有一句心里话
我一直想对你说，祖国
这句话无论沧海桑田
无论风云变幻
都像一团永不熄灭的火
在我们的心头灼热
在我们的热血中燃烧

大结局到了。最后部分的重点怎么表达呢？方法很多，空喊是最笨的方法。能不能把最后的高潮表达好就看你平时的练习量够不够了。平时不练习，嗓子就会吃力。提醒大家，朗读这些段落，精神一定要饱满，感情一定要充沛。

这句话
我们昨天说
今天说
明天还要说
世世代代永远说下去
这就是——祖国万岁

最后一节是许多朗诵者喜欢的,因为很过瘾。但是不要只顾了过瘾,更不要沾沾自喜,要自始至终地按照自己的理解完成作品。不可无一字无出处,不可有一句游离在作品之外,不可有一处失去控制。

祖国万岁
祖国万岁
祖国万岁

最后三句在朗诵时的状态应该是语气坚定、情感昂扬、气息充足、声音嘹亮,尤其是最后一句可以设计为情感表达的最高点。

到这里,一首精彩的诗歌就朗诵完了。这首诗的难点是疑问句的朗诵,分寸把握不当会让人觉得是讽刺、说反话。通常疑问句的结尾语气是上扬的。怎么在这么多的疑问句中朗诵出变化是最考验朗诵者的功力的,这也是朗诵者进步的途径。类似诗歌都喜欢用这样的手法,我相信出色的你一定能做得很好。

你又学会了一首诗的朗诵,也许这只是众多朗诵方法中的一种,仅供你参考而已。你可以推翻我的分析,按照自己喜欢的方式去朗诵,展示属于你自己的迷人风采。

下面我再以一颗朝圣者的心介绍一首千古绝唱的古诗——《琵琶行》。我曾经想介绍另外一部或许更为宏大瑰丽的作品——《长恨歌》,但是我改变了主意。皇帝的情感难以把握,贵妃娘娘的爱情千载难遇,还是选一部描写平常人遭遇的作品吧。我相信这首诗相比较《长恨歌》更容易引起大家的共鸣。此刻,让我们收拾起尘世的琐事重读经典。

篇二:琵琶行

白居易

浔阳江头夜送客,枫叶荻花秋瑟瑟。
主人下马客在船,举酒欲饮无管弦。
醉不成欢惨将别,别时茫茫江浸月。
忽闻水上琵琶声,主人忘归客不发。
寻声暗问弹者谁,琵琶声停欲语迟。
移船相近邀相见,添酒回灯重开宴。
千呼万唤始出来,犹抱琵琶半遮面。
转轴拨弦三两声,未成曲调先有情。
弦弦掩抑声声思,似诉平生不得志。
低眉信手续续弹,说尽心中无限事。
轻拢慢捻抹复挑,初为《霓裳》后《六幺》。
大弦嘈嘈如急雨,小弦切切如私语。
嘈嘈切切错杂弹,大珠小珠落玉盘。
间关莺语花底滑,幽咽泉流冰下难。
冰泉冷涩弦凝绝,凝绝不通声暂歇。
别有幽愁暗恨生,此时无声胜有声。

银瓶乍破水浆迸,铁骑突出刀枪鸣。
曲终收拨当心画,四弦一声如裂帛。
东船西舫悄无言,唯见江心秋月白。
沉吟放拨插弦中,整顿衣裳起敛容。
自言本是京城女,家在虾蟆陵下住。
十三学得琵琶成,名属教坊第一部。
曲罢常教善才服,妆成每被秋娘妒。
五陵年少争缠头,一曲红绡不知数。
钿头云篦击节碎,血色罗裙翻酒污。
今年欢笑复明年,秋月春风等闲度。
弟走从军阿姨死,暮去朝来颜色故。
门前冷落鞍马稀,老大嫁作商人妇。
商人重利轻别离,前月浮梁买茶去。
去来江口守空船,绕船月明江水寒。
夜深忽梦少年事,梦啼妆泪红阑干。
我闻琵琶已叹息,又闻此语重唧唧。
同是天涯沦落人,相逢何必曾相识!
我从去年辞帝京,谪居卧病浔阳城。
浔阳地僻无音乐,终岁不闻丝竹声。
住近湓江地低湿,黄芦苦竹绕宅生。
其间旦暮闻何物?杜鹃啼血猿哀鸣。
春江花朝秋月夜,往往取酒还独倾。
岂无山歌与村笛?呕哑嘲哳难为听。
今夜闻君琵琶语,如听仙乐耳暂明。
莫辞更坐弹一曲,为君翻作《琵琶行》。
感我此言良久立,却坐促弦弦转急。
凄凄不似向前声,满座重闻皆掩泣。
座中泣下谁最多?江州司马青衫湿。

【分析】

　　这首诗的作者白居易自不必说,在名家云集的大唐盛世,他也是一位声名显赫的人物。此诗在中国文学史中也是优秀之作。接下来,我们通过白居易的人生历程来触摸《琵琶行》的温度。白居易,祖籍山西太原,后迁下邽(今天的陕西省渭南市临渭区)。白居易的父亲后来在河南巩县(今巩义市)当县令,和当时的新郑县(今新郑市)县令是好友,见新郑山清水秀,就举家搬迁到了新郑。唐代宗大历七年(公元772年)正月二十日,白居易出生于新郑县,在新郑生活到12岁。后来,为躲避中原战乱,迁移到江南。白居易自幼聪颖,读书十分刻苦,读得口都生出了疮,手都磨破了茧,年纪轻轻的头发就白了。至今还有他出生七个月"略识之无"和初到长安"顾况戏白居易"等典故。他的诗不仅在中国,而且在日本和朝鲜等国都有广泛影响。他还与元稹共同发起了"新乐府运动"。白居易晚年长期居住在洛阳香山,故号"香山居士"。唐武宗会昌六年(公元846年)八月,白居易去世于洛阳,葬于洛阳香山,享年75岁。他去世后,唐宣宗李忱写诗悼念他说:"缀玉连珠六十年,谁教冥路作诗仙?浮云不系名居易,造化无为字乐天。童子解吟《长恨》曲,胡儿能唱《琵琶》篇。文章已满行人耳,一度思卿一怆然。"白居易著有《白氏长庆集》,全书共有七十一卷。

白居易晚年官至太子少傅,谥号"文",世称白傅、白文公,主张"文章合为时而著,歌诗合为事而作"。他写下了不少感叹时世、反映人民疾苦的诗篇,对后世颇有影响,是我国文学史上相当重要的诗人。白居易曾任翰林学士、左赞善大夫,元和十年(公元815年)因得罪权贵,贬为江州司马,晚年好佛。他一生作诗很多,以讽喻诗最为有名,他的诗语言通俗易懂。叙事诗中《琵琶行》《长恨歌》《卖炭翁》等极为有名。其中《琵琶行》中的"千呼万唤始出来,犹抱琵琶半遮面""同是天涯沦落人,相逢何必曾相识"更是名篇中的名句。

白居易的诗在当时流传广泛,上自宫廷,下至民间,处处皆是,其声名还远播朝鲜和日本。白诗对后世文学影响巨大。晚唐皮日休和宋代陆游及清代吴伟业、黄遵宪等,都受到白居易诗的启示。白居易的诗歌在日本的影响最大,他是日本人最喜欢的唐代诗人,在日本的古典小说中常常可以见到引用他的诗文。可以说在日本人的心中,白居易才是中国唐代诗歌的风云人物。

《琵琶行》还有一个很重要的序,它经常被忽略。现抄录如下:

序

元和十年,予左迁九江郡司马。明年秋,送客湓浦口,闻舟中夜弹琵琶者,听其音,铮铮然有京都声。问其人,本长安倡女,尝学琵琶于穆、曹二善才,年长色衰,委身为贾人妇。遂命酒,使快弹数曲。曲罢悯然。自叙少小时欢乐事,今漂沦憔悴,转徙于江湖间。予出官二年,恬然自安,感斯人言,是夕始觉有迁谪意。因为长句,歌以赠之,凡六百一十六言,命曰《琵琶行》。

这段序文补充了正文,是最为权威的背景资料,它告诉我们作者创作《琵琶行》的背景和缘由。但是作者依然写得很含蓄,更多的意境需要自己体会。作者到底表达了什么样的情绪呢?

《琵琶行》讲述了江边送别的一次偶然相逢。为了方便大家理解,我把它改写成一则白话小文。

夜晚,我在浔阳江头送客人。这时候,枫叶红了,荻花瑟瑟,已经是深秋了。我在岸上,客人在船上。我想营造快乐的气氛,高高兴兴地送客人离开。当我举起酒杯敬客人时,却发现没有音乐的陪伴。想当年在京城,应该有人在一旁奏乐的,好遗憾啊,不觉间多喝了几杯。醉是醉了,却没有想要的快乐,只好凄凄惨惨地告别。这时候,江面上朦朦胧胧的,天上的月亮浸在水里,有些凄凉。忽然,江面上传来悠扬的琵琶声。我很诧异,几乎不敢相信自己的耳朵。愣神中,我忘记了自己应该向客人告别,客人该走了。

终于,我大胆朝着声音传来的方向问:"这是谁弹奏的啊?"琵琶声马上停止了。我叫人把船划过去，邀请她过来相见。同时，我打开一瓶新酒，把灯点亮，重新置办了一桌宴席。我很想知道到底是谁在弹奏琵琶。三番五次地邀请，千呼万唤，那人才出来。那是一个中年妇女，出来的时候怀里抱着琵琶，遮着一半的脸，很羞涩的样子。由于比较生疏，没说几句话，她就开始弹奏了。

那妇人先调试琴弦，转紧琴轴，拨弄琴弦。虽然没有弹奏，仿佛已经有了很深的感情。

开始弹奏的时候，声音非常凄楚，每个音符都表达着她内心的伤感和哀愁，似乎在诉说平生的不如意。她低着头，看似随意的弹奏着，仿佛要说尽心中无尽的沧桑。她娴熟地运用各种技巧，弹奏了《霓裳羽衣曲》和《六幺》，这些都是非常好听的曲子。

只听到，大弦急切的声音如同暴风骤雨，小弦的声音如同窃窃私语，大弦小弦的声音混杂在一起就像大小不等的珍珠落在玉盘上那样动听。琵琶的声音一会儿像黄莺在花丛底下鸣叫，一会儿又像水在冰下流动受阻而发出的艰涩低沉、呜咽断续的声音。水很凉啊，慢慢地开始凝结，没有了声音；琵琶声开始变小，几乎要中断，仿佛伤心到了极点。此时，另外的一种忧愁慢慢滋生。这个时候，没有声音反而比有声音更加美妙。忽然，好像是银瓶子猛地破碎，水花四溅；又好像到了惨烈的战场，铁骑厮杀，刀枪碰撞在一起，气氛紧张。乐曲结束的时候，她用手在琵琶中心画了一个圆，四弦一声像布匹被撕破，声响真大啊！这时候没有人说话，只看到江心那秋天的月光分外得白。

那妇女静静地收拾起乐器，把拨弦放到合适的地方，接着她又整了整衣裳，让情绪平静下来。音乐拉近了彼此之间的距离，她慢慢讲起自己的身世。她原来是京城女子，家就住在虾蟆陵下面，十三岁学会了弹琵琶，教坊演奏人员排名，总是排前列。当她弹奏完一支曲子，哪怕是专家也会很服气。每次，那装扮整齐、风华绝代的样子，让同行们非常妒忌。京城里的富家少爷都争着送她东西。弹完一曲，她可以收到无数的红绡。她演奏的时候，珍贵的钿头银篦因打节拍常常断裂粉碎，但是大家都毫不在乎，打翻的酒杯把红裙子弄脏也没人在意，大家只有纵情享乐。今年这样，明年还是这样，秋月春风的好时光就这样浪费掉了。到后来，弟弟当兵去了，掌管歌舞伎的阿姨也不幸去世，她的家道就败落了。早晨和晚上的更替之间，她的美貌也渐渐消失了，大门口没有了热闹的景象，渐渐地冷落下来。人老了，也只能嫁给商人做妻子，找俊美男子已经是不可能的了。商人们看重钱财，不在意两个人的幸福生活，随随便便就把我放在船上。这不，她丈夫上个月又到浮梁去买茶叶了，剩下她在这里守着空船。绕船的月光是那样的明亮，江水又是那么寒冷。半夜里，忽然梦到了年轻时候的事情，梦中哭醒，泪水纵横交错，密布在她的脸上，痛苦不已，她说自己的命好苦啊……

我听到她的琵琶声已经悲伤了，又听到她这样说，不禁叹息起来，我们都是世间不走运的人。人与人的偶然相逢，又何必有曾经相识的经历呢？又何必是多年的老朋友呢？我去年离开有皇帝居住的京城，被贬官居住在浔阳城，不巧我又生了病。浔阳是个偏僻的地方，没有音乐啊，一年到头都听不到丝竹声。我住的地方也不好，靠近湓江，地势低洼而且潮湿，我的房子周围长满了黄芦和苦竹。从早到晚，我听到的都是什么呢？有杜鹃鸟那凄惨的叫声，还有猿猴哀伤的号叫，好难听啊！在春天花开的早晨，甚至是秋天明月高悬的夜晚，哪怕是这样美好的时刻，我想要喝酒，还必须一个人自斟自饮，连个朋友也没有，我好孤独啊！也许你会说，难道那里连山歌和村子里放牛郎的笛声也没有吗？是啊，有啊，只是嘈杂吵闹，让人听不下去。今天晚上听到你的音乐，真是非常动听啊，就像是来自天上的音乐，连耳朵也重新恢复了往日的敏锐。你千万不要推辞啊，再为我弹奏一曲吧。我要为你写首诗，名字就叫《琵琶行》。听我这样说，那妇女也十分感动，站立了很久却没有说话，不知在想些什么，最后重新坐下来弹起了琵琶。凄凉的感觉比之前更甚了几分。大家听到了这样的音乐，再也掩饰不住自己的感情，都跟着音乐哭泣起来。这么多人里面，谁哭的最厉害呢？我白居易哭的青衫都湿了。

一首诗变成了一个故事，大家读完有什么感受呢？反正我被感动了好几回，不只是因为这诗中有很多千古名句，而是我觉得这首诗写的不仅是当年的白居易，更是今天的你我。

我怀疑这不是一段往事，而是今天生活的一个普通片断，每个人都可能遇到。可为什么白居易写了下来并成了千古绝唱呢？我觉得华丽的辞藻、跳跃的思维其实无益于真情的表达。也许真正动情地以合适的方式把一段故事写下来，就是了不起的事，这才是真正的高明，白居易做到了。朗诵者是不是只要朴实地把故事和氛围表达出来就算成功了呢？答案是肯定的。

读了这个故事，我想大家再去理解《琵琶行》原文是没有困难了，因为没有什么难懂的地方。它就是一个偶遇的故事，既没有刀光剑影，也没有俊男靓女，有的是半老徐娘和降职的文人。它为什么这么有魅力呢？奥妙何在呢？我们应该怎么朗诵呢？

这是经典作品，又是古典名篇，故事过去已经1000多年了，所以朗诵时可以寻找一点历史文人的优雅，想象自己身着青衫、官职被贬、心情郁闷的情形。

怎么找到这种感觉呢？大家一定看过很多历史类的电视剧。那些戏说的历史剧不提也罢，我们说说那些严肃的。从电视剧中，我们不难找到类似的送别情节。然后，我们试着寻找那种感觉就可以了。在这方面，配音演员有很多经验。据说，有的电影配音演员为了寻找外国士兵的感觉，故意穿上厚重的军靴，以获得灵感。如果我们要登台演出，可以租借一套假想的白居易的衣裳，平时练习时就穿便服吧。

古典作品有一定的语言格式，但是很多人不按照格式朗诵，一样有很好的效果。我们也可以尝试着用自己的方式朗诵它。接下来，我们逐句分析《琵琶行》的精彩之处。

浔阳江头夜送客，枫叶荻花秋瑟瑟。

第一句交代了时间、地点和事件。第二句是风景描写，旨在描写环境并渲染气氛。浔阳江头，我想大家都没有去过，也不可能去了，那地方早就没有了。沧海桑田，河流消失了，而经典的《琵琶行》还在，着实让人唏嘘不已。人们出于对白居易的热爱，又在江边临时假造了一个琵琶亭，环境和本诗有几分相似。琵琶亭建在九江郊外的一个洼地里，周围潮湿且芳草萋萋。傍晚时分，我从庐山下来，已经是夜色迷离了，到达琵琶亭的时候，只看到江边院落的轮廓，应该和白居易当年送客的时候比较相似吧。

此句中有"瑟瑟"的双音词，是形容风声或其他轻微的声音的。秋天的"瑟瑟"声是什么样的响声呢？大家不用等到秋天就可以感受到。当风吹过树林，那种声响就是"瑟瑟"声。这两句表达了诗人的某种情绪。朗诵时可用轻声、渐落的方式来处理。

主人下马客在船，举酒欲饮无管弦。

看样子，白居易是骑马送客的。客人在船上，马拴在一边，客人和主人在船上摆开了离别的宴席。喝酒的时候，没有音乐的陪伴，这应该是很煞风景的事情了。如果在京城，那该是多么热闹啊！肯定是仙乐飘飘，大家随着音乐翩翩起舞，但是这里不是京城而是浔阳，四周荒凉寂静，很是有些不如意，多么尴尬啊！不免让人心中不快，耿耿于怀。朗诵时要突出那分无奈感。

  醉不成欢惨将别，别时茫茫江浸月。

前面六句类似作品的引子，说明故事发生的地点、环境和整体基调。"醉不成欢惨将别"表明了整篇的基调，白居易自己也把《琵琶行》放到感伤类的作品里去了。喝醉了酒，白居易还是没能从中发现快乐，还是没有成欢。这六句有几个字需要注意，"夜""秋""惨""别"，都表明了诗歌的整体氛围。

读前面六句的时候，语速不要太快，应以舒缓为主，尤其是"别时茫茫江浸月"这一句。大家试想一下当时的情景：一轮明月浸泡在江水里，这是多么诡异的景象。而这样的风景描写又有什么深刻的含义呢？通读全诗不难发现，这不是唯一一次提到月亮，后面还多次提到。以月亮为背景的故事能有什么样的情调呢？

如果给这首诗划分段落，以上六句应该是第一部分。朗诵至此应该停歇一下，留一个较长的停顿，以告诉大家，序幕已经拉开，大戏马上开始上演。

  忽闻水上琵琶声，主人忘归客不发。

故事开始于一段莫名的琵琶声。夜色迷茫的渡口，一艘小船上传来了悠扬的琵琶声，这在现在可能被认为是恐怖影片的开头。在唐朝，见多识广的白居易和他的客人也很吃惊，他们都忘记了自己应该干什么。

对于此句的朗诵，"忽闻"一词很能引起悬念。朗读时一定要有"突然"的感觉，声音可以短促一些，就像真的听到一样。这两句引起悬念，朗诵的时候要有疑问的感觉，仿佛和观众一样不知道这是怎么回事。你想，茫茫秋夜，荒郊野外，一个女子夜弹琵琶，她是在干什么呢？朗诵这两句时语速要稍快一些，眼神也要集中。这是叙事的开端，女主角登场。她是神秘而矜持的，而且还是一位会弹琵琶的女子。

  寻声暗问弹者谁，琵琶声停欲语迟。

白居易寻找着声音小声问："这是谁弹奏的呀？"琵琶声停了，好像是要回答，却又迟迟没有回音，这是很微妙的两句。白居易既然问了，那么就证明他对音乐感兴趣，至少不反感。如果是狼嗥狐叫，估计白居易会马上逃跑，也不会问是谁弹的了。那么现在他问了，说明他对此心存好感。后句也很微妙。琵琶女听到了白居易的声音，她当然是很感意外的：自己在这里弹琴排遣忧愁，没有想到偏僻之地竟然遇到了知音。女人在面对陌生男性的询问时自然要斟酌一番。朗诵这两句时要有悬疑的感觉，因为一直有悬念在。

  移船相近邀相见，添酒回灯重开宴。

大师就是大师，知道详略，大胆取舍。就像先前没有说客人是谁一样，这里也没有仔细叙述见面时的寒暄，直接就是重开宴了，这表达了白居易的真诚。重新开宴席，表示对弹琵琶者的尊重，而不是接着吃刚才的剩菜。琵琶女自然也感觉到了白居易的真诚。稍后，感动中国人几个世纪的会面开始了。

> 千呼万唤始出来，犹抱琵琶半遮面。

这是千古流传的名句，很形象，很生动，给人无尽的想象，当然白居易不可能像复读机一样喊一千遍。琵琶女走了出来，还用琵琶遮着半张脸，那可太吓人了。诗句只是形容琵琶女的矜持，看来这个女子不是轻浮的人。这更增加了悬念：一个矜持的女子会有什么样的故事呢？

现在，一些年轻人的矜持可能是为了自抬身价，那个时候的琵琶女却是真情流露。试想，在如此的夜晚，参加这样一个宴会，会是怎么样的情景呢？

朗诵的时候既要有好奇感，也要有赞美感，因为她毕竟是美的。美在哪里呢？后文再说。

> 转轴拨弦三两声，未成曲调先有情。

琵琶女真是技艺高超。可能也就是几个音符，已被行家白居易听出其中蕴含的深情。我们在听朗诵的时候也有这样的感觉：有的朗诵家往台上一站，没有说话，我们就能感受到他身上无穷的魅力。

这两句既是广为流传的名句，又是这一段描写琵琶女弹奏的起始句，说明她是用感情来弹奏的，表明了琵琶女的演奏态度。同时，这两句具有铺垫作用，能吸引大家继续关注琵琶女的演奏。

这两句看似轻描淡写，实则巧妙。朗诵时语气以轻为主，因为看起来，琵琶女弹琵琶也未必是一开始就张牙舞爪，而是看起来"漫不经心"，一点点吸引大家进入高潮。

> 弦弦掩抑声声思，似诉平生不得志。

这两句是琵琶女所弹曲子的感情基调，表达的是琵琶女的忧伤，不是琵琶女的快乐。朗诵时要有悲伤的感觉。把握好"掩抑"和"思"这几个字，这是因为后一句是白居易听到琵琶声后的感受。

> 低眉信手续续弹，说尽心中无限事。

这两句先写琵琶女的动作，后说观者的感受。"说尽心中无限事"，说明琵琶女的演奏是倾注了全部感情的演奏。接下来，琵琶女的演奏进入了高潮，朗诵情调也要随之变化。

> 轻拢慢捻抹复挑，初为《霓裳》后《六幺》。

这两句和之前一样，也是一句写技巧，一句叙述。铺垫之后，接下来就进入琵琶声的描述了。如果说琵琶女已经进入状态，白居易也开始陶醉，那么朗诵者在朗读时也该进入忘我的境界了。

从这一段开始，白居易发现琵琶女技艺高超了，因为《霓裳》和《六幺》都是名曲，琵琶女弹起来是那样熟练。

> 大弦嘈嘈如急雨，小弦切切如私语。

没有弹过琵琶的人可能不知道什么是大弦和小弦。但是没有关系，我们知道"急雨"和"私语"。不妨发挥一下你的想象力，想象琵琶女弹奏的样子。我们在电视里经常看到类似的场景：琵琶演奏者怀抱琵琶，长发飘飘，忽而抬头，忽而低头……

朗诵者用语言展现琵琶声，难度不小。朗诵时，"急雨"和"私语"在语速和音量上都要有对比感，表情和肢体语言也要跟上。接下来更精彩的部分到了。

> 嘈嘈切切错杂弹，大珠小珠落玉盘。

当这些"急雨"和"私语"一样的声音交替出现的时候,它们好像大大小小的珍珠落在玉盘上。我们很难听到珍珠落在玉盘上的声音,因为珍珠不好找,玉盘子也不是家家都有,但是我们可以想象到:玉盘也好,珍珠也罢,都是美好的物件,它们的碰撞发生的一定是很动听的声音。朗诵这首诗之前,我建议大家找首琵琶曲听听。假定那就是琵琶女弹奏的曲子,这样做对朗诵绝对大有好处。相关的曲目我推荐《十面埋伏》和《海青拿天鹅》。朗诵这样的段落,内心的感受应该是:"多么美的琵琶声啊……"其中,应有惊奇,有赞美,有哀伤。

　　　　间关莺语花底滑,幽咽泉流冰下难。
　　　　冰泉冷涩弦凝绝,凝绝不通声暂歇。
　　　　别有幽愁暗恨生,此时无声胜有声。

　　前面的描写已经令人称奇,这几句又是神来之笔。清脆的声音像黄莺在花丛下鸣叫,忧伤的声音像溪水在沙滩地上流淌。水很凉啊,慢慢地要没有了;琵琶声开始变小,几乎要中断了。

　　和刚才的大珠、小珠落玉盘的情景不同,此时的声音有了变化,而且有流水声的加入。流水声是渐渐没有的,琴声也渐渐低落,直至静寂。我们听音乐会的时候,经常听到乐曲中有较长的停顿,这一段描写的就是这样的情景吧。声音没有了,一种忧愁升腾在听者的心里,似乎比有声音更让人陶醉。这样的手法类似中国画中的留白。

　　朗诵这一段的时候,心中的画面感是必须有的。由于琵琶声已经消失,所以朗诵时也要和琵琶女一样进入无声的状态。语言也要和上一段形成对比,映衬出不同的美。接下来又有变化了。

　　　　银瓶乍破水浆迸,铁骑突出刀枪鸣。

　　"于无声处听惊雷"给人的震撼最大。琵琶女暂时的停歇,数度婉约之后,终于爆发。于是,又一阵疾风骤雨来了。

　　怎么体会诗中的比喻句呢?银瓶子估计大家都没有,假如真有估计也不舍得打破,玻璃瓶子还是有的。试想一个玻璃瓶子在寂静的时空中忽然掉在地上是什么样的声响,那简直是一声巨响。"铁骑突出刀枪鸣"是什么样的声音呢?我们看过许多历史题材的电视剧,那样的声音大家都有感受,大体就是战士们身披铠甲在战场上出现的厮杀声,兵器碰撞在一起发出的叮叮当当的响声。

　　朗诵的时候要注意把握住度,从"此时无声胜有声"到"刀枪鸣"是个跨越,但也不是大吼一声——那不是朗诵,那是吓人声。美在任何时候都是不能忘记的。

　　　　曲终收拨当心画,四弦一声如裂帛。

　　在一阵万马奔腾般的演奏声过后,曲子戛然而止,乐曲结束的时候也是那样美。"当心画"描述的是琵琶女的手上动作吧。但见琵琶女手拿弹奏琵琶的拨片在怀中用力一画,琵琶弦的声音如同撕裂布匹时发出的声音。这种声音大家在生活中不常遇到,遇到的时候也是衣服忽然被一个钉子挂住的"刺啦"声。

　　如此大篇幅地描述琵琶声,真是文字描述声音的绝唱。开始的时候,声音悠扬;结束的时候,声音动人心魄。怎一个"好"字了得。

　　这一部分是诗歌的主体,对朗诵者的要求也比较高。作者用较小的篇幅给我们创造了奇幻的世界。我们领略了文字表现音乐的绝唱,而朗诵者又该怎样用人声来表现文字意韵呢?如果说琵琶女是音乐家,白居易是大文豪,那他们就是强强联合。我们来朗诵包含了两位心血和智慧的作品又该怎么做呢?

回过头看本诗。琵琶女的演奏有起承转合,有高潮有低回,我们的朗诵是不是也应该这样呢?我们的人生是不是也是这样呢?

东船西舫悄无言,唯见江心秋月白。

到这里,一个段落结束了,段落的结尾又有月亮的出现。

精彩的演出结束了,所有的观众都没有说话。他们是被震撼了还是昏昏欲睡了呢?显然,他们沉浸在乐曲声中了。如果说琵琶女的演奏是精妙绝伦的话,那么白居易的诗便是更加高明了。原本是叙事,顷刻之间又转入了对风景的描写。"唯见江心秋月白",把浓浓的情感化作一幅图画。当感情到达一定的程度时,沉默、无声便更有震撼力。恋人之间,往往不用说话,一个眼神就胜过千言万语。相反每天柔情蜜意、"爱"字说一万遍的情侣未必真心。大味必淡,"唯见江心秋月白",就是如此。

月亮在中国文人的心中是有特别含义的,是一个感情表达的载体,古今文豪曾千万次地描写过月亮,此处的月光是本诗的第二次出现。它并不是白居易不专心听人弹琵琶,四处乱看,或许是想说美丽的月亮就是触手不可及。在白居易的《琵琶行》中,"月亮"几度出现,徐志摩也曾在月光里放歌,这是为什么呢?

经过前一段出神入化的弹奏之后,琵琶女的演奏结束了。朗诵者也需要休息一下,暂时缓和一下紧张情绪,等待下一次高潮的到来。以下两句诗是个过渡句,过渡到对琵琶女身世的描写中。

沉吟放拨插弦中,整顿衣裳起敛容。

琵琶女沉着地收拾好乐器,整理因为演奏弄乱的衣裳,恢复平静的神态。这两句表明琵琶女是个沉稳的、见过世面的女人。如此这般之后,她或许是喝了几杯酒,这才慢慢地道出身世,这又是一段悲欢离合的人生之歌。

一波已平,一波又起。朗读者也要重拾旧山河,重新进入下一段的朗诵中。与前段花样繁多的声音变化不同,接下来的是一唱三叹的咏叹调。刚才是乐器的演奏,接下来是人声的叙述,二者又有什么不同呢?看起来琵琶女是在颇为镇定的情绪中讲述身世的。朗读者在朗读时的语调应以深情为主,不可过分夸张,同时也要和上一段形成对比。

自言本是京城女,家在虾蟆陵下住。

原来,琵琶女是首都人士,家就住在虾蟆陵下。虾蟆陵可不是一般的地方,在今陕西省西安市和平门附近,西汉董仲舒葬于此。唐朝时,它是歌楼酒馆的集中地,类似今天京城的繁华地区。能住在那里也不是一般人家,难怪有这样的仪态。

十三学得琵琶成,名属教坊第一部。

琵琶女十三岁就学会了弹琵琶,在教坊中她的弹奏技术总是位于前列。能排在前列的都是弹奏高手啊,她就类似于今天的首席小提琴手。琵琶女很有艺术细胞,有人说琵琶女是音乐家,我看差不多。

这部分属于对往事的美好回忆。朗诵的时候要把握好这种情绪,感觉类似"想当年,我也是……"。

      曲罢常教善才服，妆成每被秋娘妒。

  每当弹奏完一支曲子，哪怕是专家也会佩服；装扮好了，秋娘也会妒忌我。秋娘是谁呢？秋娘是唐代金陵著名歌妓，杜牧有《赠杜秋娘》诗并序，后来泛指"美女"。

  朗诵的时候，回忆往事的感觉是很难把握的。琵琶女向白居易倾诉往事，多年后回忆往事，她会有什么感觉呢？结合她的性格，她会以什么样的语气讲述往事呢？对这一段，大家可以琢磨一下那种倾诉感。

      五陵年少争缠头，一曲红绡不知数。

  如此的色艺双绝，自然受人喜欢，走红在所难免。那时候的青年人，争着给她送钱。弹奏完一曲，她得到的红绡多得数不清。"五陵年少"是指京都富家子弟。五陵，汉代五个皇帝的陵墓，即长陵、安陵、阳陵、茂陵、平陵，都在长安附近。当时富家豪族和外戚都居住在五陵附近，因此后世诗文常以五陵为富豪人家聚居之地。

      钿头云篦击节碎，血色罗裙翻酒污。

  富家子弟们和着"我"的琵琶声打拍子，珍贵的首饰打碎了，昂贵的红裙子被打翻的酒水弄脏了，他们也在所不惜，那是怎样醉生梦死的日子啊？只有快乐，无他。

  这两句写的是琵琶女的人生高潮。朗读时要有那种放纵、轻视财宝的语气。这几句的朗诵难点在于诗中提到的东西有些陌生。现在大款追捧明星已经不送红绸子了，改送豪车和钻石。但是那种火爆场面还是可以想象的，大体上类似于今天的明星出入高档场所，过着声色犬马、名车豪宅的奢侈生活。

      今年欢笑复明年，秋月春风等闲度。

  一年又一年，琵琶女在欢声笑语中度过，许多美好的日子就这样过去了。快乐的日子总是短暂的，青春总是来不及回头就已经跑远了。此句是转折句，暗示事情从此发生了变化。朗诵时，语气上也要转换感情，情绪上由喜到悲。转换要自然，音色表情的转换也要了无痕迹。这种转换大家是应有心理准备的，谁能够永远青春不老呢？

      弟走从军阿姨死，暮去朝来颜色故。

  弟弟当兵去了，管理歌舞伎的阿姨死了。日升日落之间，她的美貌已成过去，不再回来，时光是多么无情啊！这两句给人的感觉是无奈的，也预示着生活会越来越坏，如同高楼上抛下的石子，只能自由下落。

      门前冷落鞍马稀，老大嫁作商人妇。

  现实是残酷的。阔少们不来了，门口经常静悄悄的，生活的景象是那样的凄惨。美女老了，只能嫁给商人了。既然不是自己喜欢的人，这样的婚姻就毫无幸福可言。要知道那个时候，商人的地位不高，不像现在某些小姑娘一心想嫁给大款。

  "门前冷落鞍马稀"，是怎样的破落景象呢？对于这种景象的朗诵，要用冷且硬的声音，因为它的背后是世态的炎凉，是"富在深山有远亲，穷在闹市无人知"的悲哀，这种社会生态在唐朝就已经出现了。

      商人重利轻别离，前月浮梁买茶去。
      去来江口守空船，绕船月明江水寒。

商人果然是看重钱财的,不注重夫妻之情,上个月到浮梁买茶叶去了,现在还没回来。她自己在江口独守空船,只有明月围绕着小船,江水是那样的寒冷。她是多么孤单,和以前的日子相比真是天壤之别。这几句渲染了琵琶女的孤寂生活。

后果更严重。琵琶女的孤寂才刚刚开始,未来不知道什么样,这才是真正让人感觉凄凉的事情。也许她会想,人的命运真是难以把握,繁华只在昨天,未来茫茫不可知。

大家注意,此句白居易再次提到了明月,这次明月是绕船的。这种拟人化的表达有什么作用呢?绕船的明月对琵琶女又意味着什么呢?外人不知道,我们也只知江水依旧寒冷,如同现实那谜一样的明天。

夜深忽梦少年事,梦啼妆泪红阑干。

孤单对琵琶女来说是个常态。游丝一样的孤单,经过日积月累形成了爆发点。日有所思,夜有所梦。昨天晚上梦到少年时候的事情,醒来大哭了一场,积蓄了许久的委屈终于爆发了。

经过一段对琵琶演奏的精彩描摹之后,这一段写的是琵琶女半生的传奇经历,是红颜薄命,也是好景不常在的生命规律。不管怎样,美人迟暮总是让人叹息。这一段的情感总体感觉是哀伤的。

朗诵这一段的难点在于年龄感。本段从琵琶女小时候说到成年。朗诵时,岁月的穿梭、年龄的变化等带来的人生遭际的不同——从高潮到低谷要从声音上体现出来,这是表现的重点。

"今年欢笑复明年,秋月春风等闲度。"这两句是过渡句,暗示着琵琶女的命运由盛到衰。而衰败也是有层次的:先是弟走从军阿姨死,后又无奈嫁给商人,而商人竟又丢下她买茶去了。真可谓"屋漏又逢连夜雨"。忆往昔,看今朝,琵琶女不禁哭了起来。

短短几句诗,叙述了琵琶女半生的悲喜。我不知道白居易是否认为人生就是一场悲剧。看起来,女主角的悲剧似乎不可避免。人很难抗拒命运,怎样把人生变成喜剧是个难题。

也有人说白居易同情这女人,可怜下层妇女的生活,我看未必仅仅如此。当然,白居易也不是幸灾乐祸的人,这有文字做证。接下来,本诗又进入另外一个阶段,转到白居易诉说自己的身世了。

我闻琵琶已叹息,又闻此语重唧唧。

上面讲到白居易听到琵琶声已经悲伤了,接着听到她的故事心情更加惆怅。"唧唧"是叹息的意思,这是白居易的反馈。总不能只让琵琶女一个人说话吧,总要有回应才是。白居易为什么忧伤?他又有什么样的故事呢?

朗诵这一段时,在感情表达上应有新的变化。如果说上一段是以琵琶女的口气朗诵的话,那么这一段应该是以白居易的口气了。又是新一段的开始,其实在每一段的开始前,大家都可以设计较长时间的停顿,和上段区分开。

同是天涯沦落人,相逢何必曾相识。

这又是名句,豪气十足,显示白居易不是酸溜溜的迂腐文人,也给全诗加上了精彩的一笔。这不是简单地套近乎,而是展示了一种爱、一种博大的胸怀;更不是骗女孩子的歪理邪说。可以想象,白居易,当时的大名人,要和一个曾经的歌女"同是",这就已经显示出他高尚的人格情操了。我曾想这也许就是本诗的诗眼,但是我后来改变了看法,认为这只是本诗的精彩处之一。《琵琶行》自有更深刻的人生命题。

我从去年辞帝京,谪居卧病浔阳城。

"我"是去年离开京城的,被降职到浔阳城这个偏僻的地方。在这个偏僻的地方,"我"又偏巧生病了。这两句潜台词是:"我"的境遇也不比"你"好。

浔阳地僻无音乐,终岁不闻丝竹声。

浔阳实在是太偏僻了,没有音乐,人民的生活水平还达不到听音乐的程度,一年到头也听不到音乐,让作者这个乐迷很难过。

这里再简单介绍一下白居易的生活情况。白居易不是生活简朴的人,此人不仅是大才子,而且是个讲究生活情调的人。当年在长安城里,也是时尚界的风流人物,每次喝酒必有音乐相伴,如今来到这样的地方,生活有落差,心情不好也是再正常不过了。

住近湓江地低湿,黄芦苦竹绕宅生。

"我"住在一个低洼的地方,那地方十分潮湿,"我"很不习惯。房子附近长满了黄芦和苦竹。苦竹可不是个好玩意儿,味苦不能吃。这几句都是说白居易的感受,告诉琵琶女自己也有相似的命运。朗读者朗诵的时候内心的感受应是:朋友啊,我的境遇不比你好啊!由于白居易是男性,朗读时的声音不可过于哀怨。如果说琵琶女的情绪是以哀愁为主的话,那么白居易的经历给人的感觉更多的是苦涩。这一段的感受是个难点。从诗中来看,白居易只是表述了自己的经历。一句"同是天涯沦落人,相逢何必曾相识",似乎为此番对话定了调,但是他的潜台词又是什么呢?仅仅是对个人的经历和沉浮的感伤吗?

其间旦暮闻何物?杜鹃啼血猿哀鸣。

一天到晚听到的是什么呢?是杜鹃那凄惨的鸣叫和猿猴的哀号。这两种声音我们可以听到,很难听,甚至还有些恐怖感。杜鹃的鸣叫为什么这么凄惨呢?传说周朝末年蜀地的君主望帝杜宇,立荆州一死而复生的人鳖灵为相。鳖灵在外治水时,杜宇与鳖灵之妻私通。事后,杜宇愧疚,就把帝位禅让给鳖灵,自己退隐西山修道,死后魂化为鸟,自暮春至初夏,日夜悲啼,嘴中流血,声若"不如归去",哀婉凄恻,感人肺腑。传说大地上火红的杜鹃花也是它滴落的鲜血染成的。李白的《宣城见杜鹃花》写道:"蜀国曾闻子规鸟,宣城还见杜鹃花。一叫一回肠一断,三春三月忆三巴。"那么猿猴的叫声又怎么是哀鸣声呢?有人说小猴子掉进水里了,所以母猴鸣叫。不管怎样,这两种动物的叫声都不像是让人高兴的歌声。每天听这些声音,心情自然不会好。

这些意象也是层层推进的,朗诵的时候也要区分开。

春江花朝秋月夜,往往取酒还独倾。

环境如此之差,那么诗人能否自己改变,苦中作乐,或者有人来安慰呢?答案是否定的。哪怕是在春日江边和花开之晨,如此的美好时刻,想要喝一点酒,还必须一个人干杯,这是多么孤单和寂寞啊!

岂无山歌与村笛?呕哑嘲哳难为听。

有人觉得白居易要求过高,山歌和村笛一向被认为是有情调的声音。可是千万不要忘了,白居易此时的情绪,他不是观光或高升后来视察的,他是一个失意者。人在心情不好的时候,听什么音乐都会觉得烦,觉得任何人都和自己作对,所以有这样的想法也就不奇怪了。不是山歌不好听,而是白居易心情不好。我们可以想象一下白居易的心情,白居易的梦想没有实现,抱负难以施展,难免心情郁闷,所有这些都是其内心感受的外在表现。异乡的音乐白居易不喜欢,失意时候听到的音乐让白居易感到孤独,而琵琶女的仙乐简直是昔日重来,一种温暖的慰藉恍然若梦。

说了这么多,又回到音乐上来了。有了过去的哀伤,才有今天遇到琵琶女的激动。接下来白居易又有要求了。

今夜闻君琵琶语,如听仙乐耳暂明。
莫辞更坐弹一曲,为君翻作《琵琶行》。

今天晚上听到了"你"的音乐,"我"的耳朵苏醒过来了。不要推辞呀,再弹一首吧,"我"为它写一首诗,名字就叫《琵琶行》。

这一段写诗人的感受。白居易想到自己的遭遇,貌似也不比这女人好多少,这不是假惺惺地劝解,而是心灵的感应。作为映照的是,诗人没有沉浸在自己伤心的情绪中。女主角是不是深陷其中不能自拔呢?或许只是抱怨命运的不公吧。我无法判断谁更超脱,因为从字句来看,这两位都是见过大世面的人:一个沉吟放拨插弦中,一个莫辞更坐弹一曲。这有什么区别呢?或许他们都是认真对待生活的人,两位都没有破罐子破摔,谁也没有去教育谁。或许他们在沉默中等待爆发的时候,那是什么样的爆发呢?恐怕世界上最高明的读者也是难以回答的。生活没有尽头,诗歌必须尽快结束,这不是懒婆娘的臭裹脚布,而是一篇千古绝唱。生活的结局或许容易猜测和胡诌,名篇的尾声难以判断。女主角后来怎样了呢?不知道。诗歌的最后却又有神来之笔。这一段有诗人的呼唤和真心的期望,那种感觉毕竟要有所体现。

感我此言良久立,却坐促弦弦转急。

你来我往的交谈之后,琵琶女没有说话,而是长时间地站立在那里。听完白居易的诉说和请求,她坐了下来,重新开始弹奏。这以后的描写我认为是虚写,但艺术感染力丝毫不减。这几句没有说琵琶女的回应,琵琶女是释然了还是依旧伤心呢?她怎么看待白居易的哀伤呢?她怎么面对自己的哀伤呢?这些白居易都没有交代,只说琵琶女又开始弹奏,弹得什么曲子没有说,一切尽在琵琶声中。

朗诵的时候,由于此段已经是尾声,不必过分雕琢,自然地朗诵反而效果更好。很显然,这时的气氛是悲伤的,空气中弥漫着迷惘的味道,把握住这个基调就行了。

凄凄不似向前声,满座重闻皆掩泣。

琵琶女弹的是什么呢?作者没说,反正和之前不一样,但是满座听到这样的声音,都是掩面而泣。这里有一个对比:前面琵琶女弹奏完的时候,观众们是悄无声息;这次观众们再也控制不住自己的情绪,哭了起来。对比之间有什么样的变化呢?

座中泣下谁最多?江州司马青衫湿。

诗歌在神秘的气氛中开始:秋天的月夜,萧瑟的江边,一众悲悲切切的人,怎么看都像好莱坞式的恐怖片。结尾处,一个女子在船中弹奏悲惨的曲子,一众人哭个不停,其中一个人把衣裳都哭湿了。不知道是什么样的衣裳,不知道他是怎么哭的,更不知道他为何这样伤心……一切又是悬疑。我们自然无法要求像现在的电视剧一样，来个续集。也许这又是一个千古之谜。

诗歌在出人意料的地方结尾，这就是千古绝唱的美，这是地道的大手笔。朗诵至此，有朗诵者总是悲伤极度的样子，也有人声高气壮，而我认为白居易一定不是这样哭的。

前面我谈到《琵琶行》的美。作为千古名篇，《琵琶行》自然是有许多美的地方为后人称颂。而对于朗诵者来讲，《琵琶行》的以下几种美是不能忽视的：

第一是爱。毋庸置疑，琵琶女也好，白居易也罢，他们都是对生活有美好追求的人。他们有梦想，不甘于现状。他们没有得过且过，苟且偷生。他们思索人生的意义，哪怕在人生的低潮也不坠青云之志。诗中的"莫辞更坐弹一曲"，暴露了其中的玄机，显示了作者的不屈服和没有自甘堕落的宝贵气节，而琵琶女的再次演奏也表明她是白居易的知音。有人说白居易同情下层人民，这似乎也说得通，这样理解很容易把本诗弄成两个失意人的惺惺相惜。这样认识是毫无意义的，而且还变成一个人居高临下去怜悯另外一个人的情景，这样理解未免看轻了本诗。我觉得本诗体现出的是对二人共同对命运的思索。琵琶女和白居易是萍水相逢的两个人。两个热爱生活的人一次偶然相遇，为什么成为千古绝唱呢？那是因为诗句中充满着人们对真善美的永恒追求，是他们对冷暖人生和社会的拷问，大家仿佛在诗中看到自己的影子。

第二是音乐美。这首诗最突出的是关于琵琶女弹奏乐曲的描述。朗诵者要下大力气去思考怎样表达那些优美的词句，力争朗诵好。

第三是余味无穷。余味无穷来自白居易真实情感的描写。作者没有卖弄文采，只是用朴实的语言真实地描写了两个人的一次相遇。诗中没有说教，却有许多耐人寻味的意象。尤其诗歌的结尾"江州司马青衫湿"，让人读来荡气回肠。

第四是哲理美。这篇叙事诗好像没有讲什么大道理，可是仔细品味就会发现许多引人深思的问题：面对命运的不如意，琵琶女和白居易该怎么办呢？琵琶女和白居易的命运不是个例，许多当代人不也有相似的经历吗？这样的问题，恐怕只有从哲理的高度才能够回答。

以上四点告诉我们，朗诵《琵琶行》起码要注意三个要点：第一，主题向上，作者只是表达困惑，并没有厌世，哭得厉害更是说明对生活的热爱；第二，本诗的美是精神美，是人生境界美；第三，注意朗诵的过程中不要用力过度，宁可不够也不要过，用力过度会导致不自然，《琵琶行》的美就会荡然无存。

重读佳作，感触很多，字字珠玑，句句经典。对比来看，以上的两首诗，一首写思乡之情，一首写离别之绪；一首是对祖国爱的深沉，一首写爱之无奈。特别是第二首写的是对整个人生的慨叹。白居易写《琵琶行》的态度是严肃的，《琵琶行》的内涵是博大的。面对如此丰富的内涵，从哪个角度表达更合适呢？我也慎重地思考过这个问题，后来我发现大体可以通过以下两种方式。

方式一：假定自己是白居易，给大家叙述一段往事，类似小说中的第一人称叙事吧。如此这样，朗诵就是自叙感觉。人在回忆的时候脑海就会像过电影一样，往事历历在目。你也要像电影放映员一样，把这一切播放给大家。

方式二：假定自己是旁观者，把这一切客观地告诉给大家。这种类似于展览馆的讲解员，又像我们在生活中把自己在学校里经历的事情告诉妈妈。

以上两种方式各有优势：第一种比较感性，有还原历史的效果；第二种客观理性，给人思考。还有人游离在这两种方式之间，直接把自己的感受告诉大家。但是这种方式严格来说应该是第一种方式，因为他一样是把自己化身为作者，和大家交流。应该怎么选择呢？可以根据题材、内容和自己的情况来取舍。

怎么判断自己的朗诵是否成功呢？当你被自己的朗诵感动并感到满意的时候，我猜观众也会被你感动的，你的朗诵就成功了。

在以上的分析中，我谈到了一些方法和技巧，这些方法不拘泥于某一篇作品，也不仅限于某一类作品，寓言故事、散文都可以应用。在此，也希望大家触类旁通，活学活用，不断提高自己的朗诵水平。

结合对优秀作品的分析，我们分享了优秀的自备稿件的特点。我常想，到底什么是好的朗诵呢？它的诀窍是什么呢？理解和表达之间有什么奥妙呢？怎么用有限的腔调表达错综复杂的感情呢？也许这些是没有办法给出完美答案的。我想，要朗诵好一篇稿件，对作品进行深入理解，做多少工作都不过分。准备一份自备稿件，只熟读作者的该作品，了解他的生平也许是不够的，到他的故居去看看也是相当不错的好主意。总之，只要你想到了，就应该去做。也许你的声音已经很好，也许你的语音已经标准了，就像艺无止境一样，你一样需要学习，为了一个更高的追求。相信我们对案例的分析能给你自备稿件的选择带来启发。

八、自备稿件范文

下面我精选了一组适合做自备稿件的文章。为了便于大家节选，我挑选了篇幅略大的文章。同学们可以根据自己的需要取舍。为了方便大家选择，我根据难易程度把下面的文章分为了初级篇和高级篇。相对来讲，初级篇较为简单，高级篇对考生要求略高。大家可根据自己的实际水平选择。其中，部分稿件是常用的经典稿件，但更多的是我从网络和名家的文集中摘录的。后者属于比较新的稿件，希望能给因为寻找自备稿件而发愁的同学以帮助。

1. 初级篇

篇一：绿色的风
鲁先圣

当残冬仅剩下最后一丝苍凉的时候，我的血液中涌动起一股温热撩人的春潮。回望那片被严冬压抑了整整一个季节的心灵的原野，心中的愤懑与不平再也难以接受强加的克制。春天来了，绿色苍翠的生命复苏了，希望的机会一个个地迎面来了。这个时候，我已经等了很久。

我知道春天的风是希望的家园。荒芜苍凉的土地因春风的吹拂而有了绿意,那无数弱小的生命在春风中挣扎着破土而出,又比肩接踵地向着辽阔的蓝天竞发。一林弱不禁风的幼树,会因春风的扶持而渐渐强壮,向着高大伟岸挺进。那浩瀚的森林更不用说了,一夜之间,春的消息传遍林中,无边无际的茂密又在春风的拂煦中孕育了。没有什么比河水更理解春风的美意,死气沉沉的水流即刻奏起美妙动听的乐曲。春风中,一颗饱经沧桑的心灵振作起来了,这是自然的恩赐。万物复苏的季节,你有什么理由让它逃掉呢?

夏天是严酷的,秋天是沉重的,冬天的日子让生命的希望都消失在远方。所有这些时候,我几乎无一例外地尝受到了它们设置在前面的困顿和磨难。在每一次遭遇厄运的时候,我一直在想,季节是更替运转的,不论冬天多么冰冷与无情,春天总会来的。难道厄运之后依然还是厄运吗?

在那些时候,我发现我身边许多同我一样遭受了磨难的人低下头颅,有人甚至永远地躺在了冰雪之中。我听到过一句这样的哀叹:我为什么总是不幸呢?当时我从内心深处发出一声怒吼:站起来,冬天之后不就是春天吗?

太阳每天都会升起,黑夜之后即是黎明,春天不是一个遥远的日期。只要有种子存在,一切就有希望。当春风吹来的时候,种子就会在春的沐浴中绽出嫩绿,结出硕果。这是季节给予生命的全部含义。

春天首先是一个季节,它给予我的一直是受用不尽的生命运动的命题。春天更重要的是一个充满希望、重新开始的季节。在这个季节里,我尽可能将过去所有岁月中的不幸与磨难抛到生命之外,重新赋予生命一种全新的意义。

辽远的大地上已经有了一丝绿色的影子,我为此而激动不已。一棵衰草都能改变自然的颜色,何况我这五尺男儿呢?

绿色的春风吹来了,我昂起头颅,伸出有力的双手。

篇二:路畔的蔷薇

清晨,往松林里去散步,我在林荫畔发现了一束被人遗弃了的蔷薇。蔷薇的花色还是鲜艳的,一朵紫红,一朵嫩红,一朵是病黄的象牙色,其中带着几分血晕。

我把蔷薇拾在手里了。

青翠的叶上已经凝集着细密的露珠,这显然是昨夜被人遗弃了的。

这是可怜的少女受了薄幸的男子欺侮,还是不幸的青年受了轻狂妇人的玩弄呢?

昨晚上甜蜜的私语,今朝冷绿的露珠……

我把蔷薇拿到家里来了,我想找个花瓶来供养它。

花瓶我没有,我在一个墙角里寻着了一个断了颈子的盛酒的土瓶。

——蔷薇哟,我虽然不能供养你以春酒,但我要供养你以清洁流泉、清洁的素心。你在这破土瓶中虽然不免要凄凄寂寂地飘零,但比被遗弃在路头任人践踏要好吧!

篇三：金色花
泰戈尔

假如我变成了一朵金色花，为了好玩，长在树的高枝上，笑嘻嘻地在空中摇，又在新叶上跳舞。妈妈，你会认识我么？

你要是叫道："孩子，你在哪里呀？"我暗暗地在那里匿笑，却一声儿不响。我要悄悄地开放花瓣儿，看着你工作。

当你沐浴后，湿发披在两肩，穿过金色花的林荫，走到做祷告的小庭院时，你会嗅到这花香，却不知道这香气是从我身上来的。

当你吃过午饭，坐在窗前读《罗摩衍那》，那棵树的阴影落在你的头发与膝上时，我便要将我小小的影子投在你的书页上，正投在你所读的地方。但是，你会猜出这就是你孩子的小小影子吗？

当你黄昏时拿了灯到牛棚里去，我便要突然地再落到地上来，又成了你的孩子，求你讲故事给我听。

"你到哪里去了，你这坏孩子？"

"我不告诉你，妈妈。"这就是你同我那时所要说的话了。

篇四：白色山茶花
席慕蓉

山茶又开了，那样洁白而又美丽的花朵，开了满树。

每次，我都不能无视地走过一棵开花的树。

那样洁白温润的花朵，从青绿的小芽儿开始，到越来越饱满，到慢慢地绽放，从半圆到将圆，到满圆。花开的时候，你如果肯仔细地去端详，你就能明白它所说的每一句话。

就因为每一朵花只能开一次，所以它就极为小心地绝不错一步。满树的花，就没有一朵开错了的。它们是那样慎重和认真地迎接着唯一的一次春天。

所以，我每次走过一棵开花的树，都不得不惊讶与屏息于生命的美丽。

篇五：我在
张晓风

记得是小学三年级，偶然生病，不能去上学，于是抱膝坐在床上，望着窗外寂寂青山、迟迟春日，心里竟有一分巨大幽沉而至今犹不能忘的凄凉。当时因为小，无法对自己说清楚那番因由，但那分痛，却是记得的。

为什么痛呢？现在才懂，只因你知道你的好朋友都在那里，而你偏不在。于是，你痴痴地想，他们此刻在操场上追追打打吗？他们在教室里挨骂吗？他们到底在干什么啊？不管是好是歹，我想跟他们在一起啊！一起挨骂挨打都是好的啊！

于是，开始喜欢点名。大清早，大家都坐得好好的，小脸还没有开始脏，小手还没有汗湿，老师说：

"XXX。"

"在!"

声音正经而清脆,仿佛不是回答老师,而是回答宇宙乾坤,告诉天地,告诉历史,说有一个孩子"在"这里。

回答"在"字,对我而言总是一种饱满的幸福。

然后,长大了,不必被点名了,却迷上旅行。每到山水胜处,总想举起手来,像那个老是睁着好奇圆眼的孩子,回一声:

"我在。"

"我在"和"某某到此一游"不同:后者张狂跋扈,目无余子;而说"我在"的仍是个清晨去上学的孩子,高高兴兴地回答长者的问题。

其实人与人之间,或为亲情或为友情或为爱情,哪一种亲密的情谊不能基于我在这里、刚好你也在这里的前提? 一切的爱,不就是"同在"的缘分吗?就连神明,其所以神明,也无非由于"昔在、今在、恒在",以及"无所不在"的特质。而身为一个人,我对自己"只能出现于这个时间和空间的局限"感到另一种可贵,仿佛我是拼图板上扭曲奇特的一块小形状,单独看,毫无意义,及至恰恰嵌在适当的时空,却也是不可少的一块。天神的存在是无始无终浩浩莽莽的无限,而我是此时际此山此水中的有情和有觉。

有一年,和丈夫带着一团的年轻人到美国和欧洲去表演,我坚持选崔颢的《长干曲》作为开幕曲,在一站复一站的陌生城市里,舞台上碧色绸子抖出来粼粼水波,唐人乐府悠然导出:

　　君家何处走,妾住在横塘。
　　停船暂借问,或恐是同乡。

渺渺烟波里,只因错肩而过;只因你在清风,我在明月;只因彼此皆在这地球,而地球又在太虚。所以,不免停身问一句话,问一问彼此隶属的籍贯,问一问昔日所生、他年所葬的故里。那年夏天,我们也是这样一路去问海外中国人的隶属所在的啊!

……

篇六:我爱大漠

荡荡大漠,重重沙浪,是无边的褶皱、衰老的年轮、沉重的叹息。辽阔的大漠,向人类示威;一条条沙龙,在旷野上游行。每一座沙山都是致地球于死命的癌症啊!

那么,何故要为大漠而歌唱?莫不是多情的我错爱了吗?

不! 我爱大漠,既不是爱她的偏僻与荒凉,更不是爱她的疯狂与肆虐……

我爱大漠,因为她是我的故乡。

历史老人告诉我,这大漠曾是芳草萋萋、平林漠漠的绿洲。可惜,我没有看到。记得,我看到她时,她的两鬓已经染着秋霜。而今,只有驿站、直道。直道为秦始皇所修,记载着她昔日的风韵。

我爱大漠,因为她是我的母亲。

那滚烫的沙丘,是她赤裸的身躯,贫穷使她衣不蔽体。那枯竭的河床,是她凝滞的血管,饥饿使她营养不良。

有人说，大漠是一张玉米面饼子，看见它就会吐出反胃的酸水。这是条件反射。玉米面吃得太多，伤了胃。不过，玉米面没有使我们的生命之树枯萎，流沙也不能把我们前进的航线掩埋。

上帝没有把我们生在水草丰美的春天，那我们就自己创造一个。

篇七：做个温暖的人，多好

马德

做个温暖的人多好
看着你拴好柴门
看着月亮在篱笆上升起
看着夜色宁谧
看着风
为你，把跑丢的星一颗一颗数过

做个温暖的人多好
大地是干净的
鹅卵石是干净的
溪流是干净的
水鸟的蹦跳是干净的

阳光喊住我
我喊住你
要不负春光啊
这样，才能在秋天等到暮色丰腴
把琐碎退还给琐碎
把一场喧嚣溺在另一场喧嚣里
我只管将人世的恬淡领回家

做个温暖的人多好
山陪着水，我陪着你
生活日复一日
韭菜冒出新芽
书在翻动着页码
即便一天不说话
看你微笑着
就是幸福和美好

你的方言像一条河
我迤逦在两岸
长成一片花草
或长成一棵树
为你聆听到绿肥红瘦
也为你枝柯纵横
遮风避雨
我愿是你辽阔的下游啊
迎接着一切
承载着一切
从不哀伤
从不抱怨

太阳从东窗转到西窗
一朵干菊花被放在沸水里
人世的另一种开放
也可以安静而含蓄
丰盛而美丽

篇八：你心里的天鹅都去哪儿了
林清玄

  与孩子读童话故事《丑小鸭》，才知道天鹅是会飞的，而且是候鸟，可以飞越半个地球。
  "那，现在的天鹅怎么不会飞呢？"孩子问我，我跑到图书馆借了一本书——《饲养天鹅的方法》，才知道了事情的真相。
  欧洲中古世纪的贵族，因为喜欢天鹅的姿态，认为天鹅是鸟类中的贵族，于是就想把天鹅养在自己的庄园，来炫耀自己的财富和品位。于是，他们捉到天鹅以后，用三个方法来使天鹅不能飞翔：一是把天鹅双翼的羽毛剪掉一边，使天鹅失去平衡，不能飞翔；二是绑住天鹅的翅膀，使它无法张开翅膀而不能起飞；三是由于天鹅起飞需要很大的湖泊起跑，如果减小池塘的面积，天鹅失去起跑线，就飞不起来了。
  前面的两种方法过于残忍，又会伤害天鹅优美的姿态，所以就普遍使用第三种方法。久而久之，天鹅就失去起飞的能力，甚至忘记自己还会飞翔了。
  有一次，我到瑞士旅行，在卢桑的湖里，看到一大群天鹅，游到木桥边向游客乞讨食物。我的心中充满感慨，这些在湖边乞食的天鹅，可知道自己的祖先曾经自由地飞翔吗？古书里说："燕雀安知鸿鹄之志？"意思是说："像燕子、麻雀这种小鸟，怎么能了解天鹅飞行的壮志呢？"这句话成为一种讽刺，因为燕子和麻雀依然在天空飞翔，天鹅却由于人类的私心，变成不能飞翔的鸟了。
  我一直深信人的心里也有一只天鹅，可以任思想和创造力无边地飞翔。许多人受到欲望的捆绑,或在生活中被剪去飞行的壮志,或由于起飞的湖泊太小,久而久之,失去了思考和创造的能力,也失去了自由和向往天空的心。

拥有思想的自由和无边的创造力,乃是一个人灵性的天赋,不管圣人还是凡夫俗子。可惜许多人被情欲所催迫,失去了灵台的清明。

篇九:献给妈妈

再见了,妈妈!
这歌声我每次听起都黯然泪下。
再见了,妈妈!
这诗句是人间最难出口的话。
有人说,那不是歌唱,是心血在流淌。
有人说,那不是音符,是泪在键盘上滴答。
谁没有母亲,有谁不是在妈妈的怀抱中长大?
谁愿意和妈妈说再见,又有谁忍心看见妈妈的泪花?
我不会吟诵,也没有作诗的才华。
我不会唱歌,更不会高亢的表达。
我只是共和国的一名普通战士。
我只有一句话,我爱我的妈妈。
忘不了站台上那慈祥的面容,忘不了车窗前那飘动的白发。
出发前那天晚上,您从遥远的大西北捎来几句话,
儿要英勇杀敌、争取立功,儿要在部队听首长的话,
儿要……
可是,您却单单没有提到您的病情恶化,我的母亲!
今天您的儿子回来了,可是您在哪?在哪啊?妈妈!
山谷在低吟,雨水在漂打,儿却再也听不到您的回答。
早知道病魔已夺去了您的生命,
儿何不牺牲在战场,九泉之下也能去看望您老人家。
如果说九回死能换得您的长寿,儿就死上九回,
也要把您的恩情报答。
再见了,妈妈!再见了,妈妈……

篇十:冰山情

爸爸你没有权利教训我该怎么样不该怎么样。从上小学起 你就没有参加过一次家长会!小学升初中,初中升高中,你从来就没有关心过我能不能考上重点中学!……大学没考上,合适的工作又找不到,我多苦恼多伤心,可你从来就不闻不问!你远在天边,妈妈又整天忙她的工作!谁都不愿意搭理我……我就像一个从地缝里蹦出来的野孩子,爹不疼,娘不爱,没人管,没人问,最后我变成了一个自暴自弃、破罐子破摔的流浪儿……如果你早一点

多一点告诉我什么应该、什么不应该……我何至于到今天啊……你再苦,你有你那些难舍难离的冰山;妈妈再累,妈妈有她的同事和实验室!可我有什么?……我变成了一个纯粹的无产阶级——一个无家可归的野孩子!

爸爸,你知道吗?在我离开家的这几个月,日子有多难过……我怕听见窗外的风,一听到风声我就会想起你!我更怕半夜的雨,一听到雨声我又会想起你……可我最最害怕的,还是在公园里,在马路边。看到当父亲的牵着他们的孩子,他们在说,他们在笑……我就会想,我的父亲在哪,我到底有没有父亲。爸爸,孩儿的心是苦的,苦极了……求求你把对冰山的爱多少分给我一点吧!

篇十一:父亲的姿势

几年前,武汉发生了一起火车、汽车相撞的事故。

一辆早班的公共汽车搁浅在一个无人看守的道口,驾驶员下车找水去了。是农历正月,天寒地冻,十几名乘客都舒舒服服地待在还算暖和的车厢里,谁也没有想到大祸将临。

没人留意到火车是九时来的,从远远的岔道。只能说,是哈气成霜的车玻璃模糊了众人的视线,而马达的轰鸣声和紧闭的门窗又隔绝了汽笛的鸣响。当发觉的时候,顷刻间,一切已经停止了。

——一切都停止了,却突然间爆发出孩子的哭声。

那是一个大概两三岁的小孩子,就躺在路基旁边一点点远的地方,小小的整洁的红棉袄,一手揉着惺忪的眼睛,还不知发生了什么事,只一味哭叫:"爸爸,爸爸……"

有旁观者说,在最后的刹那,有一双手伸出窗外,把孩子抛了出来……

他的父亲,后来找到了。他的座位正对着火车那一面,几乎是第一个被撞上的人。他身体上所有的骨头都被撞断了,他的头颅被挤扁了,他满是血污与脑浆的衣服看不出颜色与质地……是怎么认出他的呢?

因为他的双手,仍对着窗外,做着抛丢的姿势。

好几年前的事了,早没人记得他的名字,只是在经过这个道口的时候,还会有人指指点点:"曾经,有一个父亲……"

还有,那个孩子现在长大了吗?

篇十二:唐诗里的中国

也许,在我们每个人的心底,都藏着一个小小的唐朝。所以在今天,唐装才重回我们的衣柜,中国结又重系上我们的裙衫,唐时的歌曲包上了摇滚的外壳又一遍遍地回响在我们耳畔……爱中国,可以有一千一万个理由,选一个最浪漫的理由来爱她吧——唐诗盛于唐朝,唐朝生于中国,中国拥有世界上独一无二的唐诗。我爱唐诗,更爱中国。

唐朝的月明。不知谁在春江花月夜里,第一个望见了月亮,从此月的千里婵娟,夜夜照亮无寐人的寂寥。月是游子的故乡,床前的明月光永远是思乡的霜露。月是思妇的牵挂,在捣衣声声中,夜夜减清辉。月是孤独人的酒友,徘徊着与举杯者对影成三人。

唐朝的酒烈。它引得诗人纷纷举杯消愁,千金来换,但求一醉。三杯通大道,一斗合自然。人之一生,能向花间醉几回?临风把酒醉江,醉里挑灯看剑。醉卧中,人间荣辱皆忘,世态炎凉尽空。今朝的酒正浓,且来烈酒一壶,放浪我豪情万丈。

唐朝的诗人清高。一壶酒、一把剑、一轮残月、一路狂舞、一路豪饮,舞出一颗盛唐的剑胆,饮出一位诗坛的谪仙。醉卧长安,天子难寻,不是粉饰,不为虚名。喜笑悲歌气傲然,九万里风鹏正举。沧海一声笑,散发弄扁舟。踏遍故国河山,一生哪肯摧眉折腰!

万卷古今消永昼,一窗昏晓送流年。三百篇诗句在千年的落花风里尘埃落定。沏一杯菊花茶,捧一卷《唐诗三百首》,听一听巴山夜雨的倾诉、子夜琵琶的宫商角羽,窗外有风透过湘帘,蓦然间忘了今夕何夕。

唐装在身,唐诗在手,祖国在心中。

篇十三:夕阳的记忆

晚唐秋色,乐游原上,李商隐一人一骑,信马由缰,独步漫漫荒野。

夕阳的斜晖懒懒地铺在大地上,金黄的、略显焦灼的光将草色映得些许枯黄。马蹄轻轻地拨着没膝深的荒丛,远处村者的闲言在沙沙声中若隐若现。白发苍苍的明皇宫女,正轻轻吟唱着昔时霓裳羽衣的音韵……往日的琼楼玉宇,尽付作大无荒生;一股低迷的哀伤,游走在丝丝寸草中,袭上义山的心间。

"夕阳无限好,只是近黄昏。"

一首诗,一支命运的签。荏苒缥缈,季已入秋,夕日欲颓,大唐势去。腐朽繁华,不若游离荒野。入夜了,难免哀伤,生命的幻灭,恰如夕阳。舍不得的是眷恋,舍得的是幻灭。人生在二者之间徘徊缠绵,夕色如沐,暂代角觞;夕阳记忆,难舍沧桑。义山的夕阳记忆,定格在乐游原,定格在大唐盛世的残年岁月中……

夕阳的记忆,自古便是暮年颓丧。老骥伏枥,烈士暮年,年轻的梦想,老了,便沉气息心;虽有飞腾的心愿,却失了青年的活力。枕着斜阳,回味光芒万丈的时光,品嚼现世慵懒的苍凉。

光阴千载,义山销迹已矣,大唐早已梦归长安。然夕无千古,日复一日,骄矜的落阳,仍浮现在西山之巅,浮现在今人的眼前。

千百年的制衡,对夕阳的见解,却从未变更。那颓然乎的火红,压抑住人心中奋发的情愫。耽溺的沉醉,让人真真有了暮年的回忆。

然夕色如故,在我的记忆中,却少了几分梨花春雨的苦涩。看罢,那夕阳的余晖,虽少却几分蓬勃的朝气。然那屏息深沉的淡稳,闪烁着灿烂的光辉;不卑不亢的殷红,渲染了整片天幕;烟雾、彩云、霞痕,并诸色性灵,氤氲在日晕中,低吟着,活跃着。苍然的温度微微发醺,那昭然的亮光,却又给人以向上的力量。西山之巅,活跃在黑夜的前夕……

停笔遐望,一轮火球,几点黑点,给人以磅礴的茫然。放射的光芒,映入我的眼中,映到了乐游原,映到了义山的长袍上,映回了大唐遗梦那烟云缭绕的、温柔的夕阳记忆中……

义山,义山,你可看见了吗?夕阳的记忆,不止尽黄昏啊!夕阳的记忆,也是无限好啊……

2. 高级篇

篇一：一件未织完的毛衣

每当我看见这件毛衣，总会想起我的妈妈。那年秋天，妈妈因病住院了。从爸爸那失去欢笑的脸上，可以看出妈妈的病更重了。家里把钱都用来给妈妈看病，可我却一直想买一件漂亮的毛衣。有一天，我去医院看妈妈。我对妈妈说："妈，你瞧我这件旧毛衣都穿了好几年了，袖口都破了，你再给我买一件新的吧！"只听妈妈微弱的声音："孩子，妈妈知道，这天一天比一天冷了，等妈身体好点就给你织一件……""织，织，又是织，行了不买算了！"没等妈妈说完，我便气哼哼地走了。在爸爸的规劝下，我一周之后才肯去看妈妈。妈妈依然是散乱的头发、梨黄色的脸，见我来了急忙起身拿出她织了一半的毛衣。"来，娇娇，看这样子，你喜欢吗？如果不好，拆了，妈再给你织，不麻烦的……"此时此刻，我的喉咙像塞了铅似的，千言万语涌到嘴边只挤出三个字"妈妈您——"，便再也说不下去了。就这样，我含着眼泪回了家。忽然有一天，医院来了紧急电话，我不顾一切地跑到了医院，只见妈妈躺在一张病床上，盖着雪白的床单。我扑了过去，用力摇晃妈妈那一动不动的身体，大声喊道："妈妈，您看我一眼吧，我是娇娇呀。妈妈……"妈妈没有回答我，依然安静地躺在那儿，我再也忍不住了："妈妈，我错了，我真的错了，妈妈……"妈妈听不见女儿的声音了，可女儿依然听得到妈妈的声音："如果不好，拆了，妈再给你织，不麻烦的……"妈妈远去了，在那个大雪纷飞的夜晚，我紧紧地抱着那件没有织完的毛衣。

篇二：继母的账本

10岁那年，我没了父亲，只能和继母生活在一起。继母的儿子学习一般，她却命令我必须拿第一，要不然就别进门儿。我想，她这是千方百计地想赶我走啊！我讨厌学习，但我知道自己没有别的选择。期末成绩公布了，我进步了20多名，成绩排在第三。可没想到一进家门，继母就罚我跪墙根儿，她还指着我骂："周家玉，你个不争气的废物。"她这句话我记了一辈子。

生活越来越难了，我的参考书也全都是借的。快考试了，同学来家拿走了书，继母像施舍一样甩给我一百块钱说："拿去买书去！记住了，以后加倍还我，我可都记账了。"我发誓，我发誓一定要考上大学，我要离开这个家。

终于，我考上了重点大学，之后四处兼职，不再用继母的一分钱。继母从我的生活中消失了。几年后，我突然接到了继母儿子的电话，他让我回去一趟，原来继母已经去世了。我站在继母的坟前，继母的儿子给了我一张两万块钱的存折和一个破旧的本子。我认得，那正是继母给我做的账本，可打开一看，却是日记。继母说："老周啊，你可别怪我对孩子狠，家玉没有亲生父母，她得自强，得自立。我罚她跪着，那是在跪你啊！"继母说："家玉，你怎么不回来看看我呢！我打你骂你，那是希望你有出息啊！"继母说："老周啊，我这病好不了了，可我活一天就要干一天，咱们得帮孩子多攒点钱不是？"

妈！妈！我对不起您啊！我为什么不早点明白呀，妈！下辈子我一定做你的好女儿。我泣不成声，跪倒在继母的坟前。

篇三：军礼

鹅毛般的大雪，在银色的苍穹飞舞着，天很沉重，风很沉重，雪很沉重。

一支由军长亲自率领的红军队伍，冲破了枪林弹雨的围追堵截，艰难地行进在茫茫的风雪中。气温骤然降到零下三十多度，在这片把温暖和希望都降到了最低限度的风雪中，只见那红色的帽徽，像一颗颗火种在闪闪地跳动，跳动着……

突然，队伍停了下来。有人喊："前面有人冻死了！"军长的心一震，疾步向前走去。

在一棵高大的松树下，一位战士背依着树干，坐在雪窝里一动不动。他的左手夹着半截子用树叶卷成的烟，小心地放在胸前，仿佛在最寒冷的时刻还在渴望着一支烟的温暖。他的右手握着一个小纸包，脸上还挂着一丝已经冷却的笑容。

军长忍住心头的悲痛打开了纸包，一颗红红的小辣椒跳进了军长的眼帘。这是辣椒吗？不，在最寒冷的时刻，这是温暖，这是希望，这是生命啊！军长的眼睛湿润了，他用颤抖的手轻轻拂去战士肩头的积雪。突然，他惊异地发现，那战士穿的是那样的单薄，单薄的如同一张纸裹着他瘦弱的身躯。

"棉衣呢，为什么没发给他棉衣？"军长火冒三丈，两眼发红，继续大声吼道，"给我找军需处长！"警卫员呆呆地望着军长愣住了。"给我找军需处长！"队伍里没有一个人走动。"给我找军需处长！"警卫员再也忍不住了，说："报告军长，他就是刚任命的军需处长……"

军长愣住了，他望着雕像般的军需处长，眼泪不由得流了下来，他用仅有的几根火柴，慢慢地点燃了军需处长手中的半截烟，又把那颗红辣椒高高地举过头顶，就像举起一把火炬，照耀着前程。然后，军长向军需处长缓缓地举起右手。紧接着，一只又一只的右手在缓缓地举起，举起……

狂风呼啸，大雪飞卷，如同一曲悲壮的哀歌，久久地回荡在雪地的上空。

篇四：乌苏里江放歌

每每听到这优美的旋律，这深情的歌声，我的眼前便有一条江：一条清澈见底的江，一条碧波荡漾的江，一条白雾迷离的江，一条渔歌袅袅的江……

乌苏里江，守望祖国东北边陲的一条江，我家乡的一条江，我心牵梦绕的一条江！

天生丽质的乌苏里，您还记得那个赤着脚丫、光着肩膀的江娃吗？还记得那个在您身边疯起来没完没了的江娃吗？还记得那个余晖散尽忘了回家、和伙伴不时撩起咯咯笑声的江娃吗？

多年以后的今天，我生活在一座繁华纷乱的都市，却有一条江一直在我的梦里流淌，仿佛那么远，又那么近。

与江为伴的童年时光，我心中的乌苏里永远是春天里渔民扎部大叔那声悠长的"开江喽"，永远是排山倒海般撒野、石破天惊般炸响的大块冰排，永远是夏日中于星罗棋布的小岛上那悠然嬉戏的水鸟，是秋风乍起时渔网中翻腾跳跃的大马哈鱼，是一夜清雪后白山黑水间时隐时现的东北虎，是喀尔喀山的漫山叠彩，是珍宝岛上江鸥的低鸣，更是扎部大叔故事里山神的传说……

我童年的伙伴，我的扎部大叔，我的乡亲，你们还好吗？我的驻守在流着英雄鲜血的珍宝岛上的兵大哥们，你们还好吗？我的热情好客的赫哲族大爷大娘、兄弟姐妹，你们好吗？

如今，在这喧嚣热闹的都市，在这心儿忙碌流浪的都市，我没有少过朋友，身边总是热闹的，但这无法掩饰我内心的孤寂啊！乌苏里江啊，你可知道，我的心似你身边一只鱼鹰，都市的钢铁高楼哪够我纵意翱翔？只有在你宽阔绵长的江畔，还有江畔的茂密森林中，那才是我驰骋纵横的地方；只有你壮美的山岗上，以及在山岗上那轮金黄的皓月下，我才能肆意啼鸣、倾诉衷肠！

喀尔喀山的雪啊，万年冰封，听着这歌声久久回荡！

乌苏里江的水啊，亘古横流，看着这民族蒸蒸日上！

我多么希望再听到您轻轻唤一声我久违的乳名，让我的泪水与江水一泻千里！乌苏里江，我永远挚爱的故乡！

篇五：美丽的世界

我坐在天堂的门前，身边是飞舞的天使。美丽的天堂，我记得自己在曾经的那个世界中这样形容过它。我刚告别了那个美丽的世界，现在我已经不是它的一员了。

天堂里刮着冷风。我想哭，可又怕眼泪会凝成冰晶。我已经离开了吗，我美丽的世界？

记得那天，我走在繁华的街道上，心中开放着幸福的花朵。今天是我的生日，父母在我的家中等我，我以为我就要到家了，我以为我就要坐在生日蛋糕前了，我以为……当撕心裂肺的刹车声划过天际的一霎间，我倒下了，软绵绵地倒在了地上……天空中有浮云的影子，整个天蓝得像一面透明的镜子，很美丽。我躺在众人的眼光中，他们彷徨着。"车跑了！"有人平静地说。我想喊，却终于没有了力气。在他异样的表情中，我听到生命流逝的声音：滴答、滴答……

随后，我来到了急救室。身边的护士和医生们忙碌起来，他们要尽天职来挽救我的生命。我还那么年轻，我只觉得我的血液在潺潺地流动，我真怕它会流干，无影灯让我晕眩……一小时后，我听见胖医生的声音："送得太晚了，抢救无效，我们已经尽力了。"眼前是爸爸妈妈哭得扭曲的脸。

在天堂的冷风中，我终于流下泪来。

我去了天国。在那个入口，有天使飞舞。我却留恋，不愿踏进那扇美丽的门。就像爱一件物品，它有瑕疵，但你却依然爱他。我爱那个世界，所以离开后，我会记取，会痛，会哭。

而我却开始怀疑我的一个定义：美丽的新世界。

篇六：白杨礼赞

那是力争上游的一种树，笔直的干，笔直的枝。它的干通常是丈把高，像加过人工似的，一丈以内绝无旁枝。它所有的丫枝一律向上，而且紧紧靠拢，也像加过人工似的，成为一束，绝不旁逸斜出。它的宽大的叶子也是片片向上，几乎没有斜生的，更不用说倒垂了。它的皮光滑而有银色的晕圈,微微泛出淡青色。这是虽在北方风雪的压迫下却保持着倔强挺立的一种树。哪怕只有碗那样粗细,它却努力向上发展,高到丈许,两丈,参天耸立,不折不挠,对抗着西北风。

这就是白杨树,西北极普通的一种树,然而绝不是平凡的树。

篇七:猴吃西瓜

猴王找到一个大西瓜,可是怎么吃呢?这个猴王可从来没有吃过西瓜。

忽然,他想出一条妙计,于是就把所有的猴子都召集起来,对大家说:"今天我找到一个大西瓜,这个西瓜的吃法嘛,我是全知道的,不过我要考验一下你们的智慧,看你们谁能说出西瓜的吃法。要是说对了,我可以多赏他一份儿;要是说错了,我可要惩罚他。"

小毛猴一听,搔了搔腮说:"我知道,吃西瓜是吃瓤的。"

"不对,我不同意小毛猴的意见!"一个短尾巴猴说,"我清清楚楚地记得我和我爸爸到姑妈家去的时候,吃过甜瓜,吃甜瓜是吃皮的。我想西瓜是瓜,甜瓜也是瓜,当然该吃皮啦!"

大家一听,有道理。可是到底谁是对的呢?于是,大家不由得把眼光集中到一只老猴身上。老猴一看,觉得出头露面的机会来了,就清了清嗓子说道:"吃西瓜嘛,当然……是吃皮了。我从小就吃西瓜,而且一直吃。我想我之所以老而不死,也正是吃了西瓜皮的缘故!"

有些猴子早就等急了,一听老猴子也这么说,就跟着嚷起来:"对,吃西瓜吃皮!""吃西瓜吃皮!"

猴王一看,认为自己已经找到了正确的答案,就向前跨了一步,说:"对!大家说得很对,吃西瓜是吃皮!哼,就是小毛猴崽子是吃瓤,那就让他一个人吃去,咱们大家都吃西瓜皮!"

于是,西瓜一刀两断,小毛猴吃瓤,大伙儿共分西瓜皮。有个猴子吃了两口,就捅了捅旁边的猴子说:"哎,我说这可不是滋味呀!""嘿,老弟,我常吃西瓜,西瓜嘛,就这味儿……"

篇八:月若有情月长吟

太阳最终吝啬地收起了它最后的一线亮光,月亮还没有出来,留下的只是满天的云霞轻轻地亲吻着宁静的山村。

我心急如焚地奔走在狭窄的村巷间,无心欣赏大自然的赠赐。我焦急地挨家挨户去筹钱为我妈治病。

突然,一阵凄凉的哭声传入我的耳朵。"谁?"这么晚了,他为啥哭?我循着声音寻找,原来是一个小男孩。

小男孩看见我,揪着我的裤管:"我迷路了,送我回家,好吗?"我本能地应了一声,就想抱起他走。突然,我触到了一束熟悉的目光。咦,这不是王医生的儿子吗?顿时,我心里升起一腔怒火,王医生的影子又浮现在脑海。就是他,为了小小的一笔医药费而拒不为我妈治病!

"走吧!现在的世道还会有多少人情?"我心里想着,脚下迈开了步子。这时,一声更凄厉的声音恨恨地剮了我一刀：难道真的丢下他不管？夜深了，难道就让他留在孤寂的野外？他不怕黑暗吗？他能抵抗动物侵害吗？我打了个冷噤。不能，我不能丢下他而去。我猛转身，我不能选择与道义相悖的行为。

我轻轻地敲开了王医生家的门。我不理会他的语言与目光，只是快速地离开。我想我的心灵是纯净的，我不会因为金钱而丧失了做人的道德。我之所以走得如此迅速，不是因为愤怒，而是不愿在这个见利忘义的地方多待一刻。

月儿已经爬上了树梢，有了些许凉气。我仍然在为母亲治病筹钱。我坚信：人与人之间一定有人情的气息。

当我拖着疲倦的身躯踏进家门的时候，我嗅到了一阵药味。我疑惑地询问我的母亲。妈妈只是微笑地递给我一封信。信上说："谢谢你把我的儿子送回家。你的行为给了我一次心灵的教育。在金钱与医德面前，我应该选择医德。"

我的眼睛有点湿，我推开窗。多么美好的夜！多么明亮的月！多么明智的选择！人与人之间比金钱更珍贵的是友爱。

温柔的月光如流水般倾泻而下，仿佛是滑过了一曲悦耳的琴声。啊！月若有情月长吟！

篇九：远行的孩子

这是黄昏留下的最后一抹晚霞，让山峦叠成背影，让河水泛起青光。黑夜即将来临的时候，你从山的背后走来，走进暮色，走向远方，走进一个永久的寓言。你是一个孩子，你像风一样远行。

寂静，旷野的寂静听不到风的声音。你置身于旷野中，用散淡的目光铺就你的行程。这个时候，你知道，没有人前来告诉你那即将来临的盛放与凋零，你只有沿着那条千古不变的道路行走，像朝圣的歌声一样悠远着无尽的漫长。月光打湿了你的脸颊，泛起青色的光，如湖面散发出的沉寂平和的光芒。你享受着这分寂静，享受着一种迷茫和沉醉。你发现，内心的风光比旷野更迷人，更能让你沿着树的方向从容不迫地向着远方瞭望。这个夜晚，你不会寂寞，因为你始终是一个追寻遥远的孩子，遥远的地方定是一个妙不可言的乐土。

无数个白昼和黑夜，你以行走的姿态书写着你的传奇，从原野到村庄，从山川到河流，从城镇到都市，在行走的过程中你一直找寻着能让你刻骨铭心的记忆。

终于，你听到了一种声音，那是盘古开天的声音。那声音随着奔涌的人群越来越近，越来越近，时而雄壮如万马奔腾、黄河咆哮，时而轻盈如平湖泛舟、春雨润物。那是一种真正的震撼，可以震天震地、震山震河。那时而似雁阵飞舞、时而似莲花盛开的阵势，让你热血沸腾，兴奋不已。那击之如雷、动之如涛，鼓中有舞、舞中有鼓的雄浑火爆使你击骨震髓、酣畅淋漓。此刻，你感到有一种生命中原始的激情与豪放正从体内喷薄而出。于是，你开始沸腾，挫骨扬灰地沸腾，并随着上下翻飞的令旗雷霆般撞击自己的灵魂。

你知道，你是属于江湖的。每一次远行，每一次流浪，你从不在乎这个路程有多远，你只在乎路上能否遇到那曾令你动容的风景和震撼灵魂的鼓声。因为这是你生命中最本质的旅程。这里包括了你一生的情爱。你的远行从来就没有起点，你的存在因为江湖的存在而被一颗颗热切的心盼望着，与众多远行的孩子一起等待着又一次分别和重逢的到来。

这将是又一次的远行,在母亲关切的目光下,在以黎明为背景的清晨。

篇十:鸿雁

从远古开始
就有一种叫作长调的民歌
它与生命共存
用热血酿就
在心胸培育
以原生态的姿势
自然的流淌
高远、空灵、悠扬
在黎明前被露水打湿
在夜晚让篝火点燃

我满含热泪
倾听着那天籁之音
心灵的绝唱
我喜欢上了一首蒙古长调
闭上眼睛,用心去听
心里如此的安静与平和

额尔古纳乐队的主唱
一个普通的蒙古族小伙子
他纯净如丝般的声音
动情地演绎了《鸿雁》这首歌
歌词曲调完美结合
舒缓不失跌宕
静谧不失高潮
幽婉不失大气

在"天苍苍,野茫茫,风吹草低见牛羊"的大草原上
在望不到天际的尽头
歌声在辽远绵长地回荡……
我最喜欢其中那一句
"酒喝干,再斟满,今夜不醉不还"

悠远的天空中

南去的大雁排成"一"字
飞过额尔古纳河的芦苇荡
远远而去
马头琴,那哀婉的琴声
静静飘来……

篇十一:一个人的双人舞

真的想不起他们的名字了,却一直记得他们的爱情。

他们是世界闻名的双人花样滑冰运动员,生活中是恩爱夫妻,滑冰场上是最佳搭档。他们的表演配合默契,珠联璧合,多次在各种大赛中获奖。

所谓天妒佳缘。一次意外,丈夫去世了,这对于常人无疑是一次巨大的打击。对于她,这打击更是加倍的,因为她失去的不仅是生活上的爱侣,也是艺术上的合作伙伴。从此,她远离了滑冰场。

沉寂几年后,她忽然宣布,要再进行一次花样滑冰。这次,是她一个人。舞姿还是那样娴熟,还是那样优美,她还是从前的她。沉寂了数年,丝毫也没有影响到她的艺术水准,她依然是滑冰场上轻盈的精灵。

但是,所有的观众都落泪了。滑冰场上虽然只有一个人在旋转,在腾跃,但她的动作分明是两个人的。她的身侧,似乎总是有另一个人的影子。她举臂,似乎有人在为她支撑;她腾跃,似乎有人在扶她的腰;她旋转,似乎有人在与她同行;她微笑,似乎是对着那个人……虽是一个人的独舞,她的动作却总是双人舞的动作,似乎是那个人还陪在她的身边,一如从前。

最后的造型是他们当年的经典。现在,却只有她一个人。另一半,是虚幻,是残缺,是伤痛……

她凝固成一尊雕像,一动不动,只有眼泪涔涔而下。

那是一个人的双人舞,是残缺的完美,是爱情的绝唱。

篇十二:康熙皇帝的朝堂训话

当朝大学士,统共有五位,朕不得不罢免四位;六部尚书,朕不得不罢免三位。看看这七个人吧,哪个不是两鬓斑白?哪个不是朝廷的栋梁?哪个不是朕的儿女亲家?他们烂了,朕心要碎了!祖宗把江山交到朕的手里,却搞成了这个样子。朕是痛心疾首,朕有罪于国家,愧对祖宗,愧对天地,朕恨不得自己罢免了自己!还有你们,虽然个个冠冕堂皇地站在岸上,你们就那么干净吗?朕知道,你们当中有些人,比这七个人更腐败!朕劝你们一句,都把自己的心肺肠子翻出来,晒一晒,洗一洗,拾掇拾掇!朕刚即位的时候,以为朝廷最大的敌人是鳌拜;灭了鳌拜,又以为最大的敌人是吴三桂;朕平了吴三桂,台湾又成了大清的心头之患;啊,朕收了台湾,噶尔丹又成了大清的心头之患。朕现在是越来越清楚了,大清的心头之患不在外边,而是在朝廷,就在这乾清宫,就在朕的骨肉皇子和大臣们当中。咱们这儿烂一点,大清国就烂一片;你们要是全烂了,大清各地就会揭竿而起,让咱们死无葬身之地呀！想想吧，崇祯皇帝朱由检，吊死在煤山上才几年呀？忘了？那棵老歪脖子树还站在皇宫后边，天天盯着你们呢！朕已经三天三夜没有合眼了，总想着和大伙说些什么，可是话总得有个头啊。想来想去，只有四个字，这四个字，说说容易啊，身体力行又何其难。这四个字，是朕从心里刨出来的，从血海里挖出来的。记着，从今日起，此殿改为正大光明殿！好好看看……哦，你们都抬起头来，好好看看，想想自己，给朕看半个时辰。

篇十三：山雀子噪醒的江南

饶庆年

山雀子噪醒的江南，一抹雨烟
到处是布谷的清亮、黄鹂的婉转、竹鸡的缠绵
看夜的猎手回了，柳笛儿在晨风中轻颤
孩子踏着睡意出牧，露珠绊响了水牛的铃铛
扛犁的老哥子们，粗声地吆喝着问候
担水的村姑，小曲儿洒一路淡淡的喜欢

山雀子噪醒的江南，一抹雨烟
我的心宁静地依恋，依恋着烟雨的江南
故乡从梦中醒来，竹叶抖动着晨风的新鲜
走尽古老的石阶，已不见破败的童话
石砌的院落，新房正翘起昂扬的飞檐
孩子们已无从知道当年蕨根的苦涩
也不再弯腰拾起落地的榆钱
乡亲们泡一杯新摘的山茶待我
我的心浸渍着爱的香甜

山雀子噪醒的江南，一抹雨烟
我爱崖头山脚野蔷薇初吐的芳蕊
这一簇簇野性的艳丽，惹动我一瓣甜蜜、半朵心酸
望着牛背上打滚儿如同在草地上打滚的侄儿们
江南烟雨迷蒙了我凝思的双眼
这些懂事的孩子过早地担起了父辈的艰辛
稚气的眸子，闪射着求知的欲念
可是，草坡上他们却在比赛着骂人的粗野
油灯下，只剩"抓子儿"的消遣

山雀子噪醒的江南，一抹雨烟

那溪水半掩的青石,沉默着我的初恋
鸭舌草多情的记忆里,悄悄开着羞涩的水仙
赤脚,我在溪流中浣洗着叹息
浣洗着童年的亲昵、今日的无言
小路幽深,兰草花默默地飘散着三月
小路又热烈,野石榴点燃了如火的夏天
小路驮着我长大,林荫覆盖我的几多朦胧

山雀子噪醒的江南,一抹雨烟
烟雨拂撩着我如画的江南
桂花酒新酿着一个现实的神话
荞花蜜将我久藏的童心点染
我的心交给了崖头的山雀
衔一片喜悦装点我迟到的春天
山雀子衔来的江南,一抹雨烟

篇十四:无字碑歌

  我是当年武则天立下的那块无字碑。数千年来,多少人对我的存在感到质疑。其实,说实在的,我对自己的身份也感到好奇。主人留给我的只是一具空空的躯体和一颗好奇心。

  我好奇我的主人。一朵深宫玫瑰却偏偏如此铿锵,一双娇弱肩膀却担起天下人的希望。三从四德禁锢不住你的步伐,你默默地演绎着属于自己的繁华。溺女,谁能体会你的不舍与无奈?弑子,谁能感受你的心痛与欲哭无泪?摄夫,谁能理解你心中恨铁不成钢的痛楚?宠张,谁能分担你独处深宫的寂寥?垂帘,昭示着你——他人无法企及的高度;称帝,昭示着你不可一世的霸气;改元,一个"曌"字,将你推上了生命的最高点。我好奇我的主人,为什么你的背后,有这么多不为人知的无奈、痛楚、辛酸……

  我好奇我的身世。主人深知自己正遭受着千万人的唾骂,好一句"狐媚偏能惑主",好一句"一将功成万骨枯"。但是,好一个武则天,生前要一鸣惊人,身后也要再鸣惊人。自古碑者,或歌功颂德,或说罪道过;或洋洋千言,或寥寥数语;或意境平浅,或深刻隽永。唯有我,一个字也没有。主人立下我,是怕承受更多人的唾骂,所以给自己留下一个书写罪状的平台,还是你觉得中华上下几千年的历史都承载不了你的辉煌?

  我好奇历史上著名的女者。褒姒,有冷艳,有周幽王为博她一笑而烽火戏诸侯的"壮举";妲己,有妖娆,有商纣王为她建造的"酒池肉林";玉环,有华贵,有唐玄宗为红颜而置大唐江山于不顾的真心;昭君,有美貌,有万古垂青的芳名……而我的主人,为什么我的主人只有万世的骂名?

  主人,感谢你在缔造我的同时,赐予了我一颗常人没有的好奇心。因为是它,让我了解了你的过去,你的背后,你的鲜为人知的一面:你海棠般娇羞的容颜、你菊花般孤高的傲世风骨、你桃花般红消香断的泪痕、你柳絮般飘飞的沉思,只有婉儿姐姐和我能理解吧……

我不在乎你站得有多高,亦不会在乎世人对你世俗的评价。如果有来生,我只愿带着这颗好奇心,做你喘息的平台。

篇十五:海的颜色

王蒙

海是什么颜色的?

提出这个问题,估计多数人回答:蓝的。

什么蓝?怎样的蓝?一定是蓝色么?

例如在渤海湾,我就没有获得过蓝海的感受。不论在大连、北戴河还是烟台,我看到的海基本上是草绿色的。阴雨天,海是灰蒙蒙的,天与海的色彩最为接近,相互"认同",难分难解。浅海上常见黄褐色,可能是因为那里的沙滩是金黄色的缘故。浅海处因为涨潮退潮,因为风浪,因为游泳人的折腾,把沙翻上来,便黄了,而遇到大风浪,便成了红褐色。风浪特别大的时候,表面是白色的浪花——泡沫,往下是红褐色的海,好像是麦乳精刚被沸水冲过。

渤海的颜色令人觉得温暖、亲切、随和,让人愿意接近。

1982年底到1983年初,我去南海,去西沙群岛。那里的海完全不同,那是深深的湛蓝色,阳光下映出一片金紫的光辉。阳光一接触到这样的海面便化作飞舞的金星,辉煌耀眼。飞鱼在海面上飞行,军舰在海面上行驶。浪花庄严无声。海的颜色神秘、深邃、伟大而又寂静。人们说这种颜色是由于海非常深。确实令人觉得非常深,不可见底。这深深的蓝色令人肃然起敬。

我觉得这才是真正的原貌的海。

篇十六:船

王蒙

直到20世纪80年代,我才和海上的、河上的,也包括陆上的(车)和天上的(飞机)船们结下了不解之缘。那时候,我们中华人民共和国这条大船,已经行驶在新的广阔得多也平稳坦荡得多的航道上了。

最难忘的是南海之旅,救生艇、运输艇、炮艇、猎潜艇和鱼雷快艇,我们和海军同志一起站立在指挥台上,高唱着刘邦的《大风歌》,劈开紫缎一样闪闪发光的南海海面,在海鸥和飞鱼的包围之中,在迎风招展的八一军旗的感召之下,环绕着南海与西沙诸岛,进行了一次又一次的航行。晕船要什么紧?呕吐要什么紧?大风大浪45°摇荡要什么紧?那才是爱国男儿滚烫的生命之船、热血之船、乘风破浪的必胜之船。人站在这样的船上,全中国装在船上的人的心里。

晚一点儿了么?在我将近50岁的时候,我开始懂得了不像梦幻中的船那样脆弱、不像公园里的船那样旖旎和小巧、不像沙漠里的船那样拙笨和缓慢的另外一种船,巨大、坚强、英勇,踏长风、奔大海,勇敢而又沉着地前进。

而今天,是在长江的航船上。雨后初晴,春意如酒,桃红柳绿,阡陌纵横,鸥鸟飞翔,清风振荡。船上平稳、舒适、安详,这是一首成熟了的江轮进行曲。老船工告诉我,他在江轮上做工已经45年。

但发动机是不敢懈怠的,发动机一刻不停地、激动地、细听起来有时甚至是愤怒地工作着,掌船的人又是那么谨慎而老练,他们带动着全船向前。

篇十七:给亡妇
朱自清

谦,日子过得真快,一眨眼你已经死了三个年头了。这三年里,世事不知变化了多少回,但你未必注意这些个。我知道你第一惦记的是你的几个孩子,第二便轮着我。孩子和我平分你的世界,你在时如此,你死后若还有知,想来还是如此的。告诉你,我夏天回家来着。迈儿长得结实极了,比我高一个头。闰儿,父亲说是最乖,可是没有先前胖了。采芷和转子都好。五儿,全家夸她长得好看,却在腿上生了湿疮,整天坐在竹床上不能下来,看了怪可怜的。六儿,我怎么说好,你明白,你临终时也和母亲谈过,这孩子是只可以养着玩儿的。他左挨右挨,去年春天,到底没有挨过去。这孩子生了几个月,你的肺病就重起来了。我劝你少亲近他,只监督着老妈子照管就行。你总是忍不住,一会儿提,一会儿抱的。可是你病中为他操的那一份儿心也够瞧的。那一个夏天他病的时候多,你成天儿忙着,汤呀,药呀,冷呀,暖呀,连觉也没有好好儿睡过,哪里有一分一毫想着你自己?瞧着他硬朗点儿,你就乐,干枯的笑容在黄蜡般的脸上,我只有暗中叹气而已。

从来想不到做母亲的要像你这样。从迈儿起,你总是自己喂乳,一连四个都这样。你起初不知道按钟点儿喂,后来知道了,却又弄不惯;孩子们每夜里几次将你哭醒了,特别是闷热的夏季。我瞧你的觉老没睡足。白天里,还得做菜,照料孩子,很少得空儿。你的身子本来坏,四个孩子就累你七八年。到了第五个,你自己实在不成了,又没乳,只好自己喂奶粉,另雇老妈子专管她。但孩子跟老妈子睡,你就没有放过心,夜里一听见哭,就竖起耳朵听,工夫一大就得过去看。十六年初,和你到北京来,将迈儿、转子留在家里;三年多还不能去接他们,可真把你惦记苦了。你并不常提,我却明白。你后来说你的病就是惦记出来的。那个自然也有份儿,不过大半还是养育孩子累的。你的短短的十二年结婚生活,有十一年耗费在孩子们身上。而你一点不厌倦,有多少力量用多少,一直到自己毁灭为止。你对孩子一般儿爱,不问男的女的、大的小的。也不想到什么"养儿防老,积谷防饥",只拼命地爱去。你对于教育,老实说有些外行,孩子们只要吃得好、玩得好就成了。这也难怪你,你自己便是这样长大的。况且孩子们原都还小,吃和玩本来也是要紧的。你病重的时候,最放不下的还是孩子。病得只剩皮包着骨头了,总不信自己不会好,老说:"我死了,这一大群孩子可苦了。"后来说送你回家,你想着可以看见迈儿和转子。也怨你,你万不想到会一走不返的。我送车的时候,你忍不住哭了,说:"还不知能不能再见?"可怜,你的心我知道,你满想着好好儿带着六个孩子回来见我的。谦,你那时一定这样想,一定的。

篇十八：歌声
朱自清

昨晚,中西音乐歌舞大会里,中西丝竹和唱的三曲清歌,真令我神迷心醉了。

仿佛一个暮春的早晨,霏霏的毛雨默然洒在我的脸上,引起润泽、轻松的感觉。新鲜的微风吹动我的衣袂,像爱人的鼻息吹着我的手一样。我立在一条白矾石的甬道上,经了那细雨——正如涂了一层薄薄的乳油,踏着,只觉越发滑腻可爱了。

这是在花里。群花都还做她们的清梦。待微雨偷偷洗去她们的尘垢,她们甜软的光泽便自焕发了。在那被洗去的浮艳下,我能看到她们在有日光时所深藏着的恬静的红、冷落的紫和苦笑的白与绿。以前锦绣般在我眼前的,现有都带了黯淡的颜色。——是愁着芳春的消歇么?是感着芳春的困倦么?

大约也因那蒙蒙的雨,园里没了浓郁的香气。涓涓的东风只吹来一缕缕饿了似的花香,夹带着些潮湿的草丛的气息和泥土的滋味。园外田亩和沼泽里,又时时送过些新插的秧、少壮的麦和成荫的柳树的清新的蒸气。这些虽非甜美,却能强烈地刺激我的鼻观,使我有愉快的倦怠之感。

看啊,那都是歌中所有的。我用耳,也用眼、鼻、舌、身听着,也用心唱着。我终于被一种健康的麻痹袭取了,于是为歌所有。此后,只有歌独自唱着、听着,世界上便只有歌声了。

九、怎样读好指定稿件

怎样读好指定稿件?这又是一个新的挑战了。老师会给你什么样的稿件呢?能不能读好呢?有没有不认识的字呢?这些稿件可不像自备稿件可以有充足的时间让你去准备。真的没有充足的时间进行准备工作吗?当然不是,其实你早就开始做准备了。你在准备自备稿件的时候,已经为指定稿件做着准备了:语音上的训练自不必说;一遍一遍地朗读,你的发声吐字水平都在不知不觉中提高;你很自如地对一篇自备稿件进行处理就已经表明你具备一定的稿件处理能力。举一反三,你也一定能处理好指定稿件,只不过是处理指定稿件的时间有限制,不够长而已。那些所谓的指定稿件,只不过是你平常练习的稿件的一个新版本罢了。

指定稿件多是一则新闻、一个小故事或者一段景物描写,其中也许会有几个长句子,但绝对不会难,因为考试朗读指定稿件的目的是考查考生日常情况下普通话的水平,这和前面自备稿件的目的是相辅相成的。所以,这样的稿件不仅篇幅不大、内容简单,题材也不会太偏,大家尽可放心,只要稍加准备就可以很好地完成它。

有的考官为了更好地了解你的水平,会在指定稿件里设计几个语言点,看你能不能读好,比如"反语""对话""多音字"等。有时候,指定稿件里也会出现稍微专业点的术语或其他不常出现的情况,如看你会不会断句,能不能读好长句子,是不是真正理解文章的含义。这些都是大家需要注意的地方。

准备指定稿件的最好办法是平常加大阅读量。你可以多读读报纸,多涉猎各种题材、风格的文章,哪怕是军事、农业、体育方面的稿件也要练习一下。这种练习不用刻意去做,在练声的时候可以找一张报纸,从头版的要闻到副刊的文章中有选择地读几篇。曾经有位电影演员为了练普通话采用每天读一张报纸的办法。大家也可以借鉴一下这位演员的做法。

读指定稿件的一大难点是如何正确地播读新闻稿。大部分同学看新闻、听新闻比较多,真正读的机会比较少,所以学习起来显得较为困难。事实上,新闻并不神秘,只要你把握住新闻的特点,就能找到相应的播读方法,这样难关就被攻克了。

想要播读好新闻稿,首先要知道新闻的含义。根据比较权威的解释,新闻就是报社、通讯社、广播电台、电视台等报道的消息。你也可以通俗地理解为"新近发生的真实的事件"。不要小看这几个字,它可是我们播读新闻稿的重要依据。"真实的事件"说明我们播读的内容是经得起考证的,不是胡编的,反映在声音上就要以实声为主,不能像读散文那样,声音忽高忽低,起伏很大。"新近发生"指的是时间距离现在不远。事件如果发生了很久,那就不是新闻了,那是历史。我们看电视的时候经常可以听到播音员说,接下来我们播放一条刚刚收到的消息或就在几分钟前发生的事情……所以,新闻姓"新",新闻是大多数人都不知道的事情。作为播音员在播读新闻时要读出新鲜感来。这就要求播音员在播读时节奏不能太慢,因为他们在得到最新消息的时候,心情总是比较急切的,不可能死气沉沉的,这也是对考生的另外一个要求。

新闻是有价值的。每天发生那么多的事情,为什么这件事被报道了呢?因为这则新闻很重要。新闻事件并非一般新鲜事,它具有特定的新闻价值,如国家大事,发生在我们的日常工作、学习、生活中的事,被人们普遍关注的信息等。所以,一般播读新闻的时候,穿着比较正式。这都是在告诉大家,我们是认真地告诉你一件事情,千万不要认为是闹着玩的。

根据新闻的这些特点,我们继续研究它的播读方法。很多同学问我:"老师,怎么才能有那种新闻腔呢?"这个问题很难回答,因为"新闻腔"没有办法一下子学会。我总是回答说:"你把握住新闻的特点,就能找到那种新闻腔了。新闻腔不是模仿别人的腔调,而是根据内容来定。"

以上我们专门讲了新闻稿件的播读要领,因为它在考试中出现的频率最高。通常,准备指定稿件有以下六个步骤。

(1) 划分层次

划分层次可以帮助我们了解文章的结构,这也是成功播读新闻的重要步骤之一。通过归并层次、搞清稿件内容的发展脉络、理清思路、概括出各段大意,你会有意想不到的收获!

(2) 概括主题

主题,就是稿件的中心思想,也可以是作者通过具体人物、事件所反映出来的看法、主张、态度等。这是播音员、主持人进一步深入了解作者的创作意图,进一步掌握稿件的精神实质,激发播读愿望必做的一步工作。主题概括要准确、具体、有思想升华,不能只是对内容大意的概述。这需要我们加强、加深文化修养,培养敏锐的观察、分析能力,具有丰富的阅历和业务素养。

（3）联系背景

联系背景是为了明确稿件播读的针对性,是激发播读愿望的重要环节。背景有如下两方面内容:一是与稿件内容有关的党和政府的方针、政策、中心工作,地区形式,世界格局等;二是指社会现实情况,包括好的方面和存在的问题。

（4）明确目的

明确目的就是要明确播读目的,明确播读这篇稿件所要实现的社会意义和作用,它对播读稿件起着统领作用。

（5）分清主次

只有重点突出才便于目的的实现,分清主次能起到这样的作用。分清主次首先要把握重点,其次要处理好主次关系,这将有助于将稿件表达得准确、鲜明、生动。

（6）把握基调

基调是指稿件总的感情色彩和播读者的态度。把握基调,要求基调要贴切,态度要鲜明,基调统一又有变化。

总起来说,我们对指定稿件的播读要求就是这样的。在播读时,除了有理性的理解之外,还需要考生有感性的感受。上面提到的备稿六步一般是在学习期间使用,真正到了考试的时候,可能就没有那么充裕的时间了,许多环节就化为一种下意识的感觉了。下面我们举例说明,就从一位考生拿到的一篇新闻稿件开始说起。稿件内容如下:

据中国之声《新闻和报纸摘要》报道,南水北调东、中线一期工程全面通水两年来,共惠及北京、天津、河北、河南、山东、江苏等省(市)的8700万人口,在保障用水、修复生态、抗旱排涝等方面取得了综合效益。近两年的时间内,天津引入江水12亿立方米,水质监测保持在地表水Ⅱ类标准及以上。在南四湖,不仅又见苍鹭、灰鹭等珍贵鸟类,曾经绝迹多年的小银鱼、毛刀鱼等对水质要求比较严格的鱼类也再度出现。

先抓紧时间将稿件看一遍,要了解稿件讲的是一件什么事情。很显然,这是一篇建设成就类的新闻稿件。这样就找到了基调,即以赞扬为主。朗读时,感情要饱满,基调要激昂,心情要喜悦,不能死气沉沉的。然后,我们再看有没有生字。就这则新闻来说,都是常用字,只有"Ⅱ"这个符号可能有些同学不认识。"Ⅱ"一般读"2"。这是第一遍看稿子的任务,

然后再看一遍。第二遍要画出停连、重音部分。画好之后就可以出声地读了,在读的时候验证停连、重音的正确性。这时候,由于准备工作做得比较充分,基本上没有什么大的错误了。如果在哪个地方你卡壳了,就说明那个地方出了问题:可能是句子停连画错了,也可能有你不熟悉的专业术语,这时候你要有针对性地读几遍,直到顺利完成才可以。但是这还不算完,考生还有新的任务。到这个阶段,考生只是能基本上把新闻没有错误地播读下来,还不算十分出色。接下来,还有很多的工作需要做。这时候你可以想象一下:曾经的南四湖环境肯定不是很好;现在,经过南水北调工程,不仅有珍稀鸟类飞来飞去,水里还有小银鱼,这是一幅多么美好的画面啊！想到这里,你是不是对这则新闻的理解就更深入了呢？是不是就不是仅仅浮于表面了呢？这时候你对新闻理解得更透彻了,播读出来也就变得更加生动,更加有力了。

有人总结了播读新闻的几条要求：叙事要清楚，新鲜感要强。其实，只要抓住这两点，新闻稿件的播读就算成功了。还有的同学纠结于播读新闻是否需要感情，这本来是个不值得讨论的问题。播读新闻是需要朴实客观的表达，但是并不是不需要感情。在这里，我只是告诉你，播读新闻不能像朗读抒情散文那样夸张就可以了。这一点在我们看《新闻联播》的时候就可以非常明显地感受到每一个新闻播音员都是精神饱满地在那里播新闻。你不能说他们是不带感情的。我这样说可能你更容易理解这个问题：所谓新闻，就是把一件你知道而别人不知道的事情很好地告诉别人。考生如果做到这一点就算成功了。

再来看一篇文学类的指定稿件。准备方法没有什么特别，也是先默读几遍，然后再出声读，与其他类稿件不同的是文体上的差别。如果说前面读的新闻类稿件类似于正步走，那么文学稿件则相当于跳舞，二者不能混淆。

这是真的。在一个村庄里，一个小康之家的女孩子，生得美，有许多人来做媒，但都没有说成。那年她不过十五六岁吧，是春天的晚上，她立在后门口，手扶着桃树。她记得她穿的是一件月白的衫子。对门住的年轻人同她见过面，可是从来没有打过招呼的。他走了过来，离得不远，站定了，轻轻地说了一声："噢，你也在这里吗？"她没有说什么，他也没有再说什么，站了一会儿，各自走开了。

这是一小段叙述性的文字。读完后，我有一种很美好感觉。我是怎么发现的呢？大家看作家的用词，"村庄""小康之家""十五六岁""春天"……这些都能带来美好的意境。大家可以在脑海中想象一下文章的画面：春天里的一晚上，一个十五六岁的少女站在桃树下……场景是不是很美好而温馨的呢？考生要抓住文章的整体基调，这一段的基调应该是美好而羞涩的。这一段中的男主角还开口讲了一句话，这句话也很值得琢磨，为什么年轻的男女见面就只说这一句话呢？我建议大家要多进行理性分析。有的同学喜欢拿过来就读，凭借感觉读，可能读得不错，但是要想读得更好就需要理性和感性的结合。

十、指定稿件范文

下面列举几篇指定稿件，供大家练习用。

篇一

在察隅县章庄乡满目苍翠的茫茫竹海里，经常能看到一个与众不同的身影。他翻山越岭的姿势总是一跛一拐，让人过目不忘；而他助人为乐的行为却是一心一意，令人肃然起敬。他不顾疲劳，勤于为广大竹农传授毛竹丰产"妙方"，想方设法引领深山农民共同致富。大家都形象地称他为毛竹丰产的"教导员"、群众致富的"领航员"。他，就是章庄乡章庄村残疾青年、武明毛竹专业合作社理事长王建文。

察隅地处西藏边陲，是我国重要的边境县之一，位于林芝市东部，南与缅甸和印度接壤。按照中央统一部署，从1995年开始，广东对口援建林芝市，深圳则从2010年开始负责对口支援林芝市的察隅县。

近3年来，广东省深圳市第七批援藏干部王建文，视建设边疆为崇高使命，深入基层，情系民众,用实绩援藏。他探索出了"治边稳藏"的新路径,拓展了援藏工作内涵,实现了援藏工作的新突破,赢得了察隅县干部群众的衷心爱戴。

篇二

憨态可掬的大熊猫为什么只有"黑白照片"?这其实是生物研究中的难题。美国研究人员日前在新一期《行为生态学》(网络版)杂志上发表论文解答大熊猫的黑白色有两种功能,即伪装和交流。

领导研究的美国加利福尼亚大学戴维斯分校教授蒂姆·卡罗介绍说,生物学界长期存在的一个问题就是如何理解大熊猫身上的黑白色。这并不容易回答,因为其他哺乳动物长得都不是这样的,所以很难通过类比来解释。

该校和加利福尼亚州立大学长滩分校的研究人员根据皮毛颜色深浅将大熊猫的身躯划分成不同区域,并与狗、猫、熊等195种食肉动物以及熊科动物的39个亚种进行比较,来寻找关联性并确定其功能。

研究人员通过比较发现,大熊猫的脸、脖子、肚皮和臀部之所以是白色的,是因为这能帮助它们在积雪的栖息地躲藏;而四肢之所以是黑色的,是因为这能帮助它们将自己躲藏在阴影里。

研究人员认为,大熊猫长成这样源于其消化能力较弱,只能以竹子为食而不能吃更多种植物。它们也无法像有些熊那样在冬天存储多余的脂肪来冬眠。它们必须终年活动,长途跋涉去觅食,其栖息地变化也很大,从雪山到热带森林都有。

不过,大熊猫的头部配色不是为了伪装躲开捕食者,而是起到交流作用。它们黑色的耳朵表达一种"凶残"的感觉,可以警告捕食者;而黑眼圈有助于同类间互相识别,或者向同类竞争者加以警告。

篇三

央视网消息,3月5日,国家工商总局局长张茅在"部长通道"谈有何措施来保证网购质量。他表示,网购跟实体店购物有所不同,消费者往往在网购之前见不到实物;网购有便捷的一面,在虚假宣传和物流上存在一些问题,所以受到了不少投诉。最近,国家制定了一些保护办法,加大了对网购者权益的保护。首先,明确了网购平台要负第一责任。网购不是法外之地,要加强企业自律,加强网购商店的自律。其次,也加大了对消费者权益的保护力度,使得消费者的权益受到侵害之后也能够得到保护。其中最重要的一点就是在网购这方面加大规范市场秩序的法治保障力度。虽然现在还在探索当中,但总体来说,经过几年的努力,现在一些大的网站加强了自律,自觉打假,也做了许多工作。他相信消费者、社会、企业和政府形成的共治局面,能把网络购物的秩序进一步整顿好,使大家买东西既方便质量又好。

篇四

除夕之夜,悠悠的钟声响彻中国大地,这是怎样的钟声啊?洪亮而纯粹,博大而精深。它发自岁月的心脏,悠悠扬扬,震撼大地,气吞山河。而新的一年就在这富有号召力的旋律中拉开了帷幕。

这悠悠的钟声曾在商周祭天的天坛上响起,曾在枫桥夜泊的游子耳畔响起,曾在沙场点兵的将帅心中响起,如今又年复一年地震荡在中国大地上,几千年来音韵袅袅。

你听懂它发出的召唤了吗?它在说岁月流逝。脚步匆匆,每一个人在逝去的韶光前,要无怨无悔。那韵律像激越的鼓声,催人迈向新的征途。

篇五

全国政协27日下午在京召开第65次双周协商座谈会,围绕"水污染防治法修订"建言献策。全国政协主席俞正声主持会议并讲话。

全国政协委员吕忠梅、郑心穗、李原园以及专家学者汪劲、郑丙辉在座谈会上发言。委员们认为,水环境保护是事关人民群众切身利益的大事。现行的水污染防治法自1984年颁布实施以来,先后于1996年、2008年两次修订,在防治水污染、改善水环境、保障饮用水安全等方面发挥了积极作用。当前,我国水环境质量总体有所好转,但形势依然严峻,水污染防治工作任重道远。水污染防治法是水事立法体系中的一部重要法律,必须站在完善水事立法体系的高度看待水污染防治法的修订,明确法律定位,建立科学的水污染防治法律制度。

一些委员建议,一是把水环境承载力和水环境容量作为判断许可排放总量的标准,并把减少排污总量作为考核地方政府履行职责的标准。二是强化流域管理机构的监督职能,明确它和地方政府的关系,建立重要江河、湖泊的流域水环境保护联动协调机制,加强流域水污染联合防治,完善监督管理制度,强化环境监测制度。三是坚持部门共治、信息共享,明确水污染防治的标准和规范。信息要统一发布,标准和规范要进一步完善,建立统一的、综合性的水环境信息管理系统。四是完善水污染环境信息公开,鼓励公众参与,支持水环境公益诉讼,对违法行为要追究法律责任。

委员们还对地下水污染防治、支持和鼓励源头治理等提出意见建议。俞正声认真听取意见,不时与大家交流。

国务院法制办、环保部、水利部、农业部等有关负责同志介绍了情况并与委员们互动交流。

篇六

一天,我在家里洗衣服,从母亲的裤兜里掏出了一张病历单,上面的名字是妈妈的,写着"诊断急性胃炎",还有一张300多元的药价单,可是单子上的药我并没有在家里见过。

"妈妈为什么看了病而不拿药?"我终于想起来,上月因为我要上强化班交了2000多元,难道妈妈是因为这个才不买药的吗?第二天,我瞒着父母去学校退掉了强化班,拿着报名的钱去医院按照药单将胃药买了回来。到家后,我满心欢喜地把胃药和余下的学费放在梳妆台前,悄悄溜回了自己的房间。没想到,本以为做了件好事的我却挨了打。"给你上学的钱,你居然擅自做主!胆子也太大了!"妈妈气得打了我一巴掌,我捂着脸冲到了楼下。

篇七

这是一个不幸的女人。在一个风大雨大的夜晚,一辆肇事车将她从斑马线上撞飞出去,该司机又在茫茫夜色中逃逸。她又是幸运的。"交通事故绿色生命通道"让她在第一时间得到了最好的救护,也免除了医疗费用的后顾之忧。

自从入院以来,她一直昏迷不醒。医生说她脑部神经受到损伤,也许永远也醒不了。可是她还有身孕,已经5个多月了。出于治疗上的需要,应该考虑引产。可当她从神经外科转到妇产科病房时,医生却迟迟下不了决心实施这次手术,她腹中的胎儿不仅发育正常,而且在一些生命指数上,还高于同孕期胎儿,这简直是一个奇迹。

篇八

惠屿岛与大陆相隔4000米。2月6日晚,记者走村串户,看到几乎家家都有新电视机,图像清晰。一位村民开心地说:"今年大年三十,我们可以看春节联欢晚会了。"

在经济发达的福建泉州市,惠屿岛曾是个"寒极"。去年夏天,记者随市领导一行登岛,看他们一项一项地为村民排忧解难。记得村民们形象地说:"对岸灯火辉煌,岛上黑灯瞎火。"去年除夕,全村人为了看上电视,弄了台手摇式发电机,轮流摇,轮流看,精彩之处忘了摇。顿时漆黑一片。

篇九

明天,我就要出发了,就要告别生我养我的这片黑土地,去圆我的大学之梦了。我要去的那个地方,很好,也很美。可是,那毕竟是陌生的城市。那里,没有我们这儿清秀的山、碧绿的水,更没有我的那片白桦林。

我是在一片绿色的怀抱里长大的。在我家乡不远的地方,有一片茂盛的白桦林。就是这片白桦林,给我的童年带来了沾满露珠的欢乐,带来了芳香四溢的回忆。我现在要去看它,不仅是要去触摸我童年的往事,更是想告诉它我考上大学的好消息。耳边,风在唱着一首无韵的歌,我知道那是眷恋的乐曲。迎着秋风鸣奏的旋律,我走进了儿时的记忆。

篇十

历史也许不会记住今天,但未来会告诉我们今天意味着什么。时间的脚步并没有在此刻驻足,但我们将人生的坐标在此刻定格。

跟往年一样,鲜花依然在此刻绽放着她的笑脸,掌声依然在此刻如波浪般四处蔓延,欢笑依然如游离的因子弥漫于每一个角落,光与影依然相互交织、闪烁、荡漾、飞舞。然而,不一样的是,今天我们成了主角,站在了舞台的中央,演绎着自编自导的故事。

这是一个终点,也是一个起点。作为终点,它是汗水的结晶、岁月的果实。它博大、厚实,让人甘愿以痛楚的双眼、匆匆的身影、凌乱的脚步执着前行。

篇十一

由联合国教科文组织实施的一项大熊猫栖息地监控保护计划近日在四川雅安启动,通过建立3个野外监测站，对整个大熊猫栖息地生态链进行动态全方位监测。雅安地区现有大熊猫约300只。

篇十二

本台消息，正在卡塔尔多哈举行的第38届世界遗产大会宣布，中国大运河项目成功入选世界文化遗产名录，成为我国第46个世界遗产项目。大运河是世界建造时间最早、使用最久、空间跨度最大的人工运河，开凿至今1600多年，是中华民族留给世界的宝贵遗产。

篇十三

本台消息，经嫦娥三号任务发射场区指挥部研究决定，嫦娥三号探测器将于12月2日1时30分在西昌卫星发射中心实施发射。探月工程新闻发言人裴照宇表示，嫦娥三号将首次实现月球软着陆和月面巡视勘察，并开展月表形貌与地质构造调查等科学探测。

篇十四

本台消息，当前已进入冬季，雨雪冰冻及浓雾等灾害性天气明显增多。省教育厅今天下发通知，要求各市、县教育行政部门要主动与当地气象部门联系，及时掌握并发布预警性信息，遇有大雪、冰冻、寒潮、大风、雾霾等极端恶劣天气时，要迅速启动应急预案，通过采取调整上下学时间或调课、调整室外教学活动等措施，防范意外伤害事故，确保师生安全。此外，"通知"对校车、食堂安全等方面也都作了要求。

篇十五

本台消息，据中国之声《新闻晚高峰》报道，《人民的名义》正在热播，片头检察机关在抓捕"小官巨贪"赵德汉时，一直等到其妻子带着儿子离开后才实施抓捕。

这一幕4月20日在湖北黄石一小区内真实上演。办案民警查到嫌疑人刘某租住的房子后，担心会伤害到嫌疑人正在上初三的儿子，冒雨从傍晚6点开始，一直蹲守到第二天早晨8点多钟，等嫌疑人的儿子上学后，才开始实施抓捕。落网后，当得知民警在其门口守了一夜后，刘某更是热泪盈眶："谢谢你们想得这么周到，没让我在儿子面前丢脸。"

篇十六

本台消息，国家主席习近平24日致信祝贺中国—南非高级别人文交流机制首次会议在比勒陀利亚召开。

习近平强调，中国和南非同为发展中大国和金砖国家成员。近年来，两国全面战略伙伴关系保持强劲发展势头，给两国人民带来了实实在在的利益。中南高级别人文交流机制是中国同非洲国家建立的首个高级别人文交流机制，是落实中非合作论坛约翰内斯堡峰会成果的重要行动。机制的启动将夯实中南关系的民意基础，有力推动两国人文交流。

习近平指出，这次机制活动期间还将召开中非部长级医药卫生合作会议。中非卫生合作是中非友好合作的重要组成部分。希望有关各方携手同行,深入推进中非卫生合作,造福中非人民。

习近平强调,实现中华民族伟大复兴的中国梦和非洲《2063年议程》描绘的非洲梦高度契合。中方愿同包括南非在内的非洲国家一道,携手开创中非合作共赢、共同发展的新时代。

南非总统祖马也向会议致贺信。他表示南中高级别人文交流机制的建立是南中良好关系的又一例证,相信机制将推动两国相关领域交流合作取得积极成果,增进两国人民相互理解,将两国关系提升到新的高度,实现南中共同繁荣。

篇十七

本台消息,24日,国家主席习近平同美国总统特朗普通电话。

习近平指出,我同总统先生在海湖庄园会晤,近日又进行了很好的通话,达成重要共识,受到两国民众和国际社会积极评价。当前,国际形势迅速变化,中美双方保持密切联系,及时就重要问题交换意见十分必要。

习近平强调,中美双方要落实好我们达成的共识,巩固两国关系稳定的发展势头。双方工作团队要加强协调,做好总统先生年内访华筹备工作,早日开启中美首轮外交安全对话、全面经济对话、执法及网络安全对话、社会和人文对话相关安排,推进经贸、两军、执法、网络、人文、地方等领域交流合作,加强在国际和地区问题上的沟通,推动中美关系不断取得新发展。

特朗普表示,我同习近平主席在海湖庄园进行了很好的会晤。我对两国关系发展感到满意,对中国人民充满敬意。美中双方就重大问题保持沟通和协调十分重要。我期待尽快同习近平主席再次见面,并期待着对中国的国事访问。

两国元首就朝鲜半岛局势交换了意见。习近平强调,中方坚决反对违反联合国安理会决议的行为,同时希望有关各方保持克制,避免做加剧半岛局势紧张的事。只有有关各方都负起该负的责任,才能尽快解决朝鲜半岛核问题,实现半岛无核化。我们愿同包括美方在内的有关各方一道,为朝鲜半岛和平、东北亚和平、世界和平共同努力。两国元首同意通过各种方式保持密切联系,及时就共同关心的问题交换意见。

篇十八

荠菜是浙东人春天常吃的野菜。乡间不必说,就是城里只要有后园的人家都可以随时采食。妇女、小儿各拿一把剪刀、一只"苗篮",蹲在地上搜寻,那是一种有趣味的游戏工作。

那时,小孩们唱道:"荠菜马兰头,姊姊嫁在后门头。"后来,马兰头有乡人拿来进城售卖了,但荠菜还是一种野菜,须得自家去采。

篇十九：你是人间的四月天

林徽因

我说你是人间的四月天，
笑音点亮了四面风，
轻灵在春的光艳中交舞着变。

你是四月早天里的云烟，
黄昏吹着风的软。
你是人间的四月天，
星子在无意中闪，
细雨点洒在花前。

那轻，那娉婷，你是。
鲜妍百花的冠冕你戴着，
你是天真、庄严，
你是夜夜的月圆。

雪化后那片鹅黄，你像；
新鲜初放芽的绿，你是。
柔嫩，喜悦，
水光浮动着你梦中期待的白莲。

你是一树一树的花开，
是燕在梁间呢喃，
你是爱，是暖，是希望，
你是人间的四月天！

篇二十

天显得高远，白云一团一团悬着不动，长时间没下雨。

麦子黄了，一波波起伏着，抬头望去，烁烁得扎眼。麦子黄的时候，有一种鸟总是不停地叫，"咕咕——喵，咕咕咕咕——喵"。

小孩子举着筒网，欢叫着追一只蹁跹的红蜻蜓，红蜻蜓追着另一只蹁跹的红蜻蜓。一条狗从地沟里窜出来，不发出一丝声响，瞬间就撵上一只路过的野兔。野兔打了一个滚，又极快地顺着麦地逃走了。

篇二十一

本台消息,据国家旅游局网站消息,4月29日,全国大部分地区天气晴朗,气温回升,最高温度普遍达到25℃以上,气象条件总体适宜外出活动。各地群众出游热情高涨,"五一"假日第一天即迎来旅游高峰。据国家旅游局数据中心综合测算,当天全国旅游接待总人数5250万人次,实现旅游收入310亿元。

公路方面,全国各条高速公路迎来出城拥堵早高峰;铁路方面,今日迎来客流最高峰,预计发送旅客1430万人次,比去年高峰日增加139万人次,同比增长10.8%。

城市周边游、乡村游成为市民首选,各地客源以近郊游客为主,自驾游客明显增长,团队游客稳定增加。调查显示,热门旅游活动项目包括赏花、采摘、游园、看表演等。不少城市客运站、景区等人流密集地出现大量共享单车,给游客带来便利的同时也增加拥堵隐患,建议市民和游客合理安排出行路线。

全国假日旅游市场秩序平稳,截至下午5:00,国家旅游局总值班室未收到重大涉旅安全事件报告。

篇二十二

本台消息,明天12时,我国所有海区将统一实行伏季休渔。今年,我国对海洋伏季休渔制度作出大幅调整,休渔类型统一并扩大,休渔时间延长,休渔制度达到史上最严。"最严休渔"第一年,将如何实行?

我国自1995年起开始全面实施海洋伏季休渔制度。20多年来,制度实施取得了显著成效。但由于海洋渔业资源长期衰退和气候变暖导致主要经济鱼类产卵期提前,而现行休渔开始时间较晚,渔民在休渔前大量捕捞产卵群体和幼鱼卖钱,对渔业资源破坏严重。为此,农业部对伏季休渔制度作出大幅调整。

农业部副部长于康震表示,今后,所有海区的休渔开始时间统一为每年5月1日12时,休渔时间延长。总体上各海区休渔结束时间保持相对稳定,休渔开始时间向前移半个月到1个月,总休渔时间普遍延长1个月;各类作业方式休渔时间均有所延长,调整后,最少休渔3个月。

于康震介绍,此前的休渔制度对不同的作业方式要求不尽相同,休渔期间渔船跨区作业、休渔作业方式冒充非休渔作业方式等违规偷捕行为时有发生。除了时间的统一,今年起,休渔类型得到空前扩大。首次将南海的单层刺网纳入休渔范围,即在我国北纬12°以北的四大海区除钓具外的所有作业类型均要休渔;首次要求为捕捞渔船配套服务的捕捞辅助船同步休渔。

农业部同时表示,今年起,将对海洋渔业资源实行总量管理,国内海洋捕捞实行负增长政策,到2020年国内海洋捕捞总产量减少到1000万吨以内,与2015年相比减少309万吨以上。

十一、怎样征服即兴评述

即兴评述是很多考生感到害怕的考试环节,也是能拉开分数距离的重要考试内容。考生为什么怕它呢?许多人会觉得没话说,在场上窘态百出。在我看来,即兴评述却是最有意思的最刺激的一种考试形式。如果你掌握了其中的窍门,你会爱上它,甚至还会盼望多几次这样的经历。那么,如何征服即兴评述呢?我们接下来就一起分析这个问题。

1. 即兴评述的含义

什么是即兴评述?简单地说,即兴评述就是给你一个话题,让你准备几分钟,然后说上一段话,你说的话有评论、有叙述。就这么简单。考官通过即兴评述环节的考试要达到的目的是什么呢?一方面考查考生在日常情况下的普通话水平,一方面考查考生的思维能力、反应能力、逻辑能力、知识储备情况。如果你把这几样都做好了,拿下它也就不在话下了。

事实上,大家害怕即兴评述,多半是因为对它陌生,是因为平常接触得少、不了解。那么它真的与大家很陌生吗?不是。我们生活中有太多即兴评述的情景。

那些议论文就是我们最熟悉的即兴评述。我们从初中就开始写议论文,到现在已经写了好多年了,不说是炉火纯青却也是熟门熟路了。为什么说即兴评述就是议论文呢?因为它们的结构几乎是一样的:先提出论点,然后找例子论证,最后总结点题。

生活中,大家都是有个性的人,对穿衣戴帽、社会热点、歌星球星都有自己的观点和看法,遇见持不同意见的人还喜欢争论一番,说明自己的正确、别人的错误。这样的争论随处可见。课间、放学路上、公交车上,大家或为自己喜欢的歌星辩护,或为自己的小失误辩解。哪怕是迟到的情况下,也会给老师辩解说:"我家的表坏了,偏巧自行车又被碎玻璃扎了带,而修自行车的又没有开始工作,所以如此这般就迟到了。"这看起来是争论,其实和我们怕的即兴评述又极其相似,是它的双人版或者多人版。这种发表观点、表达看法、与人争辩的语言态势和即兴评述仿佛是孪生兄弟,只不过一个是在生活中有对手参与,一个变成了考试当中的独角戏。事实上,你可以认为你的对手在考场上成了哑巴。

你熟悉的言语争论态势加上练熟了的议论文结构,就是不错的即兴评述了。这样讲,是不是感觉陌生的即兴评述马上就变成你的熟人了呢?

2. 即兴评述的准备步骤

在了解了即兴评述的基本概念以后,我们来分析准备即兴评述的方法。希望大家不管是在平常的练习中还是在考试的时候都要按照这个步骤进行。

(1) 正确审题

审题就是先弄明白这是一个什么样的题目。比如,"我的一位好朋友"就是个很简单的题目,但你也不要忽视它。题目要求的是"我的"就不能说成其他人的,既不是你老师的,也不是你同学的。题目要求是"好朋友",就不能说成"我的交友观",也不能说成"我是怎么认识这位好朋友的"。当然,以上内容可以涉及,但是不要作为主要内容,不然考官就会认为你没有完全理解题目。

"我的一位好朋友"是一个偏重叙述型的题目。还有一些偏重发表观点的题目,如"我看超女"。对这个题目,重点应该放在你对超女现象的认识上,而不是你所知道的有关超女的资料堆砌。

有些题目是一则新闻,或者几句格言,甚至还有用漫画做题目。总之,即兴评述的题目形式各种各样,内容也比较复杂,需要考生弄明白题目要求的侧重点,这是审题阶段的重要任务。

(2) **确定主题**

知道了题目是什么,接下来就应该确定主题了。还以"我的一位好朋友"这个题目为例。你马上就该确定评述对象了,哪怕你朋友遍天下,你也只能说一个。说哪一个呢?不要在这方面过多犹豫,就说你最熟悉的、印象最深的、故事素材最多的那位朋友,关键一点是你的这位朋友人品不能太差。如果你说一个专门打人的好朋友,那会把考官吓坏的,这样的学生他们不敢录取。确定主题关键的一点就是不能犯原则性的错误,一些评论性强的题目更是这样。比如"我的交友观"这样一个题目,你就不能说你天生不喜欢交朋友,现在社会上坏人太多,云云;不能说对你没有用的人,你都不搭理他们;不能说你专门交坏孩子,因为这样就可以在班里当龙头老大了。即兴评述是正面展现你内心世界的一次机会,如果把不好的一面呈现出来,哪怕你的普通话再标准,也会影响到你的分数。

主题一定要正面、积极、鲜明、有新意,这样才能给考官留下深刻的印象。

(3) **组织语言**

确定了主题,就该组织语言了。首先要给你的评述内容构建一个很好的"骨架"。仍旧以"我的一位好朋友"为例,它最常见的结构应该是如下这样:

第一,指出他是谁;

第二,我为什么和他做朋友;

第三,他的特点是什么;

第四,我的希望。

这是一个简单的结构。你有了评述的"骨架"后,马上就应该组织语言对"骨架"上和"骨架"间的空间填充内容了,其中主干部分是你好朋友的特点。你可以先说出他的许多特点来,这样可以避免说着说着没有词的窘境。然后在这个小题目下面抓住重点无限延伸,比如说他的勤劳、善良、爱运动、爱读书、爱唱歌、爱说话等等。

第一节要简单明了,说出他的大体情况。例如,说出他是人还是物。就有人觉得他的好朋友是一个铅笔盒或者一只蜘蛛,这也符合要求。

第二节要条理清晰,把问题讲清楚。这一节有评论的要求,代表着你对他某方面特点的看法。如果你认为他是热爱生活的人,那就需要在下一节用事例去证明这个论点。

第三节就要根据论点用事例证明。

第四节,这也是最后一节,主要总结全文,也可提出希望。

对以上内容,你可以在草稿纸上列个小提纲,也可以在心里打个腹稿,尽量不要写下每一个字,因为真正考试的时候,你是没有时间列提纲的。

(4) 串联成稿

完成以上三部分工作,一个条理清晰、有叙述、有评论的即兴评述就基本成型了。你现在要做的事情就是把已经充实好的提纲复述一遍,顺便对一些转折、串联作一些设计,以方便记忆。比如,说到朋友特点的时候,你可以用"他不但……而且……"来过渡,还可以用"刚才说他很好,其实有的时候他也很坏"来对素材进行有机地整合。在反复串联记忆的时候,如果能找到一些很新颖的开头、结尾方式就更好了。即便是找不到也没有关系,因为这时候你的即兴评述已经完成,随时可以上场考试了。

以上是一个准备即兴评述的比较实用的过程,不论是在练习时还是考试时都可以使用,不同的是平常练习的时候没有时间限制,大家可以从容准备。

3. 即兴评述的日常准备

了解了准备程序是不是就可以完成考试并拿到比较理想的分数了呢?我可以很遗憾地告诉大家,以上只是告诉了大家"怎样把米煮成米饭的方法"。那你有没有"米"呢?你的"米"质量怎样呢?这些同样是影响"米饭"质量的关键环节。接下来我们说说即兴评述的日常准备工作。

要加强无稿状态下普通话的练习。多用普通话和人交流,如果怕人家笑话,可以找几个同考播音与主持艺术专业的同学,一起聊天。要是实在找不到同行,那就站在操场边上,面朝墙自言自语,按从小到大的顺序说自己的故事;要是实在记不清楚了,那就作流水账式的描述,说自己白天干什么了、晚上干什么了,要夹叙夹议。你还可以面朝操场描述看到的景象:那个同学穿的球鞋是耐克牌的,也许是假的;我猜30元就可以买到,或者25元就可以买到;我才不去买了,我要买就买300元的……这样可以解决语言问题。语言问题解决了,考试的时候你就可以全神贯注地思考稿件的设计问题,不用分精力到语言上。

要养成爱思考、勤思考的习惯。也许你是个天生不喜欢思考的人,对什么事情也不愿意多想。但是报考了这个专业,你就要有思考的习惯,这不仅对你考试有帮助,对你以后的人生也是大有益处的。在看报纸的时候,如果发现了一条26岁男青年追求66岁老太婆的新闻,你不要简单地把它当作趣闻,不要仅仅像对待八卦新闻一样乱传一番、一笑了之。而是要仔细想想为什么会出现这样的事情,对这种情况你是赞成还是反对,如果你有一天遇见这样一对恋人你会问他们什么。也许只是简单地想想,不一定非要有什么正确的答案,但是你一定要去思考,这是一个习惯。类似的习惯还应该出现在看电视、听广播的时候。当广播、电视里对一个热点问题发表观点的时候,你就要想一想他分析得对不对、对在哪里、不对在哪里、分析的结构是什么样的、如果换成你会怎么说等问题。

大声说话。对于大部分考生来说,在考场上进行即兴评述时很难做到大声说话,突出表现为:声音小,像自言自语,没有交流感。要改变这种情况,在生活中就要稍微提高一下说话的音量,那样就可以增加声音的感染力。你也可以找几篇演讲稿练习一番,因为那里面的语句多半是比较激昂的,可以锻炼你的情绪,那样的情形更加接近考试的状态。

十二、优秀即兴评述的要求

1. 优秀即兴评述的标准

下面是一个好的即兴评述的标准：
① 审题正确，不跑题，不偏题；
② 角度新，立意新，内容健康；
③ 逻辑关系严密清楚，衔接自然；
④ 举例生动，叙述简洁自然；
⑤ 语言流畅，没有明显的语音错误和方言痕迹；
⑥ 感情充沛，有交流感，有感染力，仪态举止大方。

看起来这几条标准都不是很难做到，可是真的做好也不是那么容易的事情。在实际的练习过程中，大家可以发现很多的问题，有这样的或那样的，似乎又是难以避免的小问题困扰着你。没关系，这些小问题都是可以解决的。下面我就针对即兴评述中常出现的问题，进行分析和解决。解决了这些问题，你在即兴评述这一考试环节上就基本无忧了。

第一是跑题。跑题是由审题不认真造成的。考场上，一旦审题出现失误，即使你面对考官出口成章、滔滔不绝，那也是离题千里。解决方法就是提高分析问题的能力，发现题目的关键点和考查目的。另一种审题失误表现为无主题，即说了半天，老师不知道你的观点是什么。有的考生想出新，把观点放在最后，这不是很符合口头语言表达规律的。你可以前面先说一下，然后结尾照应。有的考生想把话题说得面面俱到，结果两面都有理，不知道你到底赞成哪一方，即兴评述成了一堆现象材料的罗列。

第二是平淡。考官感觉你的即兴评述结构也完整，但就是没有个性，没有新意，说不上好，也说不上坏，平淡得如白开水。出现这种情况的原因是对话题不熟悉，泛泛而谈；或者事例过于平常，用到的材料和内容都是司空见惯的，没有新意。解决方法是平时练习时遇见话题多问几个为什么，多储备一些特殊的事例，多注意观察，多总结自己的独特见解。自己在生活中发现的，往往是鲜活的，也是生动的。这样坚持下去，你的即兴评述就不会给人平淡的感觉了。

第三是混乱。在考场上，经常见到有些考生的即兴评述内容前言不搭后语，思维混乱，说话支支吾吾，仿佛有很多话要讲却又不知道从哪里说起，一副抓耳挠腮的滑稽模样。出现这种现象的原因是考生很想有完美的表现，但基本功不扎实，即人们常说的"心比天高，命比纸薄"。总想说好，可是自己练习太少，想法纵然多，一时慌乱却什么也说不出了。解决方法是：放平心态，循序渐进，多加练习，找到简单的套路和模式。

第四是表情冷漠，内容和声音脱节。出现这种情况的原因是太过紧张，只顾思考内容，忘记了表达的方法。解决的方法是：首先从感情的角度去思考这个问题，把考场当成展示的舞台，这样就可以有声情并茂的效果了。

2. 即兴评述的两个关键环节

开头和结尾是即兴评述的两个关键环节。

（1）开头

开头的表达要达到先声夺人的效果。在众多考生轮番上场时，一个新颖的开头是非常重要的，它可以给考官留下深刻的印象。常用的开头方式有以下几种：

第一种是开门见山，直接进入主题。如："我拿到的题目是'我看挫折'，我认为挫折是好事，为什么这么说呢？第一……"

第二种是举例子引出主题。如："说到挫折，我想起了一件事情……由此我明白了，挫折就是力量。"

开头的方式有很多，以上只是最简单的方式。你可以根据自己的喜好和题目的内容选择最合适的一种。

（2）结尾

结尾的作用不仅在于结束话题，还可以起到深化主题、发人深思、给人余味无穷的作用。一个漂亮的小尾巴也能给你的即兴评述增色不少。常见的结尾方式有以下三种：

第一种是总结式。如："这就是我对挫折的看法，谢谢！"

第二种是幽默式。如："我的好朋友是一只蜘蛛，虽然我不能拉着它的手去逛街，我还是很喜欢它……"

第三种是决心式。如："我知道前方的路上一定会有很多挫折，但是我不怕，我一定会战胜它，奔向梦想的彼岸。"

3. 即兴评述需要注意的事项

在即兴评述的过程中要注意以下几点：

第一，要真诚。即兴评述的话语要符合你的年龄和真实性格，不要小孩说大人话。任何时候真诚都是最锋利的宝剑。

第二，尽量少自作聪明地加上大量的手势语、演唱等形式。那样做原以为展示了多方面过人的才华，有时却对话题造成很大的冲击。如果真要加唱，也要注意这时候的演唱是在说话聊天的情景下进行的，这和在舞台上的演唱是截然不同的。

第三，要用眼神和考官交流。如果怕因交流而忘词，可以事先做一些练习。但是也不要死盯着一个考官看，那样会把他看怕的。

第四，幽默大方，不卑不亢。幽默大方、不卑不亢是制胜法宝，它能在考场上带给你意想不到的收获。

此外，要想考好即兴评述，还要研究一下考官的出题思路。目前，常见的即兴评述的题目类型有名人名言类和社会热点类，尤其是社会热点类颇受考官的青睐。他们喜欢从每年的社会热点中选取题目，比如广场舞的好坏、校园暴力现象等等。这些题目可以很好地考查考生的思辨能力。作为考生，应该留意每年的社会热点，提前着手准备，一旦考场上遇到了就不会那么慌张。

十三、即兴评述的 4 个阶段

上面我们谈到一个好的即兴评述的标准,但是在实际的学习中却不是一下子就可以达到的,对此大家不要着急。现在总结其中可能经过的 4 个阶段,只要大家按照循序渐进的原则练习,就能逐步到达成功的彼岸。

1."菜鸟"阶段

许多考生刚开始练习即兴评述的时候,很容易出现这样几种情况:看到题目刚说几句,就脑子一片空白了;说话语无伦次;车轱辘话说来说去;只有开头,没有结尾;半路卡壳,呆立在原地,相当尴尬。如果出现这样的情况,首先要做的是不能着急。出现这样的情况不能说明你不是学习播音与主持艺术专业那块料,也不是你天生愚笨,而是你因为不知道正确的练习方法和缺乏训练,只要你找到了窍门,你会由"菜鸟"变高手。在这个阶段你需要的是自信和愈挫愈勇的勇气。光明就在前面,加紧练习,情况会马上发生改变的。

这个阶段学习的重点是评述内容的结构,哪怕某个结构只有一句话,你也要说出它。我们首先要的是一个完整结构的评述内容,哪怕只有一分钟的内容。要学会理解题目,要知道所需要的材料,心里要有完整的概念。哪怕说不下去,也不要轻易放弃,勇敢地把记住的东西都说出来,这样可以改掉卡壳的毛病,让你能对一个话题有完整的评述。

2."小弟"阶段

经过练习,你逐渐掌握了一定的简单易行的方法,你基本上可以完成一个即兴评述了。看到了题目,你可以有简单的开头,虽评述还不够充分,语言不够准确,时间也只能坚持两分钟左右,甚至还像挤牙膏一样说话断断续续,可喜的是你总算完成了。这是很值得庆贺的事情,说明你已经上路了,只不过不是那么熟练而已,只要再加把劲儿,你就会是一个不错的考生了,至少在即兴评述这个环节,你不会失分太多。

在这个阶段,你需要加强的是复述能力的练习,你可以做一些有针对性的训练。比如,你看了一则有意思的新闻——《某地老王家的母鸡有三条腿》,你可以先看两遍,然后不要看报纸了,试着把它再讲一遍:"哎!你知道吗?我今天看了一则新闻,说是某地某村的老王家的母鸡有三条腿,真是太奇怪了。我们知道不管是母鸡还是公鸡都是两条腿的,他家的母鸡却是三条腿……"说完了以后,再对照一下报纸,看看漏了哪些内容、多了哪些内容、是不是把这件事情说清楚了,如果少了关键环节那就重说一遍,直到把这个故事说得较为完整和精彩才算结束。

复述得多了,你就会发现一些窍门,比如事情都是由时间、地点、人物、结果等部分组成的。按照这个顺序就基本上可以把故事说清楚,哪怕是漏掉其中一个小环节也不会太影响效果。

多次这样的练习后,你就不需要报纸了,说你小时候经过的事情、在学校遇见的事情,一切都可以说得很清楚了。

复述的时候要注意,复试并不是一字不差地背诵稿件,那样做反而不好。你可以对过于复杂的细节进行删减,使故事情节更容易让人明白。

有了这个能力以后,你再进行即兴评述的时候,时间就可以大大延长,而且结巴的情况会越来越少,这样你就可以比较圆满地完成即兴评述的考试了。

3."分堂堂主"阶段

在"分堂堂主"阶段,你不仅可以顺利地表达出自己的观点,而且语句通顺,评述的内容既有叙述又有分析,通常让人找不到明显的缺点。如果以这样的水平去参加考试,可以拿到中等偏上的分数了。你存在的不足是有提前设计的痕迹,结构有些简单。你的即兴评述尽管比较自然,但是还称不上是十分优秀。如果你想更上一层楼,该怎么办呢?

首先,可以在话题的角度上下功夫。一个新颖的角度和立意是一个话题成功的一半。具体的做法是:在看到题目后不要简单地去想一个平常的主题和方法,而是去想有没有更新的角度和说法,脑海里一定要有这样一根弦。比如"我的一个好朋友"这样的一个题目,一个考生就选择了一只蜘蛛作为主人公,颇为新鲜,而且他的叙述也很好:先描述了这位好朋友的长相,什么爪子毛茸茸的,皮肤很黑……一段过后才说明这是一只蜘蛛。这个考生的主题也很好,主要讲了在高考的压力下,蜘蛛给他带来的轻松心情,这样说自然真实可信。

其次,还可以在语言等方面上进一步精雕细琢。例如:把一些过于书面的语言去掉;点题更加准确自然;事例不仅仅是书上得来的,而是有自己生活中的事例,这样不仅避免了和其他考生的大同小异,而且更加有感染力。

4."东方不败"阶段

"东方不败"阶段的水平不是短时间可以达到的,它需要的是积累和阅历。如果达到这个层次,即兴评述对你来说就是小菜一碟了。看到题目,你有一种倾诉的欲望,觉得自己对这个话题很有话说,而且认为自己的观点比较新;表达的时候,语气自然诚恳,挥洒自如,既没有滔滔不绝、油头滑脑的痞气又没有因为是考试而产生的过度紧张的情绪,普通话流畅,语音准确;你可以自如地控制话题的长度并且自然地进行转换,还不留痕迹,完全像是与朋友聊天和交流。

达到这种水平的关键是有大量的知识储备。试想,如果你对一个话题有长达数小时的内容储备,让你说三分钟是不是很简单呢?大家感觉到话题难说,一方面是练习得少,其实主要还是"内存"太少,是由此带来的紧张等种种不良情绪影响了你的整体效果。如果想提高即兴评述的成绩,还要在平时多下功夫,多读书,多关注热点问题,这样一切问题都会迎刃而解。

以上所讲,为的是怕同学们贪功求快,反而欲速不达。大家应分阶段一点点地解决问题,以避免不切实际、急于求成的思想和行为出现。

当然,有些考生语言天赋比较好,一上来就可以达到很高的水平了,那就不必死板地走程序、分阶段了。

十四、即兴评述的练习方法

在大家平时的即兴评述练习中,要注意以下要点:

①锻炼交际能力。在和他人的交流中发现别人的语言特点,善于学习人家的长处,善于观察每个人的行为特点,体会社会不同阶层的生存状态以开阔眼界。

②多读书,丰富词汇量。要留意报纸上的评论类专栏,留心作者话题切入方式、题目使用技巧、话题展开艺术,甚至可以设想一下同样的题目自己会怎么做。

③多注意收看、收听电视和广播中的一些评论性节目,注意节目的结构,尤其是开头和结尾的特点。在此,我给大家推荐好的电视、广播栏目,如中央电视台《焦点访谈》《今日说法》《社会观察》《海峡两岸》,中央人民广播电台的《新闻纵横》等。

④在精力允许的情况下,可以参加各种比赛,比如英语演讲、征文比赛等,但是切不可参赛成瘾而影响学习。

⑤多动脑,多动手,多参与社会活动。比如说买菜、办事、旅游、推销等社会活动,这些生活体验能让你把书本上学到的知识活用起来。

⑥多说话,多表达。许多播音员在上学的时候都是话匣子。上课的时候,老师在讲台上大声讲,他在下面小声和;老师不讲了,他还在说,直到被老师捉住,以破坏课堂秩序的罪名赶出教室,罚站半天。——想不到当初的缺点现在成了优点了!你可以把经历的事情讲给同学听,看人家能否马上听清楚。可以和同学就社会问题谈谈自己的观点,看能否说到点子上,甚至可以想一想一样的观点能否有不一样的表达方法。

⑦锻炼你的反应能力和幽默感。反应能力能看出你是不是真的放松和集中精力;幽默感来源于你对生活的态度,平时要以乐观的心态生活。

下面我们就找几个题目来分析一下,以"我的家乡"为例。通常这是入门的题目,说起来比较简单,但是说好也不容易。我认为此类题目更能体现考生的素质,这也是练习即兴评述技巧的一个很好的题目。

首先,你要告诉大家你的家乡在哪里。有的考生只想着把家乡描绘好,准备了很多华丽的词语或者丰富的素材,结果说过一段了,老师还不知道你的家乡在哪里,这显然是不成功的。应先学会走,再去跑;事实弄清楚了,再锦上添花也不晚。千万不要房子四面墙都没有建好就忙着装华丽的屋顶,这样会把房子弄塌。以下是三个例子。

例一:大家好,有一个城市它很普通,没有高山,没有大河,也没有名胜古迹,但是它却养育了我,它就是我的家乡×××。

例二:大家好,我的家乡非常美,泰山在那里崛起,黄河从那里流过,它就是全国著名的旅游城市——泰安。

例三:我的家乡是山东省省会济南,一座闻名全国的历史文化名城。

这几个例子很普通,甚至不精彩,但是它们很明白地道出了家乡在哪里。这是最基本的要求。我们接着第三个例子,往下看。

我家乡是个有山有水的好地方。山是千佛山,听起来好像真的有1000个佛在那里,其实没有那么多,叫这个名字是因为山的崖壁上有一些摩崖石刻佛像,所以叫千佛山。它就在城市里面,有时候我们晨练就到那里去。一到春天,山上满是花,很漂亮;到了秋天还有庙会,唱戏的,玩杂技的,卖东西的,很多,很热闹。老师,您要是去,我给您做导游。闭着眼睛,我都不会迷路。

家乡有名的景点是趵突泉。前几年天旱,泉水停喷了。这几年,雨水多了,我们也采取了一些节水保泉的措施,所以泉水又喷涌起来了。趵突泉是三股自然形成的泉水,喷出的时候有很大的响声,夏天的时候有一尺多高,很是壮观。据说宋代女词人李清照小的时候常在那里玩耍,现在我也经常到那里去练声。

济南不仅山好水好,而且人也很好。历史上有很多名人,如辛弃疾、李清照都是我的老乡。我爱我的家乡,我为能生长在那里而自豪,我也希望能通过我的努力为家乡争光。

这就是我的家乡,美丽的山水之城——济南。

这篇名为"我的家乡"的评述稿很好地体现了描述类即兴评述的基本特点。此类如"我的同学""我的好朋友""我喜欢的一件物品"等等,都可以套用这个格式。但是需要注意的是,这仅仅是个基本格式,如果你已经能够掌握这个格式,可以在此基础上进行创新。

我们再来看另外的一种类型的题目应该如何准备,以"谈压力"为例。这种评论类型的题目出现的比较多,虽然题目不同,但是在实质上差别不大。再比如"笑比哭好""三人行,必有我师"等等,这样的题目相对描述类的题目难一些,但是我想只要真正理解了题目的含义,不管什么样的题目也不会难倒你。

"谈压力"的开头最好先表明自己的观点。如:

许多人都说现在是一个压力的社会:学生有考试的压力,年轻人有买房子的压力,女人有变老的压力,男人的压力是怎么挣钱养活一家人。那么有压力到底是个好事还是坏事呢?我认为有压力是好事!

有了压力我们才有前进的动力。压力来自于梦想,没有梦想的人不能叫作完整的人。有了来自梦想的压力,我们会迸发出更大的潜能,取得更大的成绩。我们班有个同学叫阿毛,原来无所事事,吃饱喝足是他最大梦想。后来,他的妈妈身体不好下岗了,他感受到了来自生活的压力,终于明白只有好好学习才能在这世界上好好活下去。最近,他的学习进步很快,我觉得他的进步来自于压力。

压力是个好东西,它可以帮助你。有一个笑话,说在参加百米赛跑的时候,如果后面有一只狗追着你,你一定比平时跑得快。这虽然是个笑话,但是也告诉我们人是需要一点儿压力的。

压力虽然是好事,但是也要合理利用。在压力过大的时候可以缓解一下,在过于轻松的时候给自己一点压力。

这就是我对压力的认识。谢谢!

上面的例子只是提供了一种格式,供同学们借鉴。下面列出的题目,可作为即兴评述的模拟练习题。

(1) 我喜欢的一首歌。

(2) 我的妈妈。

(3) 我看假文凭。

(4) 我看魅力。

(5) 我喜欢的一位主持人。

(6) 我喜欢的一句座右铭。

(7) 面对挫折。

(8) 面对高考。

(9) 我看烦恼。

(10) 我看攀比。

(11) 年轻和失败。

(12) 我的消费观。

(13) 高分与低能。

(14) 青少年出国。

(15) 肚皮与嘴皮。

(16) 严和宽。

(17) 影视娱乐节。

(18) 目之所见。

(19) 说说吹捧风。

(20) 锲而不舍,金石可镂。

(21) 纪律和自由。

(22) 跬步与千里。

(23) 压力和动力。

(24) 勤能补拙。

(25) 业精于勤荒于嬉。

(26) 二小于一。

(27) 天地人。

(28) 方和圆。

(29) 酒香不怕巷子深。

(30) 主持人的形象和声音哪个重要?

(31) 春节到了,怎么帮困难群众渡过难关?

(32) 假如我是市长。

(33) 我看警察。

这些题目基本上包含了考试可能出现的类型。你也可以自己再找一些题目练一练。注意:这些题目中有些很抽象,但是也不要被那些抽象的题目所吓倒;越深奥的道理,越需要身边小事来诠释它。用心去做你一定能成功。

十五、即兴评述练习题目

1. 即兴评述练习题目分析

（1）如何看待中国女排和中国男足

题目分析：

这是一个略带专业性的题目。如果考生不了解中国体育事业的现状，这样的题目很难回答；如果恰巧考生是个球迷，那么这样的题目对他来说就容易一些。就本题来说，最常见的比较就是成绩的不同：中国女排是比赛成绩非常出色的队伍，而中国男足则战绩平平。了解了这些，再进行即兴评述就不难了。既然一个成绩好，一个成绩差，那么原因是什么呢？这里面有太多话可以说。

如果你的体育专业知识不够，你不妨换个角度思考一下，如把中国女排说成优等生的代表，把中国男足说成差等生的代表，这不也是很好的思路吗？面对即兴评述，一定不要慌乱，仔细想想，办法总比困难多。

对于这类比较型的题目，同学们一定要多问几个为什么。这样的题目，角度和事例都会很多，如果只是思考字面意思则可说的话很少。

角度参考：

① 精神的力量，女排精神带来了好成绩。
② 成绩好了，才会有好声誉。

（2）武松打虎与李逵打虎的异同

题目分析：

这个题目很唬人，猛一看会不知从何处下手。这个题目考查考生的知识储备情况。如果没有仔细看过《水浒传》，不知道武松和李逵，那么这个题目就很难完成了。如果了解故事的始末，那么就应该迅速地回忆两个故事的细节，并找出不同之处。武松打虎和李逵打虎最突出的差别有两个方面：一方面是主动和被动的差异，武松是被动的，李逵是主动的；另一方面是打死老虎数量的差异，武松打死了一只，李逵打死了四只。找到不同点，我们又该从这些事实当中提取出什么样主题来呢？这是个难点。再来深入地想一下人物行动的动力源：一个为求生，一个为报仇。这样就可以想到一个主题：如果有能力，有决心，再大的困难也能战胜。这就找到一个共同点了。当人们有了动力，老虎都能打死，何况其他的困难呢？这样，基本的评述思路就有了。

角度参考：

① 不同之处是一人对一虎和一人对四虎。
② 相同的是，他们都是英雄，值得我们学习。

(3)歌唱比赛中,选手歌唱实力强但文化知识近乎为零。谈谈你对这种现象的看法

题目分析:

这个题目问的是歌手专业素质和综合素质的问题。应该说这和我们的教育制度有很大的关系。学生只要成绩好,就一好遮百丑了,所以就造成了许多人除了考试考到的知识,其他的一概不知,这样的情况也反映在歌手等演艺领域。了解了这个背景,这个题目就容易了。这依然是根据现象找原因的题目,答题思路为:根据现象找到原因,然后再给出自己的建议,最后表决心。这是最基本的评述方法。同学们都很聪明,从别的角度评述也可以。

角度参考:

① 歌手应该注重综合素质的提高,一个成功的艺术家必定是博学的。
② 我们的教育制度应该更注重学生的全面发展。

(4)谈谈你对大学生为求职成功而整容的看法

题目分析:

这个题目是个选择对错类型的题目。评述时,立场一定要坚定。无论选择哪个方面都没有问题,关键是能够自圆其说。题目的核心是追求美的方式,追求美是无可非议的。可以探讨的是在什么时间、为什么追求美,这是可以商榷的。关于美的要求也有很多种,主要就是内在美和外表美,通常我们鼓励大家追求内在美。但外在美也具有很多的优势。考生要以内外美的角度中选择一个。在审题的时候不要忽视前提,这个前提就是求职,一定要在此前提下展开论述。

角度参考:

① 支持。对美的追求天经地义,在经济条件允许的情况下完全可以追求。
② 反对。人应该追求内在美,外表美只是一时的,只有内在美才是长久的。

(5)如何看待中国男篮的变化

题目分析:

每年艺术类专业招生考试都会有一些专业性比较强的题目,或是科技方面的,或是体育方面的,或是法律方面的,它们都是为了考查考生的知识面。尤其是体育领域的问题,对女生来讲更为陌生,因为在她们的视野里,体育是在最边缘的。看到这样的题目,许多女同学可能会感到一头雾水,不知从何处说起。为了避免这样的窘境出现,我建议同学们平时多关心一下各个领域的新闻,不能只看自己感兴趣的内容,因为面对此类题目没有一定的知识储备,不掌握一些关键信息是很难高质量地完成的。就本题来讲,既然说到变化,就意味着有对比。哪怕你不知道男篮队员和教练的名字,也应该知道目前男篮在世界体坛的大致位置,然后据此展开论述。如果知之甚少该,怎么办呢?李泊在这里告诉大家一个方法:对此类问题,如果无法评述得专业细致,那就往大处说,对此题就讲刻苦训练的重要性,讲体育的国际交流,这样就好评述了。

角度参考：
① 对比中外教练指导下的成绩，建议继续走国际化路线，请世界名帅帮助中国男篮提高成绩。
② 针对中国男篮成绩的滑坡，建议固定打法和风格，不能"朝三暮四"。
③ 针对中国男篮成绩的滑坡，建议起用新人，不能总是依赖老将。

（6）不久前，《红楼梦》被网友评为读不下去的书。请谈谈你的看法
题目分析：
这个题目缘起于一次网络调查。近日，广西师范大学出版社"理想国"在网上搞了一个叫作"说说你死活读不下去的作品"的活动。榜单由3000名读者微博、微信留言统计，得出了一个令人瞠目结舌的结论。人们公认的经典名著，竟被落入"死活读不下去前10名作品"，而且《红楼梦》高居榜首，是读者吐槽最多的"读不下去"的书。在这份榜单的前10名包含了，中国古典四大名著《红楼梦》《三国演义》《水浒传》《西游记》以及外国名著《百年孤独》《追忆似水年华》《瓦尔登湖》《钢铁是怎样炼成的》《尤利西斯》《不能承受的生命之轻》等。这些历久弥新的中外经典名著"不幸"都被列入"死活读不下去的作品"前10名之中。这样的题目属于问题类的题目，大家可以分析出现这种现象的原因，并提出解决问题的建议。

角度参考：
① 社会太浮躁，应该多读古典名著。
② 调查不科学，其实还是有很多人爱看。

（7）如何看待留守儿童
题目分析：
这是一个备受关注的社会问题。留守儿童是指不在父母身边生活的儿童。他们的父母为了生计远走他乡离开年幼的孩子，或一方外出务工，另一方无监护能力。他们一般与自己的隔辈亲人，甚至父母亲的其他亲戚、朋友一起生活。2012年9月，教育部公布义务教育随迁子女超1260万，义务教育阶段留守儿童2200万。他们的心理和成长问题不容忽视。题目要求谈谈对留守儿童的看法，可以理解为怎么关爱留守儿童，或者怎么解决留守儿童问题。这个题目不难，许多同学身边都有留守儿童，谈出真情实感最重要。

角度参考：
① 呼吁社会更多地关爱留守儿童，提出具体措施，比如一对一帮扶等。
② 针对这个问题，建议让孩子们跟着父母去外地上学。
③ 成长的道路不同，应磨炼孩子的独立生存能力。

（8）如何看待小说变电视剧或电影
题目分析：
这个题目专业性比较强，小说变电视剧或电影，主要是艺术形式的变化，文字变成影像,涉及艺术门类之间的转换和比较。从小说变成电视剧、电影的过程中,怎样才能扬长避短呢?这是个问题。可能接触这个问题比较少的同学想不到这么多。当然同学们也可以就主题呈现出的不同角度展开评述。类似的事例还是很多的,比如这几年备受关注的电影《小时代》就是由小说改编而来的。就小说改编电视剧、电影来说,这是非常普遍的现象,几乎从电影一诞生就开始了。小说的故事性强,思想内涵丰富,这些都是电影需要的。但是,小说靠文字传播,而电影是声画结合的,这是两者最大的区别。所以,小说改编成电影的最大问题还是文字画面化的问题。如果从市场的角度分析,一部小说往往会有很多的读者,拍成电影就等于又有了一部分票房保证;从商业角度看,这样做也是有利的。这个话题可说的角度很多,大家可能说得不会很专业,但只要是有感而发,就能得到不低的分数。

角度参考:
① 我觉得是好事,小说文学性强,有些畅销小说拍成电影不会赔本。
② 我觉得小说在改编电影、电视剧时,不要戏说,尊重原著最好。

(9) 幼吾幼以及人之幼
题目分析:
这样的古文类型题目,在即兴评述的题目中经常出现,有的学校还偏爱这种题目,大家一定要重视起来。对这样的题目,首先要明白其意思,然后结合现实选取事例,不要说成单纯的名词解释或者文言文翻译。就本题来讲,它的意思是:在抚养、教育自己的小孩时,不应忘记其他没有血缘关系的小孩。"幼吾幼以及人之幼"出自《孟子·梁惠王上》,原句是:"老吾老以及人之老,幼吾幼以及人之幼。"这两句讲的是一种博爱的精神和推己及人的态度。明白了题意就很容易联系到现实了,比如摔倒老人扶不扶的问题、文明礼貌的问题。这样就很容易展开评述了。

角度参考:
① 这句话让我明白只有对待别人家的小孩像对待自己的小孩一样,世界才会变得更美好,我们的中国梦才会实现。
② 不仅要背会这句话,还要把它落实到实际行动中去,以身作则。

(10) 祸兮福所倚,福兮祸所伏
题目分析:
"祸兮福之所倚,福兮祸之所伏"说的是福与祸相互依存、互相转化的关系,比喻坏事可以引发好的结果,好事也可以引发出坏的结果。此言具有一定的辩证思想内涵,辩证唯物主义讲的就是矛盾是对立统一的。"祸"使人悲伤,"福"使人快乐,因此"祸""福"之间是一个对立矛盾的。然而"祸"又有可能使人吸取教训而产生"福","福"有可能使人乐极生悲而成"祸"。因此,"祸"与"福"之间又是一个统一的矛盾体。同学们要做的是简单解释题目,并且找到生活中的例子来说明这个道理,最好再说上明白这个道理后你自己的感悟。

角度参考：
① 祸福互为依存告诉我们顺利时不骄傲，失意时不灰心。
② 任何事情都应辩证地看待，它告诉我们想事情不要太极端。

（11）熟能生巧
题目分析：
熟能生巧是指熟练了就能产生巧办法，或找出窍门。这句话出自《镜花缘》。这个成语说明不管做什么事情，只要勤学苦练，掌握了规律，就能找出许多窍门，干起来就能得心应手。

按照题目意思举一两个例子来证明也不难。如果再仔细分析就会发现题目好像忽略了方法，只是强调了熟练，再加上勤思考才是完整的。

角度参考：
① 支持。只有刻苦练习，熟练了，才能生巧。
② 反对。熟不能生巧，熟练加上思考才能生巧。

（12）知识就是力量
题目分析：
"知识就是力量"是一句经典名言。"知识就是力量"这句经典名言最早是培根说的。看到这个题目就要明白这是个立论型的即兴评述，这类即兴评述就是要阐述题目的正确性，其重点在于寻找事例。事例最好生活化，和自己的生活相关，要避免使用众所周知的事例，这样才有新意。比如，在田野里迷了路，但是你知道用北斗星确定方向的知识，这样就能找到回家的路，这就是知识带来的力量。

同样，这个题目也隐藏着另外一个角度，知识也可能是负面力量的，即阻挡前行的路。现在知识更新得很快，如果不及时学习，那么旧的知识就会成为负担。所以，要不断学习新知识，这样才能跟上时代的发展步伐。

角度参考：
① 知识就是力量，要多学习，让自己变得强大起来。
② 知识有时候也会是负面力量，要不断更新知识。

（13）不一样又怎样
题目分析：
"不一样又怎么样"是蔡依林演唱的一首歌曲的名字，这一点如果不知道也没有关系。从字面上，我们就能知道它表达的意思。"不一样"意味着个性，所以这个题目可以认为是对个性的理解，这样就容易多了。这是个很俗的话题。可以说现在是张扬个性的时代，人活着就是要与众不同，主持人不就需要个性吗？也可以说，太有个性容易受伤害，最好还是收敛一些好，比如高中生就最好不要穿奇装异服，头发不要染成五颜六色的。完成这样的题目最关键是找到内涵，找到了就好说了。如果会唱那首歌，记得那首歌的歌词，也可以根据歌曲展开论述。

角度参考：

① 世界是多元的，每个人都有选择按自己的方式生活的权利，我们要学会尊重，"不一样"值得提倡。

② 枪打出头鸟，我愿意和大多数人一样，过一种平凡的生活。

（14）墙内开花墙外香

题目分析：

"墙内开花墙外香"的意思是墙内种的花，在高墙之内平淡无奇、不受欢迎，但幽香传到墙外，给人美好的感受，让人无限向往。中国是世界上发明火药的国家，也是首先使用火器的国家。唐哀帝天佑元年（904年），火药已经被应用于军事；南宋绍兴二年（1132年）中国又发明了原始的管型火药火器，在连发火器的研制方面也走在世界的前列。自13世纪始，火药经由阿拉伯人传到欧洲。此后，火药、火器在欧洲获得了长足发展，最终演变成了一场影响世界历史进程的火器革命。近代火器革命为什么没有在火药的故乡中国产生，即出现了墙内开花墙外香的现象，原因值得我们深入探究。

角度参考：

这通常是分析原因的题目，大家可以从这种现象的好或坏入手，分析产生的原因。有人认为不管在哪里香，都是香了，无所谓，有价值就可以；有人认为墙内不香是因为物以稀为贵。这些角度都可以。再说上几个例子就可以了。

2. 即兴评述练习题目列举

（1）最近，有媒体报道，网约车司机使用某作弊软件，和网约车客户端同时打开，就可以逃避网约车公司的派车规则，挑自己喜欢的单，甚至可以位置欺骗，把10公里的距离变成11公里，多收乘客的钱。据说全国有3万多位司机买了这种作弊软件，致使网约车公司损失600多万元。目前，开发、销售该软件的团伙已经被警方抓获。前几天刚曝出有"幽灵车"欺客和刷单，现在又有作弊软件让乘客蒙受不明不白的损失。对此你怎么看？

（2）国内不少高校都有美景，比如武汉大学的樱花、人民大学的玉兰花、北大的未名湖等。每到春季，高校的美景就会变成游客必去的"景点"，不少学校为应对这一情况被迫采取"限客"措施。对此你怎么看？

（3）近日，安徽某地有人在深山放生了100多只狐狸。因山上无狐狸所需食物，为防止放生造成不利影响，他们又将大部分狐狸抓回，但仍有20多只失踪，并且有8只已死亡。同样，在北京某地也有数百只人工饲养的狐狸和貉被放生，因为缺食物且不适应野外环境，这些动物不仅咬死村里的大量鸡鸭，更有不少被饿死。放生本意是保护动物生命，但造成了意想不到的后果。对这样盲目的放生你怎么看？

(4)最近,陕西一处保障房引人关注。这处房子不仅离县城远,而且盖到了沙漠里,不通公交,无供暖,周边无学校、医院。从 2014 年 12 月底交房至今,规划 2104 户居民的小区实际入住仅 96 户。不少人宁愿不要已交的首付款,也要放弃房子。对此你怎么看?

(5)最近,广州妇女儿童医疗中心联手支付宝和第三方征信机构芝麻信用,推出"先诊疗后付费"服务。芝麻信用上分数达到或超 650 分,可在这家医院先挂号、看病、拿药,回家后再付费,额度最高 3000 元。对此你怎么看?

(6)近期,一名单身女性在酒店内遭遇袭击的视频在网络上引发了热议。在追问酒店安保是否到位的同时,更多人关注的则是如何保障自身安全的问题。对此你怎么看?

(7)清明期间,北京玉渊潭公园对两名攀折花木并不听劝阻的游客开出不文明罚单,每张罚单 20 元。据悉,这是 2014 年北京 11 家市属公园恢复执法权以来,对游客开出的首张罚单。对此你怎么看?

(8)近些年,随着生活条件的变化,一些清明祭扫和殡葬新风俗不断涌现,比如网络推出的"代客扫墓"服务,再比如政府大力推行的"生态葬"。对于这些祭扫和殡葬的新风俗,你怎么看?

(9)2014 年,我国启动高考综合改革试点至今,全国已有北京、上海、广东等 16 个省(直辖市、自治区)公布了本地高考改革方案。其中取消文理分科最受关注。改革后,除语、数、外,考生可在地、史、政、生、物、化六门学科中任选三门,这意味着"非文即理"的"文理分科"将终结。对此你怎么看?

(10)最近,一场被称为史上最严厉的"禁摩限电"整治行动在深圳举行,给快递行业带来了一些影响。据说有些快递小哥只能骑自行车送快件,导致快件积压严重。对此你怎么看?

(11)国家卫计委等四部委联合下发通知严打医闹行为:医疗纠纷责任未认定前,医疗机构不得赔钱息事;对多次到医疗机构无理纠缠扬言报复医务人员的患者及家属群体,要重点关注并向公安机关报告;滋事扰序人员违法行为未得制止之前,公安机关不得调解。对此你怎么看?

(12)最近,广州一家火锅店的机器人上菜员下岗了。据悉,广州至少 6 家餐厅曾使用机器人上菜,其中两家已停业。另外一家虽在营业,但机器人上菜员被"炒了鱿鱼"。对此你怎么看?

第二讲　升级篇

（13）最近，一张"黄龙体育中心周围满地垃圾"的照片引发热议。演唱会结束后，包装盒、纸箱、塑料袋、纸巾遍地都是，垃圾总量达到了10吨。除了指责"粉丝"的观演素质，演唱会组织方是否也存在管控失当呢？对此你怎么看？

（14）4月底前，全国公安交管部门要对校车、公路客运车辆、旅游包车、危化品运输车等4类重点车辆的严重交通违法行为进行公开公示，并实现公民、企业交通安全违法记录与个人信用、保险、职业准入等挂钩。今天上午，上海市开始整治十大道路交通违法行为，相关处罚信息将依法纳入个人征信系统。对此你怎么看？

（15）最近，福建一驾驶员收到广州交警"罚款0元记0分"的罚单。"驾驶中型以上客货车、校车、危化品运输车之外的机动车，在高速上超规定时速10%以下"，依法"罚0元扣0分"。其行为尚不需"实质处罚"但同样要到窗口处理，否则会影响车辆年检。对"零罚单"你怎么看？

（16）国庆期间，郑州开了一家免费的素食自助餐厅"菩提园"。该餐厅不收取任何费用，唯一要求就是不浪费一粒粮食。11日，百余大爷大妈在餐厅门前排起十多米长队。不料终因排队人数超过接待能力，餐厅只得提前闭门谢客。对此你怎么看？

（17）9月28日，因"鲇鱼"带来强降雨，两名男子在周边邻居的呼吁下，把门前的窨井盖打开，以加快积水疏导，做的警示标记却被冲走，导致一路过的11岁女孩被吸进下水道。9日，女孩的遗体在59公里外被找到，两名男子遂被刑拘。对此你怎么看？

（18）东莞理工学院城市学院要求大一、大二学生每周至少跑步两次（男1000米／次，女800米／次），不达标者或被计入体育考核不合格。学校设"神器"，跑步前后需刷脸，如走路则数据中断须重来，每月跑步数据前几名者有奖励。对此你怎么看？

（19）一份签名承诺书、一张学生证和一张图书馆借阅证就可以在校图书馆申请办理一个实名制座位，直到考研结束。武汉武昌首义学院今年考研季发放实名制座位共598个，当日被考研学生一抢而空。该校自2009年开始在各种考试季到来之前实施实名制座位。对此你怎么看？

（20）运动式校服每年都会成为关注焦点，不少网友认为"款式不理想"，甚至吐槽"我的青春被校服毁了"。据调查，超七成网友表示不喜欢运动式校服。对此你怎么看？

（21）近日，小偷隋某被警方抓获。民警从隋某身上搜出了一本"账本"，上面详细记录了他作案的次数和偷窃的物品及盗窃地点。隋某称，每次缺钱，他会向周边市民"借"钱，并记下"账单"，等他将来有钱了，他要对着"账单"还钱。对此你怎么看？

(22)最近,某直播平台上,一位身穿校服的天津市高三女生直播了开学情况,部分不知情的同学纷纷被入镜。对于直播理由,这位学生说就是觉得直播新鲜,想尝试一下。对此,校方表示,不支持学生在校使用直播功能,已经约谈了这位同学并且进行了劝导。其实长期以来,因为法律法规相对滞后,网络直播一直备受争议,有些涉嫌侵犯隐私,有的则利用低俗的内容赚取利润。对网络主播你怎么看?

(23)7日起,境内手机号码套餐增值业务彻底从淘宝网消失,境外运营商相关资费卡不受影响。同时,此举只针对淘宝网,天猫不受影响。京东、苏宁易购等电商平台也未跟进此措施。对此你怎么看?

(24)"票房造假""偷票房"被视为电影业的毒瘤之一。近日,正在审议的《中华人民共和国电影产业促进法(草案)》规定:"电影发行企业、电影院不得采取制造虚假交易、虚报瞒报销售收入等不正当手段,扰乱电影市场秩序。"如果"偷漏瞒报票房",会处5万元以上50万元以下罚款。对此有人拍案叫好,但更多的人表示担心,指出对于院线上百万的收入来说,最高50万元的惩罚有点低。对此你怎么看?

(25)最近,网上曝出"病假条"兜售产业火热,价格从几十元到上百元不等,可挑选本地多家知名医院。有的"病假条"还包括病历和检查报告。其实"病假条"以假冒居多,但能发挥真病假条的作用。对此你怎么看?

(26)近日,国家旅游局就《旅行社条例(修订草案送审稿)》公开征求意见。其中规定,如游客因不文明行为被记入黑名单,或被限制出境。对此你怎么看?

(27)请你谈一谈高中生是否应该经常参加社会公益活动。

(28)业精于勤荒于嬉。

(29)学而不思则罔,思而不学则殆。

(30)己所不欲,勿施于人。

(31)高处不胜寒。

(32)请你谈一谈人们生活水平提高了,是否应该保持艰苦朴素的传统。

(33)第一课堂对人的发展是否有帮助?

(34)请你谈一谈成材与逆境的关系。

(35)网络游戏对中学生的影响是利大还是弊大？

(36)谈一谈你对"工匠精神"的理解。

(37)请介绍一本对你影响深远的好书。

(38)请你谈一谈坚持原则与发扬民主的关系。

(39)我看"酒香不怕巷子深"。

(40)我看"皇帝女儿不愁嫁"。

(41)我看"说长论短"。

(42)我看"美与丑"。

(43)说说你喜欢的一档"选秀节目"并谈谈你的看法。

(44)航天精神给我们的启示。

(45)我看"黄牛党"。

(46)谈谈中学生素质。

(47)生活富裕了是否还要节俭？

(48)谈谈雷锋精神。

(49)身体健康与心理健康。

(50)你如何理解"压力就是动力"？

(51)时间能改变一切。

(52) 律人不如律己。

(53) 争当主角。

(54) 细节决定成败。

(55) 谈谈你对诚信的看法。

(56) 你如何看待拾金不昧?

(57) 当机遇来临时,你是否有能力把握?

(58) 在银行等公共场合都设置了"一米线"来规范秩序,但一些人并不能很好地遵守规则,对此你有什么看法?

(59) 如何理解"世界上最美丽的语言是微笑"?

(60) 如何理解"态度决定一切"?

(61) 企业用人应该以才为先还是以德为先?谈谈你的看法。

(62) 我们应该怎样杜绝盗版?

(63) 谈谈你的财富观。

(64) 谈谈拜金主义的危害。

(65) "金钱不是万能的,没有金钱是万万不能的。"这种说法是否正确?

(66) 谈谈怎么解决城市交通阻塞的问题。

(67) 假如我是班长。

(68) 竞争与合作哪个更重要?

(69) 谈谈你对节约的看法。

(70)打假主要靠消费者还是靠执法者?

(71)一次非同寻常的考试。

(72)个人能力与团体合作。

(73)如何看待欺骗?

(74)昨天、今天、明天。

(75)学会放弃。

(76)我如何看待承诺?

(77)假如我有一百万。

(78)拒绝诱惑。

(79)生活需要经常清点。

(80)简单与精彩。

(81)现代社会文才与口才哪个重要?

(82)我所了解的鲁迅。

(83)语文学习有没有窍门?

(84)由朋友想到人际关系。

(85)你是怎样看待网络的?

(86)谈谈你理想中的中学(或大学)生活。

(87)我最喜欢的电视节目。

(88)持卡消费你得到多少方便?

(89)我对中小学生用手机的看法。

(90)环境保护我能做些什么?

(91)我对网络"恶搞"现象的看法。

(92)如何看待大学生"考证热"?

(93)假如我高考落榜了。

(94)你怎样看艺考热现象?

(95)一方有难,八方支援。

(96)谈谈你喜欢的节目主持人。

(97)我也谈公共交通。

(98)我对假冒伪劣产品的看法。

(99)现代通信给我们带来了什么?

(100)人民的名义。

十六、怎样应对模拟主持

模拟主持是播音与主持艺术专业招生考试的重要内容,考生在模拟主持时要做到以下几点。

1. 有节目意识

我们通常所说的看电视、听广播其实是看电视节目和听广播节目,节目是广播、电视的呈现方式。而各广播电台、电视台的节目是不同的,不一样的节目有不一样的呈现方式和受众。例如,体育节目的观众主要是年轻人;戏曲节目的观众主要是老年人;新闻节目的观众人群更宽泛一些,老年人和年轻人都有。考生看到题目,要知道材料能做成什么样的节目,并要知道这样的节目又有什么样的特点。考生要了解播音、主持分别是广播、电视传播中的重要方式。传播中至少要有传播者(广播、电视从业人员)、受众(听众或观众)、信息(节目中要传达的内容)。在了解了传播工作的性质、特点以后,就应该在播音、主持过程中根据节目内容设定明确的受众,并且设想自己在对这些受众说话。这样的播音、主持才更有针对性,状态才更积极。

考生首先要完成考试,在此基础上再对自己提出更高的要求。要完成考试,考生就要了解广播节目和电视节目的基本构成。一般来说,节目都有名称、主题,还有开头语、串联词和结束语。有了这些带有标志性的构成部分以后,播音员、主持人说起话来才能真正符合节目的要求。因此,我们在模拟主持节目时,一定要做到节目结构的完整:一般应该先向受众问好,接着报节目名称、说主要内容,最后说结束语。做到这些,一个节目就基本上有了雏形了。当然,你也可以发挥自己的创造性,设计一些构思巧妙的结构,以新颖的形式吸引受众。

模拟主持的语言特点和播读新闻或朗诵自备稿件是不一样的,所以要明确播音员、主持人的传播主体身份。简单来说,要明白自己是节目的主人,要有驾驭节目的意识。这里需要注意的是:要把自己放在主人的位置上,把你的对方作为节目的受众,真诚、平等地与他们进行交流。同时,将自己放在主人位置上以后,说起话来也要更加自信,状态也相应更加积极,这样你在表达内容时也会更加自如和流畅。

要明白在模拟主持环节考试中,自己是传播主体,是节目的主人,但并不意味着自己就高高在上,而是应该为广大的观众朋友服务,为大家提供信息,真诚地与他们交流。相对来讲,模拟主持更像说话,考生可以假设你正在为你熟悉的朋友讲一件事情或讲一个道理。

2. 内容准确恰当

在模拟主持环节的考试中,考生需要根据指定的材料进行改编和设计,并按照广播节目或电视节目的要求进行模拟主持。因此,在对材料的处理和节目的整体设计上就有了一定的要求。

第一,考生要对考题中的资料进行重新编辑。在对资料编辑的过程中,可以删减,也可以增加你想表达的内容。对考题中提供的资料需要消化吸收,要进行深入细致的分析,要弄清材料的内容,并把握问题的实质,这样才能做到有的放矢。考生在模拟主持这档节目时,可以根据需要重点说事件过程;具体的地点和人名则可以灵活处理,甚至于不必说得很详细。这样才能在限定的时间内将最主要的内容传达出来。

第二,考生可以根据主题的需要补充材料。一般来说,指定材料往往会提供一些新闻事件。如果你在模拟主持节目时觉得材料不够丰富,不能够表现出主题的普遍性,那么就需要补充其他有关的材料,进一步深化主题。

第三,可以根据节目的要求适度发表自己的见解。总的要求是:一要正确,不能出现与社会主流价值标准不相符合的观点,不能与材料反映的主题背道而驰;二要准确,也许材料显示了若干个值得关注的问题,考生则需要把握最主要的问题,在表述时力求分寸把握贴切恰当。这是考生得分的地方,如果只是简单地重复题目则分数不会高。

3. 口语表达自然流畅

口语并不是很随意的大白话，而是适合口头说出、适合别人听的语言。广播节目、电视节目中的口语还要适合广播、电视传播的要求，不能粗俗化、庸俗化。口语的要求主要表现在以下几方面：

第一，用词简单明了。在进行口头表达时，艰涩的词和容易引起歧义的词最好不用，因为听众（观众）不易听懂。另外，有些单音节的词（由一个字构成的词）也不易听懂，最好改成多音节的词。我们需要做的工作，就是把材料中的书面语改成适合听和说的口头语，在表达自己的想法时，尽可能做到口语化。

第二，多使用短句子。短句子的结构一般比较简单，语意表达也比较清楚。主持节目时，使用这样的语言更利于传播，同时也会给受众的信息接收提供方便。

第三，表达自然流畅。表达自然流畅是在完成了遣词造句的设计以后对口头表达提出的更高的要求。说话时，不要结结巴巴，或者有很多的"这个""那个"等口头禅，这些都是失分的地方。

4. 善于与受众交流

与受众进行交流，主要体现在有声语言表达样态、体态语运用和眼神交流上。

第一，在有声语言表达上要能引起受众的期待。考生在模拟主持节目时，应该使自己的语势有所起伏，在重点处可以加重或适当放慢语速，以便让受众听清楚；在说需要听众特别注意的话时，可以提前将句尾的语气适当地扬起来，从而唤起受众的注意力，引起他们的期待。这样，下面的话就会引起更多人的注意。同时，这样的有声语言表达也会让人觉得考生的确在与受众交流，从而更符合广播节目和电视节目的要求。

第二，体态语运用自然得体。关于手摆放的位置，在运用时不必拘泥，可以灵活掌握。身体本身也会用不同的姿势"说话"。你可以通过这些体态语来表现自己的修养风度。总起来说，体态语的运用要自然、得体、有效，并要表现出对听众的尊重。

第三，眼神、表情要与摄像机的镜头有交流感。其实，眼神、表情也属于体态语，只不过它比较特殊，因此在这里单独说一下。眼神的注视与表情的运用是配合进行的，不能面无表情、直勾勾地盯着镜头，而是根据说话内容的行进，配合表情变化，做出睁眼或眯眼、皱眉或展眉等动作变化。

模拟主持和即兴评述类似又有所不同。大家在备考的时候要做有针对性的练习，最好各种类型的题目都练到。就考试中常出现的试题类型来讲，新闻类的居多，生活类和娱乐类的略少。

十七、模拟主持练习题目

（1）请以"春节回家"为题，模拟主持一期节目。

(2)在央视推出一档全新的《走基层·百姓心声》特别调查节目中,央视走访"你幸福吗"。针对老百姓的奇趣的各种回答,如果你是主持人,你会怎样来主持?请模拟主持。

(3)请以"抢票软件"为话题,模拟主持一期节目。

(4)请以"中国好声音"为话题,模拟主持一期节目。

(5)请以"感恩"为话题,模拟主持一期节目。

(6)在一次校园歌手大赛中,一位擂主的《好汉歌》赢得满堂喝彩,请联系参赛的最后一位选手的《不见不散》进行串联主持。

(7)请以"感动"为话题,模拟主持一期节目。

(8)艺考"考痴"第7次冲击中央美术学院,曾卖房复读。谈谈你的看法,并以此为话题模拟主持一期节目。

(9)请就莫言获诺贝尔文学奖谈谈你的看法,并以此为话题模拟主持一期节目。

(10)"揪孩子双耳离地:为何有这样的幼师",请针对近年来新闻频频爆出的虐童事件,模拟主持一期节目。

(11)如何看待2012伦敦奥运会的口号"激励一代人"?请以此为话题模拟主持一期节目。

(12)请以"网络诈骗"为话题模拟主持一期节目。

(13)《朗读者》火爆全国,谈谈你的看法并以此为话题模拟主持一期节目。

(14)陕西民工下跪讨薪,开发商曾花百万请明星。请谈谈你的看法,并以此为话题模拟主持一期节目。

(15)请模拟主持一期美食类节目。

(16)以"理性爱国"为话题,模拟主持一期社会节目。

(17)根据关键词"艺考热""就业",自由发挥,模拟主持一期节目。

(18) 请以"感谢对手"为话题,模拟主持一期节目。

(19) 最近,一幅漫画打动无数网友。请以"世界再大,也要回家"为话题,模拟主持一期节目。

(20) 请以"童年"为话题,模拟主持一期节目。

(21) 如果你是央视春晚的节目主持人,请模拟主持一场春晚开场白。

(22) <center>游客减少　旅行体验改善
——重拳治乱之下云南假日旅游市场见闻</center>

新华社昆明4月30日电（记者 姚兵）,"全程没有导游强迫购物,我们玩得非常舒心。" 29日,在昆明石林景区游览的大连游客小田说,他携女友以每人3680元的团费报了"昆明—大理—丽江6日纯玩团",行程30日结束。

"以前看过云南旅游乱象的报道,主要是游客参加低价团后被强迫购物,最近听说云南大力整治旅游市场,所以我们就放心地来了。"小田说,"云南风景秀美,气候宜人,民族文化丰富多彩,给我们留下了美好印象。"

作为全国旅游大省的云南,由于旅游市场普遍存在"低价恶性竞争,高额购物回扣"的畸形经营模式,引发强制购物、打骂游客等旅游乱象,严重损害了云南形象。此前虽经多次整治,但收效甚微,治标不治本。

4月15日起,云南省旅游市场秩序整治工作措施正式施行。整治措施包括"取消旅游定点购物""严禁旅行社发布、销售'不合理低价游'产品"等22条,力图彻底解决旅游乱象,确保云南旅游市场秩序一年内根本好转。

记者采访了解到,整治措施实行以来,云南旅游团费不同程度上涨。"以前六七十块钱就可以报石林一日游,现在要320元,因为取消了购物。"昆明火车站附近某旅行社工作人员说,如今"昆明—大理—丽江—香格里拉"等热门旅游路线基本都要两三千元,不像以前几百元就可以玩一趟。

多家旅行社工作人员表示,由于取消了旅游定点购物,团费普遍上涨,参团的游客下降了50%左右。

29日,在昆明石林景区,刚带完团的导游小普说:"这是我一周来带的第一个团,而15日以前基本上一天一个团,多的一天可以带3个。"

石林景区工作人员毕女士说,景区配套的饭店平常接待团队游客用餐为主,高峰时每天晚餐能达到三四十桌,近期每个晚上只有几桌而已。另据介绍,包含散客和团队游客在内,4月15日以来,石林景区游客降幅达50%左右。

记者在昆明火车站附近玉石翡翠和土特产商店走访时,店里生意清淡。"一早上没几个人来逛,生意比以前差多了。"一位卖翡翠的商家说,"虽然我们以前不是旅游定点购物商店,但入滇游客下降对我们的影响明显。"

在离昆明市区10余公里的4A级景区"七彩云南",游客数量虽然不少,但与整治以前相比也有明显下降。这个景区集民族风情展示、历史文化博览、特色商品展销于一体,是很多旅行社旅游线路中不可或缺的一站。

记者在"七彩云南"翡翠珠宝商城、植物精油馆等购物场所看到,不少游客正在选购商品,但旁边没有旅行社导游跟着。珠海游客邓先生说:"我买了一些茶叶、鲜花饼和玉石吊坠,来一趟带点东西回去送人挺好。"

来自内蒙古通辽市的崔女士报了3580元的"昆明—西双版纳—大理—丽江9日纯玩团",29日刚到昆明。当天下午,她和同团游客游览完石林景区后,在"七彩云南"逛了近一个小时,没有导游诱导或强迫购物,都是游客自由选购。"出来一趟,多少想带点特产回去给家人。"崔女士说。

根据以上材料模拟主持一期节目。

(23)近年来,我国A级景区数量快速增长,仅4A级景区数量便从2001年的187家增长至2016年被摘牌前的2800多家。记者调查发现,在较低门槛下,一些民间公墓、商贸城等竟被评为A级景区,还有一些涉嫌存在"边建边评""未正式开业便评级成功""违规用地"等问题。

根据以上材料模拟主持一期节目。

(24)记者从公安部获悉,经过3年清理整顿,居民身份证错号、重号、假号问题基本解决。公安机关还明确规定:7月1日将在全国范围实施异地办理身份证,力争年底前基本解决无户口人员落户问题。

根据以上材料模拟主持一期节目。

(25)近期,有传闻称5月份开始磁条卡不能用了,需要赶紧换卡,这让不少打算利用假期"买买买"的消费者感觉不便。其实,5月1日后纯磁条卡仍能正常使用,银行关闭的只是芯片磁条复合卡的磁条交易。也就是说,同时拥有磁条和芯片的银行卡只能通过芯片插卡消费,但纯磁条卡的交易不受影响。

因为芯片具有不易被复制等特点,人民银行自2013年全面推广以芯片为银行卡账户存储介质的金融IC卡,以保障银行卡账户安全。

在引导持卡人开展磁条卡换芯片卡的过程中,出现了过渡时期的卡种——芯片磁条复合卡,卡片正面有芯片,背面有一条黑色磁条。根据央行此前部署,从2014年开始,全国ATM机、POS机已开始逐步关闭复合卡磁条交易,不少复合卡已经只能插卡消费,而非刷卡消费。

2016年6月,央行发布的《关于进一步加强银行卡风险管理的通知》提出,推动各商业银行自2017年5月1日起,全面关闭ATM、POS终端、自助终端等境内线下渠道芯片磁条复合卡的磁条交易,同时增强对境外复合卡磁条交易的风险防控。

截至2016年底,有近33亿张磁条卡等待换"芯"。存量磁条卡的升级难以一蹴而就。

专家建议,出于自身用卡安全,持卡人应积极换卡,主动适应芯片卡支付方式。

根据以上材料模拟主持一期节目。

(26)国家食品药品监督管理总局官方网站近日连续发布4批20个食品药品类谣言汇总。汇总发布内容包括谣言内容、谣言传播轨迹、媒体辟谣情况以及谣言的危害等。

食药监总局近日集中发布的谣言与百姓生活息息相关,部分谣言在网络上仍"余威未减"。这些谣言涵盖肉食、水果、饮料、蔬菜、食油、茶类等多个食品门类,呈现三大特点:"致癌"成为造谣传谣者"包装"谣言的常用词汇,微波炉、牛奶、鱼腥草、自来水中的氯等都被贴上了"致癌"的标签;在时令季节,西瓜、黄瓜、柿子、枣等果蔬经常无辜"躺枪",每逢热销季节,"西瓜打针""无根豆芽有毒"等谣言就会死灰复燃;虾、蟹、鸡等肉类食品经常被造谣于网络,并生成多种版本。

包括《人民日报》、人民网在内的多家主流媒体曾多次刊发调查报道,第一时间对网上曝出的食品安全谣言科学求证,消除误解和恐慌。各级相关部门及时公开调查检查情况,给予谣言有力回击,部分造谣、传谣者受到法律惩处。

近年来,食品安全领域谣言成为网络谣言的重灾区。有数据显示,网络谣言中"舌尖上的谣言"占45%。网上食品谣言多、传播快,一个重要原因是违法成本低。业内专家建议进一步加大信息公开力度,压缩食品安全谣言生存空间。同时,治理食品安全谣言一定要下重拳,需要社会各界力量共同参与,建立社会多元主体共治谣言的长效机制,让政府部门、专业人士、相关企业、新闻媒体和社会公众形成合力。

根据以上材料模拟主持一期节目。

第三讲　实战篇

一、10天学会考试

经过了50天的学习,你也许已经养成了有规律地练习播音主持技能的习惯。这就达到了要求的备考状态,正朝着正确的方向前进。习惯很重要:要习惯于正确练声,习惯于每天练习即兴评述,这样才能取得最后的胜利;只有养成了习惯,才不会觉得练习很枯燥。我希望大家这个时候已经对播音与主持艺术充满了好奇心,有着无限的求知欲望,每天都想着自备稿件,想着怎么把即兴评述练好,这就是播音与主持艺术专业考生的正确状态。如果你在学习中感觉度日如年,那就需要端正心态,或者重新思考你的人生方向了。

在接下来的10天里,你需要暂时地停顿下来,重新反思一下自己。这时候的你和从前的你应该是不一样的,因为你已经学会了很多播音与主持艺术专业方面的知识。一篇自备稿件你张口就来;看到即兴评述的题目,稍微一想就可以滔滔不绝地说下去。而这些只是基础,还有更多的工作需要你去做。这时候,你要想想,你的优点是什么、不足又在哪里,以及接下来在短暂的时间里该如何去调整你的学习重点。因为在备考的最后的阶段,如果想继续强化优点则进步空间不会太大,而不足则可以完全利用这宝贵的时间进行改进。比如,某些烦人的语音问题、吐字发声问题,则很可能因为你的坚持,在最后一刻发生大逆转,让你以完美的状态走向考场。所以,这一阶段,练声是不能放弃的,它应该持续到你最后一场专业课考试之前。

这一阶段的中心工作是学会考试。可能你已经进行了一些模拟考试,但是那些远远不够,因为每一年的考试形式、内容等都会发生变化,很多同学会被考场上的细小变化打击得一败涂地。所以,最后的时刻,我们要把一切做到完美。努力了就会有收获,只要我们用尽全力,那么应得的一切都会自己到来。

在备考的最后阶段,要认真研究高校招生简章的每一句话,规划好每一场考试该穿什么衣服、带什么东西。考什么科目都应该了然于心,决不能稀里糊涂地进考场。每一场考完也要及时总结经验,如果发现新的问题要马上改正,不要在下一场考试中犯同样的错误。

在接下来的10天里,你要置办好所有的考试所需物品,包括衣服、鞋子、拉杆箱、感冒药、纸巾等。下面是考生外出考试时必备的物品清单,大家可以照单准备。

①身份证原件。
②艺术报考证(准考证)原件。
③身份证复印件10份(正反面在一张A4纸上)。

④一寸红底免冠照片 50 张、一寸蓝底免冠照片 20 张。
⑤播音与主持艺术专业相关的辅导用书一本。
⑥一个移动 U 盘(内存 4G 以上)。
⑦红底、蓝底照片的电子文件(即电子照片,记得在照相馆照完相后,让老板拷贝在 U 盘里)。
⑧小剪刀一把。
⑨胶棒一个(勿用胶水)。
⑩双面胶一个(要面积粗细适中的款型)。
⑪面巾纸、卫生纸各一包。
⑫湿纸巾一包。
⑬随身笔记本一个(便于拿在手中)、A4 纸几张(做草稿纸用)。
⑭中性笔一支,笔芯若干(颜色:黑色或蓝黑色,不准用纯蓝色;粗细:0.5mm 最好,勿用 0.35mm)。
⑮自动铅笔一支,笔芯一盒、自动 2B 铅笔一支(勿用需手削的原始铅笔)。
⑯木糖醇、口香糖备其一。
⑰银行卡一张、现金足量。如果条件允许,一位家长陪同也可。
⑱一瓶水、少量零食(面包、饼干都可,做充饥用)。
⑲一个包(背包、挎包、提包、公文包都可以,原则上要简单大方,符合你的风格,能将以上东西装入其中)。
⑳简单的化妆包、洁面乳、润肤露等。

我还要提醒一下大家,在这个阶段,会有很多的各种真真假假的信息来干扰你。几乎每年都有"今年播音与主持艺术招生考试要比往年难多了"等吓人的传闻。这些话,首先不要听,更不要信,它没有任何意义,因为难不难你都要去考,难道因为难就不考了吗?

每年都会有很多人纠结于穿什么衣服、用什么化妆品等琐事。我的观点是千万不要在这方面浪费时间。衣服只要干净整洁即可,化妆最好不要考虑:有些人化妆了,反而更难看。才艺也可以在忽略的范围之内。如果考到这一项,找一首歌唱一唱就可以了。我们要把所有的精力用在自备稿件和即兴评述等重要的环节上,那才是考官最看重的。

在备考的过程中,考生非常不容易,他们是伴随着支持和非议前行的:有人支持你,有人对你学的专业知识嗤之以鼻。考生自己也是时而雄心万丈,时而灰心丧气,情绪波动比较大。而在临近考试的时候,最好抛开私心杂念,做一个单纯的、自信的考生。眼里只有考试,对一个考生来说也是一种难得的平静心境。

解析 10 天:

最后 10 天看起来似乎不起眼,其实也很关键。前面的 50 天都是在积累,而这 10 天的主要任务是确保把前面 50 天学到的知识在考场上发挥出来,甚至经过进一步点拨,能发挥出更高的水平。这 10 天是综合整理的过程,是一个重新定位的过程。在这 10 天里,我们要做大量的模拟考试,最好是按照你所报考的学校的考试形式,全部模拟一遍。这样你才能在考试前心中有数,在考场上发挥出正常水平。

二、考试之前需要做的事

经过了很长时间的练习和准备之后,我们终于迎来了考试的日子。养兵千日,用兵一时。你就像穿着军装的战士,终于要上战场了。在走进考场之前,我们应该做哪些事情呢?在这里我把一些需要注意的事项告诉大家,以免因小失大、误了大事。

①考试前第三天弄清楚考试地点、考试程序、考试内容,做有针对性的练习。

②考试前第二天把考试需要穿的衣服,需要带的准考证、身份证、所用的学习资料等准备好,放在固定的位置。

③考试前一天检查所需物品,并了解去考点的交通情况。

④考试当天提前1个小时到达考场,打听自己的考试时间,并做相关练习。

⑤不要去猜题。考试的时候有的考生喜欢猜题,这是一个不好的习惯,因为事先准备好的,或许没有你当时精神高度集中想出来的结果好。当然,你可以多准备一些事例,这个另当别论了。

⑥在考前几天一定要注意身体。不要感冒,少吃油腻上火的东西,因为脸上长出小痘痘会影响形象的;尽量保持愉悦的心情,不好的情绪也会影响你水平的发挥;临考前几天的练声可以稍微减量,多偏重一下实战的练习;考试前一天一定要休息好。

⑦考试的时候多是在冬季,不要穿得少了,身体感到冷会影响水平的发挥。

终于到了考试的那一天。你一觉醒来,看看表,7:00了,你比平时多睡了一会儿,没有关系,马上起床吧。用十几分钟的时间练声,和往常不要有什么不同,再熟悉一下自备稿件,然后稍微吃点东西——也许两个鸡蛋和一杯牛奶是比较好的选择——一来这样的食物营养丰富可以保证比较长的时间不感到饿,二来这样的食物吃下去又不会感到太饱。吃完了,就赶快拿着东西去考点吧。

考点也许已经是人头攒动了,你不要慌,也不要着急。男男女女,阵势很大,但不一定都是你的竞争对手。有的是举家前来,有的是呼朋引伴而来,庞大的人群中有的浓妆艳抹,有的是貌美如仙,也许还有几个男生高大威猛、帅气逼人,也有几个久经沙场的前辈高人此时正在高谈阔论,也有些人正在窃窃私语。当然,也有几个傻小子,衣衫不整地呆立一旁……这个时候你既不要被某些人的气势吓住,也不要忙着去笑话那些可能不如你的人,更不要因紧张的气氛乱了阵脚,因为真正的较量在考场上。现在不是比外貌、状态的时候。你已经有了充足的准备,就应该自信地去干自己的事情。在考试中,很多同学会被他平生所未见到的阵势吓倒,严肃的考官、漫长的队伍都会给他幼小的心灵带来很大的压力。这时候,他的声音就会发虚。

你应该镇定自若地去询问考试的进程:应该在哪里备考,应该在哪里报到,哪间房间是你展示才华的所在,大约在什么时间你可以隆重登场。了解了这些之后,如果还有时间,你要做的是赶快找个稍微僻静的地方再练练声,说上几个绕口令,读上几个四字词。然后,按声音阶梯的方法练一遍,以防止读到高音的时候把声音读破。要让你的高音美丽而坚实,低音醇厚而有韵味。然后,再熟悉一下自备稿件。当然还可以心理暗示一下自己在考官面前是如何优秀,如何语惊四座。这样的暗示很有好处,它会带给你良好的心态。最后,你可以重温几个容易出彩的地方,尤其是你精心设计的开头,因为考官很可能因为你读得很好,而最后的几段不用朗读,直接说"可以了"。

当你做好这一切,嗓子已经打开,状态几乎达到最佳,马上回到备考的地方吧。也许这个时候还没有轮到你,你仍然需要等待。你可以熟悉一下环境,也可以分散一下注意力和你身边的人说几句话,比如问问他们进行得快不快、一个人大约需要几分钟、里面几个考官、是怎样一个环境、是站着还是坐着、和考官有多远、是几个什么样的考官、出来的同学有没有描述其中的情形,如果是有抽题的环节,还应该了解一下他们都抽到了什么题目,以及这些题目有没有重复的、他们说的怎样……总之,要尽可能地对里面的信息多了解一些。这样可以减少一些你进入考场由于陌生而带来的过度紧张感。

在准备的时候,不要乱想一些"考不上怎么办"之类的问题,也不要因为遇见好久不见的朋友而诉说离别之苦,更不可以因见到某一位美女忙着去搭讪而分了心。考官会帮你选择最美丽、最优秀的女孩子做你的同学。对这一点你大可放心,以后这样的机会很多。你要做的是在眼下的考试中发挥出你应有的水平,其他的事情等以后再说。

每每考试,总有消息灵通人士说某某学校是如何黑、今年的竞争又是如何惨烈、有多少高手云集、哪个学校老师是亲自带队来的等入耳惊心的消息,说者激情澎湃,听者目瞪口呆。你千万不要被这一些所谓的内部消息干扰。你唯一需要做的是:一不去听,二不要信。如果不幸听到了也应该让它激发你昂扬的斗志:我是最优秀的,我要以我的表现去征服所有人。至于那些杂七杂八的事情不是你能左右的,就让它们随风而去吧。你能控制的只有你自己,你要考试去了,相信金子总会发光的。

当还有两三个人就轮到你的时候,就不要乱打听了,应该安静一下,整理一下衣服和头发,笑一下,告诉自己你是最棒的,再熟悉一下自备稿件的开头。这样就可以进去考试了,相信最美好的那一刹那就要到来了。

三、怎样进行自备稿件的考试

随着考官的一声呼喊,终于轮到你进场了。这时候,也许你很紧张,也许你的腿有些发抖,但是无法阻挡的是该来的都会来,何况这次考试你已经准备很久了。你可以来一次深呼吸,就像往常一样迈着坚定和自信的步伐,带着灿烂的笑容,推开考场的门,相信自己推开的是一扇幸福的门。

千万不要认为考试是从你开口说话的那一刻开始的,其实在你进门的那一个瞬间,甚至在你候考的时候就已经开始了,你的一举一动都被考官看在眼里,影响着他们对你的判断。如果你大摇大摆地走进考场,咳嗽几声,然后开读,哪怕你读得再好,最后的分数也会像过季的连衣裙一样大打折扣。

一般情况下,考场里都有一个标志,这个标志告诉你应该站在哪里,或坐在哪里,比如地上画好的"十"字,比如考场中间的椅子。你可以进门以后先大大方方地向考官打个招呼,也可以站好后说,然后清楚地报出自己的号码。报号码的时候语速不要太快,因为考官有可能听不清你的号码。然后稍微安静几秒钟。哪怕你可以继续读下去,也不要开始,因为你必须给考官一个审视你的机会,让自己更好地进入状态。

随着一句"我自备稿件的题目是……",你的考试正式开始了。自备稿件你已经很熟悉了,背诵得滚瓜烂熟了。在这个时候,你所要做的是像第一次读一样,饱含感情地把它读出来。这个时候不要再去管什么字音、重音位置等问题,只需要带着感情投入。随着感情的投入,你的状态越来越自然,情绪越来越兴奋。周围静悄悄的,只有你美丽的声音四处回荡,甚至连你自己也不敢相信自己可以发挥得这么好,一种展示的快感油然而生。尽情地享受这一切吧,你面前的考官就是你的朋友,你要把内心的感受告诉他,让他感动……

也许在你读到一半的时候,考官叫停了。你也不要伤心,要很自然地停下来,微笑着等待考官的安排。如果你顺利地读完了,在读完最后一个字后,也不要马上恢复原状,你的状态应该有个恢复的过程,似乎你刚从稿件规定的情景中走出,这样才能说明刚才你是真情演绎而不是简单地背诵课文。

当考官告诉你可以离开的时候,也要微笑着告别,并迅速离场,不要跑,要自然地离开。有的考生会认为考试总算结束了,并跑步迅速离开。这样做的结果反而给考官留下了不好的印象:考官会以为你的镇定都是装出来的,而不是真正的遇事不慌。

四、怎样准备指定稿件的考试

指定稿件的朗读一般出现在复试中,其目的是考查考生在没有经过长时间准备的情况下的普通话水平和识稿能力。如果基本功不过关,很有可能在这一关中被淘汰。因为有的考生把大量时间花在了自备稿件的练习上,忽视了其他稿件的准备和练习,所以读新稿件的能力不强,造成了考试效果不好。要想考好指定稿件,就要在平时多做练习,尤其是一些新闻稿件的练习。这一关取得好成绩很重要。接下来我们就说说指定稿件的考试。

在备考区等待考试的时候,可能会有许多在你前面的考生先拿到指定稿件,你可以向他们打听一下情况,使自己心里有数。如果知道他们选择的是什么类型的稿件——是偏重于新闻还是偏重于散文、小故事,就可以减少陌生感。

当轮到你的时候,真正的考试就开始了。

拿到稿件不要过于紧张和兴奋,火急火燎地忙着准备稿件很不好。其实考场上给你的准备时间是够用的。

第一步要浏览全篇,任务是了解稿件的大致内容,找到稿件基调,把不认识的字和词解决掉。几乎所有的学校都是允许带字典的,你一定不要忘记带字典。

第二步要分清段落层次,弄明白每一个层次讲的内容和它们之间的关系,把长句子断开,找到重点点题的句子。一般情况下指定稿件都不长,层次比较容易分,但有时候里面有长句和对话。注意对话人物的身份和口气,把它们区分开来。长句子找好停连,不要读破。点题的句子注意读时语气加重一下。

第三步要小声朗读一遍,印证段落划分、基调、重音是否准确。上口读也可以对重点句的分寸和对话的把握程度有个直观的感觉,然后再根据情况作最后的调整。

第四步要按照考试的感觉读一遍,尽量读得流利。一些长句可以多读几遍,保证考试的时候可以流畅地完成;设计一下可以抬头和考官交流的地方;一般在一层意思完成之后,强调一下层次感。为了保险起见,可以把段与段之间的停顿加长一些,这样可以避免读成一片麻。

第五步是要找一下说的感觉,找准感情的爆发点。如果有必要,可以对开头部分多做一点练习,以避免开头就出错,影响了下面的考试。

做好了这一切,准备时间也差不多用完了。有人开始喊你名字了,开始考试吧。

五、怎样进行复试准备

当你知道自己通过初试后,可以暂时庆祝一下,这样你会得到更大的自信心。但是也不要只顾着高兴,或者忙着打听其他人的情况,要先把自己的事情料理好。有好多考试初试和复试时间间隔很短,常常是一天或者两天,你要做的事情还有很多。

1. 明白复试的时间、地点、方式和要求

首先要弄明白复试的时间、地点、方式和要求。有些学校的复试是和指定稿件一起进行的,有的学校还要进行一番自备稿件的考试,有的学校又加上了才艺展示,有的还要录像。总之,各个学校的复试情况可能各不相同,考生千万不可忽视这一点。而且进入复试,可以说是强手如林,更惨烈的竞争才算开始。不过,你也不要怕。所谓:"艺高人胆大。""没有三把神砂也不敢倒反西歧。"既然来了,我们就不怕一切挑战。

在了解了考试的要求以及以上种种信息后,你就应该开始有针对性、有成效地进行准备工作了。首先把考试要准备的东西迅速快捷地准备好,比如衣服和证件等等。在这样的事情上,我们不要花太多的精力,因为有更重要的事情在等着我们去做。尤其不要为穿这件黄褂子还是那件绿毛衣而犹豫不决,试了又试,换了又换。这不是解决问题的关键,找干净的衣服就行了。

2. 进行考前训练

弄清楚考试的程序后,马上要做针对性的练习。比如,有的学校要求复试的程序是这样的:先进行自备稿件,然后对抽到的题目进行评述,最后展示才艺。很明显,最关键的环节是即兴评述部分,因为自备稿件你已经有准备了,才艺展示也已经操练停当。这样分析后,原本很复杂的程序一下简单了。你可以先找一个话题模拟考试一次,把对面桌子放的三个苹果当成考官,自己看好时间,对着三个苹果开始演练,一次不满意再来一次,每一次都要找到不足,然后加以改正。如果有一次十分顺利,就记住这种感觉,在考场上找到这种感觉就可以了。

其他的准备和初试的时候一样。万事俱备,就等开考那天了。

3. 复试时沉着应对

当你再一次来到考场,你会发现四周消停了很多,留下的精英们个个都不是无能之辈,哪个都身怀绝技。你要尽量早到一会儿,这样就可以稍微观察一下那些可能的未来同学。他们身上或许有很多你可以学习的东西,比如人家的从容自然、大方得体等等。这些会给你留下很深的印象。但是也不要只顾着看热闹,乱打听个没完没了。记住,圆满完成当下的考试要紧。

六、怎样进行即兴评述的考试

1. 考试过程中的注意事项

一般情况下,考试会给你准备的时间。当你拿到考题后,应马上按照操练好的顺序准备。等做好了准备工作就开始考试了。当你又一次来到考场,你已经不那么紧张了,有了上一次的成功经验,一切都是轻车熟路。但是你也不要掉以轻心:在考试这样的事情上,心理上细微的偏差都会给你的考场发挥带来很大的影响。

为了让你更轻松一些,你可以假想考官正对你的观点提出疑义,你在一个个地作出回答,语言上可以有这样的句子:"也许大家会觉得我的说法有些幼稚,而事实上呢,我的许多同学都是这么想的。"你也可以说:"听到这里,大家也许会问了,既然他那么调皮,怎么还会做我的朋友呢?这也正是我要告诉大家的。学校生活有压力,许多人整天忙着学习,失去了少年的快乐,正是他的调皮……"类似吸引考官听下去的说法有很多种。你可以自己去想,也可以嘴上不说,只保留内心的想法,到考场上再说,这样做同样有不错的效果。

有的时候,会因为这样或那样的不可知因素对你进行了干扰。比如有个考官忽然喝了一口水;比如墙边的牌子没有放稳,在你说到兴高采烈的时候,不合时宜地倒了下来。出现意外情况怎么办呢?千万不要有惊慌失措的样子,或者硬逼着自己往下说。如果考官没有注意,你也装作平常的样子继续进行,沿着话题的逻辑顺序继续往下说就是了。

如果你真出现不可控制的紧张心理,忽然忘记下面的内容,那也不要愣住不说话造成空场,而是应该按照自己所能记住的内容继续往下说。因为考官并不知道你原来的思路是什么样的,也许他以为你原来就是这么设计的呢,这也是我要求大家多准备几个事例的原因了:即便是你忘记了一个,还有几个呢,那样就不会造成更大的失误。

在即兴评述的考试过程中常会出现这样一种情况:有的考生在即兴评述时,给考官留下背书的感觉,这是十分不好的。因为考试即兴评述的目的之一,就是考查你在生活中的自然状态下的普通话情况,你再背给他听,就失去了考试的意义了。哪怕你真的是在背书,也要像说一样该笑就笑,该停顿就停顿。

即兴评述同样需要有情感,不要让考官认为你是在干巴巴地讲道理。有的考生知道很多的名人名言,一会儿引用这句名言,一会儿引用那句名言。如果这种情况过多也是不好的。都是人家的观点,你的观点就被埋没了。

有的考生在班里乃至学校里是个能人,不自然中养成了说话时教训人的口气,比如一看到题目是"我看上网",就马上沿用老习惯,痛斥上网的种种坏处……具体结构、立意上的缺陷不说,单这样的口气就值得斟酌。现在讲究的是平等交流,哪怕别人办了错事也要帮助人家改正,这么乱批一通是怎么回事呢?这是非常有局限性的思路。也有的考生自恃天分很高,常有惊人之语,而事实也可能是这样的——这种才能是让人羡慕的,可是如果到了考场上就不那么恰当了,就不是让人羡慕的事情了。

有的时候,会有个别考生不仅衣着随意、表情冷漠,而且很随便地把自己的观点表达了一遍。也许内容无可挑剔,但是这样的表现给人不够认真的感觉。以后的传媒工作是要求万分认真的,这样的习惯恰恰是做播音、主持工作的大敌。考官在录取你的时候可能要思量一番了。

记住,考场从来就不是耍酷摆谱的地方,态度在任何时候都很重要。

2. 即兴评述在当下考场上的变化

由于各个学校的招生要求和考试习惯不同,即兴评述部分会以各种各样的出题方式出现。但是不管形式如何变化,其实质是相同的,其目的也无非是考查考生在日常情况下的普通话水平、整体反应能力和文化内涵。大家一定不要被那些怪怪的题目唬住。抓住问题的实质很容易对付它们。近几年,即兴评述的考场上出现的一些新形式如下。

(1) *指定稿件和即兴评述连起来*

把指定稿件和即兴评述连起来的考试形式需要你读完指定稿件之后,接着对指定稿件发表一番评论。这和给你题目让你发表评论差不多,差别只是材料变成了一篇文章。这种考题的难点在于你要根据文章自己找主题。找到主题之后就等于又构建了一个即兴评述了。找主题的时候一定要明确观点,要让考官知道你想说什么。

指定稿件和即兴评述之间可以有一个简单的串联。你可以给你的即兴评述取一个题目,然后自然地过渡到下面的考试中去。

(2) *主题讨论*

一些院校的考试中,还要拿出一道讨论题,让考生们进行讨论。这种考试形式是先把考生分成几组,每组4~8人。每个考生先向考官陈述自己的观点,然后以组为单位进行计时讨论。记住在陈述观点时,逻辑要清晰,语言要流畅。主题讨论中可以质疑其他人的观点或者进一步完善自己的观点,但不可以自己长时间发言、独霸一方。那样的做法会给考官和其他考生留下不好的印象。讨论中要以理服人,要有绅士风度。

这种方式可以考查考生的记忆能力、品评能力、合作能力等。这种形式的考试对于真正把题目理解到位的考生是有好处的。

七、怎样在考场上进行自我介绍

有的学校还要求自我介绍,这样可以更加全面地了解考生,有利于发现那些综合素质高的人才。这个环节也不难,只要努力了,就不怕花样翻新的各种考试形式。自我介绍的目的是更全面地了解考生的特点,同时也对考生的语言、精神状态、气质类型作一个简单的了解。自我介绍在通常情况下,给出的时间是一分钟左右。从功能上看,自我介绍是让考官更多地了解考生情况。从考生的角度上来看,就是向考官展示你更多的优点,增加你竞争成功的砝码。自我介绍的语言最好是自然、活泼、真实的。

1. 自我介绍的要求

一个好的自我介绍有如下几个特点:

第一,有一定的信息量。 在自我介绍中,应该把名字、年龄、爱好、特长、性格、曾经取得的成绩等介绍清楚。有的同学喜欢夸夸其谈、口若悬河,却不一定说出这些重要的基本信息。那样的话,考官对你还是什么也不了解,你基本上等于什么也没说。

第二,语言表达清楚、明了、平实。 由于仅有一分钟左右的时间,考生不可能展开太多的铺陈和设计,所以你的自我介绍一定要简练平实,这样才有利于考官的理解。

第三,重点介绍你的优点。 优点的介绍是自我介绍最主要的任务。因为考官仅仅通过指定稿件、自备稿件等对你进行了解,了解的内容不一定全面。要是你在其他方面的优点没有被发现,那可不是一件好事。所以,你一定要很好地利用这一分钟,把自己好好夸奖一番。说到表扬自己,那可是一门学问。夸自己的话既要有真凭实据又要表达得充分、有用,还要不着痕迹,不要给考官留下王婆卖瓜的嫌疑。优点一定要有所选择,因为一分钟显然无法把你所有的优点都说清楚,所以要选择重要的有代表性和说服力的,比如曾经发表过的文章、学校运动会 5000 米冠军等等。一些年代久远的获奖情况不说也罢,比如幼儿园的儿歌比赛金奖之类就暂时忽略了吧!

第四,语言经过适当设计, 比如用幽默语言、名言等。这样可以让你的自我介绍有新意,给人留下深刻的印象。

第五,状态要自信、积极。 既然是夸自己就一定要显得热情、自信。

2. 自我介绍中常出现的问题

在考场上,也许是考生对自我介绍的重要性认识不够,也许是考生对自我介绍的要点把握不准,他们在自我介绍时出现了不少的问题。总结起来,常出现的问题有以下几点:

第一,背诵的痕迹太浓。虽然自我介绍都是提前准备好的,但是考场上仍有不少考生在干巴巴地背诵,这将是一件大煞风景的事情。自我介绍要有说的感觉,有交流感,这样才可以打动人。

第二,口气过大,过于自信,不谦虚。

第三,没有章法或不完整。有些考生光顾了表扬自己,说话滔滔不绝,语言没有逻辑,重点不突出,表面看信息多了,但是模糊一片,不能起到很好的效果。

第四,语言太过华丽,空话太多。空话太多的自我介绍等于什么也没说。比如有的人喜欢这样说:我的身材不高不矮、不胖不瘦;我的性格既内向又外向;我喜欢红色也喜欢黑色;有人说我待人热情,也有人说我待人冷漠……这样说很不好,考官没时间听你在这里耍嘴皮子。还有的说:我是超级可爱、天下无敌、百分之百女生,集万千宠爱于一身……这些花里胡哨的话实则空洞,远不如一句:我外形漂亮,声音甜美,内外兼修……

3. 自我介绍的例子分析

有几个学生的自我介绍给我留下了深刻的印象。我把它们罗列如下,并加上了评语,供大家参考。

一个学生说了一些自己喜欢看书、爱好书法等情况后,说:"我父母离婚了,我从小跟我奶奶一起生活,她教给我做人的道理。她的眼睛不好,听收音机是她了解外面世界的唯一途径。我的梦想就是做一名播音员或主持人,让奶奶能从收音机里或电视里听到她孙女的声音……"一个孝顺懂事的女孩形象立刻出现了,这样的介绍让人动容。

还有一个男孩子说:"我爷爷很早就教我认字,上五年级前我已经读完了中国古典文学的四大名著……"一个家教好、有良好文化氛围熏陶的学生形象也立起来了。这比空泛地说我的爱好是读书、旅游更有说服力。一个从小就跟着爷爷读四大名著的学生该是一个多么好的学生啊!一个老爷爷看着七八岁的孙子读书,阳光照在他的脸上,那该是多么温馨的情景啊!

还有一个女孩子说:"我喜欢交朋友和旅游,我还有一个蒙语名字叫……这个词在蒙语里是月亮的意思。这个名字是我在内蒙古生活的时候,小伙伴给我取的,意思是我的性格像月光……"瞧,多么有诗意的场景啊,她一定是个很好相处的女孩子。许多人都会对这样一个大方的小女孩心生好感。

还有一个学生说:"我家里有一面墙,那上面贴满了我的奖状,有英语比赛的,也有运动会的……"一个巧妙的方法把自己的优点介绍了。

他们是不是介绍得很好呢?希望这些例子给大家以启示。记住:自我介绍一定要有真情实感,只有真实的东西才可以打动人。赶快设计一个自我介绍,把如此优秀的你介绍给大家吧!

八、怎样回答考官的提问

有些学校的招生简章会明确说明有向考生提问的环节;有的虽然不明确提出,但是也会问考生问题。提问的可能是随时存在的,天知道哪个考官会对你产生兴趣且问个没完没了。还是事先准备一下为好。

面对提问,我们首先要明白,考官和考生这两类截然不同的人群对于考试的态度和认识是大相径庭的:考试对于考官来说,仅仅是他们发现人才的一种途径,他们是带着寻求人才的渴望,期盼着惊喜的出现,其心情难免会是放松和自然的;而考生们则把考试当成是一件很严肃的事情,极认真地来对待,生怕有半点闪失,小心应付,紧张在所难免。

如此不同的态度,在一问一答的两相碰撞中,又会有什么样的情景出现呢?大部分情况是考官和蔼地问,考生惊慌地回答。这显然是不成功的,是一个两败俱伤的结局。因为考官了解不到考生的真实想法,考生难以展现真实的才华。怎么解决这个问题呢?

首先,要明白考官想和你对话是因为他对你感兴趣,因此你是有成功的希望的。如果考官烦你,他自然巴不得你快点离开。既然他问你就是想对你了解更多一些,那就绝对不是故意为难你,你应该高兴才对!要知道,展示你的机会到了,要积极地面对,认真回答。

其次,要微笑着回答考官的问题。在考官对你提问时,你要做到微笑着回答问题,千万不要问一句答一句,像挤牙膏一样。你以后是要做主持人的,状态很重要,从来没有主持人在台上表现得半死不活的。哪个主持人不是激情四射、热情似火而又活蹦乱跳的?他们就是你学习的榜样。其实你也不用多学,青春和与生俱来的活力会带给你一切,你只需要实话实说就可以了。

再次,要表现得从容、轻松、自然。你要把考官当成你的朋友。探究考官提出的问题,你会发现它们无非是你学没学过普通话啊、平时爱好什么之类的问题,你尽可以放松地回答,不要刻意地去雕琢,就像和你的朋友聊天一样。这种状态下的信息才会有感染力。学播音与主持艺术不需要那种诚惶诚恐的态度。你们是世纪的宠儿,要学会平等地面对一切。真诚是你的法宝,自然是你的定海神针,从容保你平安无事。

最后,要适当地进行准备工作。虽然问答部分貌似平常,但有时候如果回答得不好,也会给考官留下坏印象。在可能的时候,你也可以对问答部分做一点准备,做到有备无患。准备的时候要把握一个原则,那就是:考官的目的是发现人才,你的目的是让他发现你的才能。根据这个原则去准备你就会成功。请注意,这个环节不是让你去背诵,就怕你一时紧张忘记了遮盖,把你最大的"长处"让考官看到了。

回答问题需要注意的事项如下:
① 说普通话。
② 实话实说,不要不懂装懂,一个真诚的态度比高明的谎言要好。
③ 口语化,像聊天。

九、怎样进行才艺展示

1. 才艺展示的要点

有的学校为了更加全面地了解考生,为了不错过一个人才,在考场上还设计了才艺展示这个环节,就是说如果你有舞蹈、歌唱、曲艺、乐器演奏等方面的才能可以展示一下。才艺展示环节的关键在于对这项考试的认识。首先要知道这项考试只是对其他几项考试的补充和参考,相对于其他几项是次要的。如果过分在这上面用力就使错劲了。其次要明白整个考试都是考生整体素质和精神面貌的展示,目前才艺的专业水准的要求尚在其次。所以,才艺展示的内容必须是健康向上的,是最能为你的考试成绩增加砝码的,而不是毫不相干的其他表演。比如,唱一些吐字不清或过于成熟的流行歌就不是很好的选择,弄不好还会帮倒忙。

2. 推荐采用的才艺形式

才艺展示环节,我推荐展示武术、舞蹈及一些健康向上的民族歌曲。歌曲,我推荐刘欢等人演唱的曲目,或者是其他歌手唱的家乡民歌等。武术、舞蹈可以展示你的形体,为以后主持晚会做准备,它还会显示你的活力。一些歌曲可以显示你气息和乐感方面的优势,而曲艺的咬字又对播音、主持工作有很大的帮助。

3. 不建议采用的才艺形式

周杰伦的歌曲和一些摇滚风格的歌曲以及一些苦情题材的歌曲我不建议采用,如《你究竟有几个好妹妹》《小冤家》等声音发嗲或过于搞怪的曲目。唱这些歌曲一则考官会疑你历尽沧桑、社会经历过于复杂,二则对你的专业也不会有太大的帮助。

十、化妆、服装、录像

1. 化妆

化妆是大家喜欢的话题。好多考生认为一化遮百丑,不装扮一番去考试就会吃亏。其实,考试时的化妆是需要慎重对待的一件事情,弄不好还会起到相反的效果,就是常说的弄巧成拙。

怎样确定是化妆还是不化妆呢?如果是有录像的话,可以适当地化个淡妆。浓妆艳抹是要不得的。可以适当地打一点儿粉底,避免到时候满脸油光光的。其实我是不怎么赞同化妆的,在没有专业化妆人士或者了解电视节目的人的指导下,有些妆是很难化成功的,这样反而不如素面朝天得好。你的青春,你的朝气,你的自然、自信就是最好的通行证;你的学生气质、你虚心好学的魅力是任何人也模仿不了的。如果化得像个新娘子或者流行歌手,弄得老师也看不清你的真实模样,这将是最糟糕的事情了。

如果在没有专业化妆人士指导的情况下,我的建议是适度化妆,目的在于协调一下五官印象。如眉毛太淡可以加重一下,眼睛有点小可以适当地画一下眼线。总之,一切应以自然为标准。尤其是男同学不要画得太浓,搞混了性别就糟了。

2. 服装

穿什么衣服去考试这也是很劳神的事情。有的考生还专门为考试买了许多衣服,这样重视的态度是对的,但是也不要过于耗神而影响了对其他考试环节的准备。

具体到播音与主持艺术专业招生考试来说,着装的总体原则是青春,阳光,帅气,符合学生身份,不要奇装异服、扮成熟。

一般女孩子可以穿毛衣、校服、运动装等等,应该说选择的余地比较大。如果腿比较粗的女生就不要穿很紧身的牛仔裤了,脖子短的就不要穿高领的毛衣,个子如果有点矮的就穿一双底高点儿的鞋子。其他的一些着装知识,女同学们也一定知道不少,在这里我就不详细地说明了。男同学的服装能突出青春朝气就可以,一定要大方得体。社会上的韩流之类的服装不要冒险尝试,因为那些服装实在不是很适应考试的气氛,考场不是休闲的场所。

着装的另外一个依据是自己的气质。如果适合穿西装,一套得体的西装就不错;如果人是时尚型的,一套运动装也很好。另外,还要注意,女生不要弄成假小子,男生尽量不要搞成女人气。男生的长头发最好也要剪了,进了学校再留也不迟!

3. 录像

许多学校在复试中喜欢把考生的考试过程录下来。这样做,一则可以由大批考官根据录像效果进行最后的定夺;二则也不放过任何一个人才,提防着考官因为考场疲劳而错过一块"璞玉",错失未来的像崔永元一样的人物。

对考生来说,千万不要因为考场里多了个摄像头就惊慌失措。考场上的摄像头一般会放在考官的后面正中的位置。也许考官会提示你看镜头,你只需要看镜头并且朝纵深里看就可以了,尽管你什么也看不见。这是考试的一个难点,因为你并没有看到什么,所以容易显得不自在。面对摄像头的最好方法是:你在心里把它当成是你好朋友的眼睛,要像真的看到一样。这个时候可以发挥你丰富的想象力,想象着人家听到你的诉说是如何激动和认可,想象着你是多么受鼓励,想象着你今天的表现真是棒极了。

若是要录像、录音,还有一个问题——如何用话筒需要注意。有时候话筒放在桌子上,有时候话筒放在架子上。用话筒是个学问,用好了可以给你加分,用不好则可能给你带来不小的麻烦。首先是话筒的距离远近。一般情况下,话筒应在你脸部10厘米处,当然你也可以根据稿件内容适当调整距离。如果你的声音变小了,可以适当靠近一些;如果你的声音大了,到了激情部分,可以适当远离一些。千万不要认为距离近了就是好。距离太近,话筒发出的声音刺耳,易形成噪音;距离太远,信号弱,又会使人听不清你说的话。

录像、录音对大多数考生来说都是比较陌生的。从这个角度上来说,老师对你的要求也不会太高,所以真实自然地表现自己反而更好。如果因为过于在乎镜头而紧张,导致不能发挥出真实的水平,那就不好了。如果你实在找不到镜头感,或者一想到那东西就紧张,那就不要管它了,就当它不存在吧。自信潇洒地微笑着表现自己吧,考官们经验丰富且目光敏锐是不会看错人的。

十一、怎样克服紧张情绪

紧张感是每个考生都会遇到的。具体来说,紧张分为适度紧张和过分紧张。适度紧张有助于提高注意力,有利于水平的发挥,也就是我们常说的"状态出来了"。而过分紧张就不同了,有人说它是考试最大的敌人,此言不虚。的确有很多的考生因为过分紧张而导致发挥失常,从而影响了考试成绩,成了难以弥补的遗憾。那应该怎么克服过分的紧张状态呢?咱们就一起来分析一下其中的缘由,然后克服它,一起找到一条通往轻松考试的路。

1. 考场上出现紧张的原因和应对方法

紧张是从哪里来的呢?过于复杂的生理学及心理学的概念我们就不在这里解释了。我们关心的是造成考试紧张的具体原因和应对方法。

（1）考试压力带来的紧张及其应对

考试本来就是很恼人的事情。老师、家长天天在你耳边鼓噪考试的重要性，仿佛一旦失败天就会塌下来。在这里，我就不说那样的话了，我担心那些话会在无意中加重你的心理负担。

面对压力，我想大家已经知道，最好的办法不是逃避——这也不是能逃避的，最好的办法就是战胜它。也许你从来就没有尝试过做一回英雄，那么太好了，机会来了。当你带着忧虑来到考场，你会发现，原来不过如此，并不是你想象中要上刀山、下火海的那种感觉，四周并没有什么奇异的地方，一切都显示出这里还是地球上的一个平常的地方。甚至多停留一会儿，你会慢慢放松下来，因为你发现对手也不都是实力强大的人。这样想，希望或许就在身边诞生了。想到这里，你自然会放松下来，安心进行考试。

面对压力的正确做法不是一味害怕，而是要有战胜它的信心。当这种信心存在的时候，你已经胜利了。如果有了战胜困难的信心，它就会像魔法剂一样，让你马上变得美丽和强大起来。有一句话是这样说的：所有的强者都是由懦夫变的。如果你现在还有太大的压力，那么只要你有了战胜困难的信心，你马上就会变成一个强者。事情的关键还不在于这一次考试，而在于只要你有过这样的一次经历，你马上就会有了面对压力和困难的经验，以后的困难对你来讲就不是什么问题。瞧，如此一本万利、好处多多的事情，为什么不做呢？流行歌里也在唱"爱要越挫越勇"，考试也是这样的，压力越大越要战胜它，千百次的锤打才会有一把好剑。有人说，一切的考试都是纸老虎，不知道这句话你们听说过没有？如果没有听说过，那就记住了，这话真是妙极了！

（2）不熟悉带来的紧张及其应对

人通常到一个陌生的地方总是难免会紧张的，这是人本能的反应，这种反应来源于人本能的安全意识。有人说出门矮三分，那就是因为不在你的那一亩三分地上。那么，在考场这个你不熟悉的地方，怎么找到你要的轻松心态呢？自然是要找你熟悉的东西了。考场里哪样东西熟悉呢？考官自然是不熟悉的，环境也是陌生的，那可爱又可恶的摄像机也是陌生的，唯一你熟悉的就是你的稿件了。其实，有这一样就够了，我们就可以找到轻松的心态了。

当你进入考场时，这是你最容易紧张的时候。随着你对环境的慢慢熟悉，这种紧张感会慢慢减弱。这个时候，你需要赶快进入你的稿件设定的情景中去，那是你熟悉的。人的精力是有限的，当你把精力集中到稿件上，其他的干扰就会减弱。而当你从稿件中出来，你已经不是那么紧张了。恭喜你平安地渡过了这一关。

消除这种紧张的关键在于，你对稿件的开头一定要熟悉，这样才可以在最慌乱的时候安定下来。万事开头难，你开好了头，往后就会越来越好的。所以，开头的句子不要弄得太长，也不要有太多的技巧在里面，稍微平实一些，循序渐进，你会越来越精彩的。

（3）准备不足带来的紧张及其应对

有的考生原本素质不错，水平不低，可是由于备考环节准备不足，临考前才慌里慌张地来到考场，仓促之下难免紧张，发挥不及平时一半。对付这种原因引起的紧张比较容易。

首先要在考前的一段时间内保持心情愉快平和,不要和别人争吵,往往不良的情绪也会影响水平的发挥。要少想那些令你不愉快的事情,比如哪一天丢了一支钢笔,比如哪一天又被隔壁班的坏小子多看了几眼。要多想想高兴的事情,你可以憧憬一下美好无比的大学生活。满怀美好的希望去考试,也会在无形中提高你的水平。

另外,考前的准备工作要做好,把要用的东西带好,以免到时候乱找东西,因着急弄乱了心绪。不仅路要探好,也要把自己的东西放好,有些小偷欺负考生初出家门,专门找他们下手。我们不要给他们机会。最好提前到考场旁边等候,哪怕早到一会儿也不要晚了,尤其有些考点设在学校里,而现在的校园普遍很大,进了校门还要走很久,要把这段时间空出来。准备工作做足了,到考试的时候自然也就不会紧张了。

(4) 轻敌和走神带来的紧张及其应对

有的考生自认为学艺已精,对考试难度估计不足,结果碰上了自己不熟悉的题目,一时慌乱起来,本来可以正常完成的题目也因为心里没了章法而回答得乱成一团麻。还有的考生一直表现很好,题目也没有难倒他,可是考场上一次小小的走神,例如窗外的一声鸟叫影响了他的注意力,一下子慌了,后面的东西全忘了。

对付这种原因引起的紧张也不难。要做的就是认真地对待每一次考试。须知:现在你还没有轻视任何一次考试的资本,任何的考试对你都是一次学习和历练的机会。考试前要想到任何可能遇到的困难和问题,然后想到克服的办法。这样才能一次比一次考得好,战无不胜。

(5) 不自信带来的紧张及其应对

有的考生天生就是那种很认真的孩子,学习认真,进步也快,可是对外界了解不多,在考试的过程中受到外界影响,对自己的实力产生了怀疑,致使在考试的过程中表现出不自信。这种不自信表现在:或者声音小;或者不敢看考官;或在心里不停地问自己能行吗,其他的考生是不是都很好呢。这样造成的胆怯,最终也会影响水平的发挥。

还有的考生被其他人的外表所迷惑。考试的时候,总有一些人打扮得花枝招展或者衣着光鲜,看上去很厉害的样子。一些性格有些内向的同学看到了就会有压力。其实要明白这里进行的既不是选美比赛,也不是化妆秀,关键是看你开口的那一段时间的表现。大家比的是嘴上功夫,现在的招摇并不能代表最后的胜出,谁笑到最后还不一定呢。相信你已经努力了,最后一定会有所收获的。

其实,考场周围人山人海,但真正有竞争力的不过一二成,这是任何考试的规律。明白了这一点,你该放心了吧。

也许你觉得自己也是刚刚学习了不长时间的考生。但是你要想到,现在再过一小会儿就要考试了,再着急也是无用的事情了;事到临头,紧张也罢,不紧张也好,逃是逃不过去的;既然如此,横竖都是一刀,去考试吧,没准可以通过呢。想到这里,紧张也就在你身边灰溜溜地逃走了,你就可以坦然地面对考试,发挥出你的最高水平了,甚至能取得意想不到的收获。

(6) 想得太多带来的紧张及其应对

有的考生比其他同学早熟一些,考虑问题更全面一些。这本来是好事情,可是在考试当中,并不总是如此。我们在上中学的时候经常发现一些高手在考试中意外落榜,而平时看起来贪玩不学的家伙却意外取得好成绩。此中原因很大一部分在于精英分子往往想得过多,导致压力过大,真正实力没有发挥出来。

有些考生会想这样的问题:如果考不上怎么办?现在整个学校都知道我去考播音与主持艺术专业了,如果落榜那可怎么见人呢?家里为了我考试已经花了那么多钱,还借了三姨妈的500元,如果失败,这些钱不是打水漂了吗?我的好多同学也来了,万一他考上而我没有考上,那多没面子呀。

这些想法在准备考试的初期也许会是一种动力,但是在临考的前几天要是再想的话就不是好事了。因为你左右不了人家:既无法堵住人家的嘴,也没有办法把花了的钱要回来。所谓杞人忧天就是这个道理。你现在能左右的只能是你自己。既然想那些是无用的,就不要去想了,以后的事情以后再说吧,现在还是想想怎么在考试中有好的表现吧。想到这里你的心情就会平静下来,这就是我们考试需要的状态。如果你真的做到了这一点,那你距离成功也就不远了。

2. 对克服紧张状态的再认识

紧张的来源很多,每个人的情况也不一样。有的人明明不紧张,看到大家紧张了,结果搞得自己也紧张起来。还有一些紧张是生理或心理上的原因造成的。我觉得在这里多说无益,还是多想想怎么对付这些紧张的情绪吧。

在取得成功之后,很多人会发现,许多很难的事情是在无意之中完成的。有的人描述考试就像一场聚会,没有感觉就过去了;有的人会觉得那是自己运气好,觉得自己当初是傻大胆……之所以会有这样的感受,一个很重要的原因是:当时没有过多地考虑其中的难度和重要性,以一种轻松的心态去面对考试。

既然这样,如果那么多复杂的事情你想不明白,你尽可以什么也不想地去考试,把考试当成平时的一次练习,或许你就可以得到更好的成绩。

反过来看,有的人喜欢想很多,这也想,那也想,绕到圈圈里无法自拔。其实你只要克服了以下几个问题,一切就会迎刃而解了。

怕丢丑。考官每天要面对那么多考生,他对你知根知底吗?事实上考官并不认识你,哪怕你考得不好,他也不会跑去告诉你的同学和家人,更不会因此成为他们取笑你的理由和谈资。你需要这样想:尽情表现吧,反正已经交了报名费……

怕考不上。这个担心也要去掉,现在开设这个专业的学校很多,你不会只报一个学校,这个不成还有下一个呢!万一都不行,我再努力一年,或许可以考上更好的学校呢。有了这样的心态反而更容易考中。如果紧张地抱着各种各样的杂念去参加每一次考试,那结果才是可怕的呢。我们常说往最坏处打算,往最好处努力,就是这个意思。另外,再想想,即便是所有的不好都发生了,又能怎样呢?天会塌下来吗?你就被逐出地球了吗?显然不会。这些结果都是可以接受的。既然最坏的结果你都可以接受,那你还怕什么呢?

如果这样想,你会发现原来这件事情没有什么大不了的,轻松的心情就不请自来了。考试比的就是实力,来不得半点虚假。如果你真的很努力,你会发现,那些考试题目你已经很熟悉了。熟悉的东西是不会带来紧张的。就像你放学回家的路,你会因紧张而担心走错吗?当然不会,你已经太熟悉了。考试也是这样,那些题目难不住准备充分的你,到时候让你紧张,你也不会紧张的,因为你已经付出了努力,一切已经成竹在胸,你可以从容地去面对一切了。

如果你还是有点不放心,那就在考试前吃上一根香蕉,据说那东西有镇静的作用。真的是这样的,而且香蕉还可以润嗓子,一举两得。

平常练习的时候,你还可以告诉自己:我是最好的,我能考好。到开始考试的时候再说一遍,接着就会进入你熟悉的情景中去,紧张的感觉也就自然消除了。

有的时候大家会惊异:为什么那个女孩那样从容?为什么那个男生会那样成竹在胸?在考试将要开始的关键时刻,他们还有闲心和别人谈笑风生,如此镇定自若,他们是怎么做到的呢?个中原因除了人家可能准备得充分、实力出众之外,个人气质的培养也是很重要的因素。

有的考生由于家庭教育和环境等原因,从小喜欢旅游,热爱读书,关心时事,眼界开阔,对事物的分析和承受能力自然超过了同龄同学。这种能力和素质对考试是大有好处的。

有的考生到过西藏或者三峡。高原的苍茫、大山的巍峨,震撼着他的心灵,让他对生命有了新的理解。有的同学喜欢体育,一些体育明星的经历让他对胜负有了新的认识。还有的同学喜欢读书,书中许多强人化险为夷的经历让他对未来不再悲观。这些都对他的承受能力有很大的帮助。在面对人生中这样的一次考试的时候,他们就能表现得自然一些、从容一些了。

总而言之,大家在平时还要注意对自己综合气质和独立能力的培养,让自己独立地做一些事情,克服一些困难,不要任何事情都依靠父母和老师。这样,在潜移默化之中,各种能力都会显著提高。

十二、考官喜欢什么样的考生

社会上,对任何人和事物,人们都爱分个高低、评个优劣。有些"有心"的人,还给身边的俊男靓女们打了分,分出等级。对于进入考场的考生来说,谁都不想当"菜鸟",个个想做"达人"。那么一个问题来了:考官究竟喜欢什么样的考生呢?根据我的长期观察,考官喜欢的考生应具备如下条件。

1. 普通话标准

普通话标准是首要条件。要是考官可以听出你是哪里人,那就说明你的普通话还有家乡味,还不够标准。有许多人说过:天不怕,地不怕,就怕×××说普通话。这是句玩笑话。

语音正确是非常重要的,至少你不能让那些考官听出太多的明显错误。历史证明,那些考官都是不愿意惹麻烦的家伙,他们总是喜欢那些发音正确的学生。因为这样的学生进了学校,他就可以省去很多时间来教语音。你不可以平翘舌不分,"j""q""x"发音不标准,甚至前后鼻音不清。普通话不够标准就很难成为优秀考生了,甚至还有名落孙山的可能。

2. 声音好

声音好,通俗地理解,就是:音质好;音色干净明亮;声音有磁性,有魅力,不干,不哑。声音好很重要。你读的内容是什么暂且不说,光是听你的声音就会令人陶醉。而且声音好还可以掩盖好多语音和表达上的不足。有个好嗓子真是一件幸福的事情。

男生的声音要有阳刚之美,声音宽厚且响亮。女生的声音要有温柔之美。但是要注意有时候温柔的声音太多,反而让一些朴素大方的声音显得更难得。

有些人天生嗓音好,这是别人没法比的事情。人家天生燕语莺声,声音圆润响亮,放开嗓门,嘹亮如进军的号角;温柔起来,声音平和自然,如涓涓溪流。不过呢,如果我们没有天生的好嗓子,通过练习,我们的嗓音也是可以得到改善的,这样的例子也有很多。

有些人很会用嗓子,知道自己嗓音不响,就选了一篇有历史沧桑感的文章来读,结果很有韵味;有的考生声音有些稚嫩,他就读了一个童话故事,效果也不错。正视你的声音特点,扬长避短,努力发扬你声音的长处,也可以获得好声音,成为考官喜欢的考生。

3. 气质好

做主持人、播音员,明摆着就是打算以后成为别人的偶像,所以形象、气质很重要。站要站得直,走路也要自然,和人交谈要大方、不卑不亢、有亲和力,这样的人让人一见顿生好感。总起来说,男生个子不能太矮,女孩子也不能太胖,五官要端正,身材比例要适当。虽然不一定男生都貌比潘安,女生都赛过西施,但是一定要有年轻人积极向上的精神面貌。如果是个愤青,或者玩世不恭的人,或者做出一番看透人世沧桑的样子,那会把考官吓坏的。如果你想进入大学,就不要冒这个风险,不要出这种风头。

如果你的形象表现出你爱运动的个性,如果你的气质表现出你爱追求时尚的特点,如果你有那种比较婉约的气质,这些都没有关系。尽量发挥你的个性,只是一定要自然,不要伪装。阅人无数的考官都有一双"火眼金睛",他们可是一眼就能看出真与假。

一般人的气质通过学习和服装修饰等方法都可以得到改善。如果你的五官实在是不怎么端正——而事实上五官绝对端正的人也不多,多少都有点不那么标准,比如说嘴有点歪,眼睛小了一点。那些嘴有点歪的小妹妹就不可以从事播音主持这个行业吗?当然可以了,不仅可以做广播节目主持人而且可以做电视节目主持人。我们可以发现电视上有很多嘴有一点儿歪的主持人,崔永元、毕福剑的嘴巴都不周正,但歪得可爱。首先,这可以通过化妆来解决。其次,现在崇尚知识型、专家型的主持人。如果你加倍努力,在内涵方面过人一筹,照样可以把那些嘴巴正的家伙比下去。

4. 有思想和内涵

做一个优秀考生很关键的一点就是得有思想、有内涵。好气质来源于你满腹才华,好声音来自你说出的有思想深度的语言——这两者说的是外在的能感受到的东西。现在,我讲讲考生的思想和内涵。人人都知道内涵很重要,可是真正有内涵的人总是不多的。你去努力吧,我相信你可以成为才貌双全的有思想和内涵的考生。不要吝啬你的每一分努力,不要轻视你的每一次思考。思想和内涵能通过你的言语让明察秋毫的考官感觉到,因为考官都是爱才的。如果你是个人才,考官是不会放过的,但前提是你必须是个人才。

5. 有个性特点

要想做一个人见人爱的优秀考生,在基本做好以上几点的情况下,最好还要有个性特点。个性特点突出是你取胜的法宝,比如你出人意料的幽默风格、异乎寻常的阳光状态、极其标准的五官组合……如果你具有这些特点,就会得到众多考官的青睐。

如果你没有明显的个性特点也没有关系,关键是你要给考官一个爱你的理由。你不妨仔细想一下,或许就可以发现自己的长处和努力的方向。传说著名的电影演员邵兵,当年考北京电影学院时,本来考得一塌糊涂,可因为他以前是赛艇运动员,气质迥异于其他考生,所以被破格录取,终成大器。你到底有哪些个性特点呢?现在开始想吧!

6. 有潜力

有潜力是考官很在乎的一点,因为考官是在招学生,而不是招聘马上可以胜任工作的主持人,这一点也决定了考官要的是"璞玉",而不是打磨成型的"玉器"。因为你一旦成熟,许多东西是比较难改正的。如果你是一个学播音与主持艺术专业的好苗子,那考官正好可以发掘你的潜质,把你培养成适合社会需要的人才。这也是入学考试不同于其他大赛、招聘、选秀等活动的关键之处。

你的潜力体现在基本素质上,如"知识面广""语音面貌好"等。当然你还要有远大的志向,考官喜欢的是那种真正热爱这项事业的人。

7. 人品好

学艺先做人,尤其是做播音员、主持人的。他们在话筒前是不允许胡说八道的,因为他们的一言一行、一举一动都将对观众、听众产生很大的影响。所以,他们除了具有媒体从业者的职业道德之外还必须有许多人性中美好的东西,比如勤劳、爱国、诚实、守信、对公众有爱心等等。

完善自己的性格也是很重要的一个方面。不要以为考官在短短几分钟里很难了解你的性格。要知道那些考官常年招生,阅人无数,眼光犀利,他们很容易发现你是个真正诚实的孩子还是个爱说谎话的人。还是努力塑造自己的健全人格吧,男孩子要有力量、阳刚、责任感,千万不要做委屈和楚楚可怜状。哪怕是女孩子也不要出此妙招,因为这是21世纪,不是女子无才便是德的封建社会。社会要求男人要睿智、有力量、幽默、时尚,女孩子要温柔、美丽、大方、智慧。合乎了时代的审美要求,大家才会看着你感到舒服,才会赢得考官的好感。

也许你会感到奇怪:考官是从哪里发现我的性格呢?其实你的性格是可以从你的言行气质上表现出来的,这些信息会源源不断地传递出去。首先是你的眼神。当考官和你的眼神对视的时候,就像一场交锋,刀光剑影里底牌瞬间翻出。假如你是真诚自信的,没准那是一次一见钟情的对视,成为改变你命运的一瞬间。你在读稿件的时候,对稿件的选择和处理,也会彰显你的性格特点,是读得如行云流水、潇洒自如,还是半信半疑、磕磕绊绊,这些都在述说你是个什么样的人。通常性格豪爽的人的发音很大方、有感染力,而心思细密的人的发音会显得保守而且谨慎。

提起性格,可能大家会想到内向和外向这两种。其实,在主持节目方面,这两种性格没有高下之分。内向的人可以在理性分析上下功夫,电台里、电视上也不能总是些闹翻天的节目,总得有安静的节目吧。我们说的性格上的不好多是指过分狭隘、妒忌心太强等,这和内向、外向没有什么对等关系,你尽可以做真实的自己。

以上细分了优秀考生的种种素质。在这个世界上,很多事情是很难琢磨的,还有很多事情让人难以把握的,就像有的人明明不英俊漂亮却很招人喜欢,这说明优秀的品质并不是机械地简单组合,而是一个综合了各种因素的混合体。

综合来说,作为一个考生最基本的要求是女孩子要真实、可爱、清纯,男孩子要大方、朴实、有思想。

十三、怎样获得好的语感

提起语感,好多人认为那是一种很神秘的东西。打球的人有球感,唱歌的人有乐感,游泳的人有水感……那么,到底这些林林总总的"感"是什么呢?有人说语感就是天生的对语言的感觉,有这种感觉的人学这种艺术就有优势,就容易取得成绩。不可否认,有的人确实是有这方面的才能。那么,那些没有语感的人该怎么办呢?

从我们学习普通话和考试的角度来说,语感仅仅是对语言的感觉。语感强的人对语言敏感一些,学习语音、表达意思比语感弱的人快一些。大家要明白,语感并不是后天不可以培养的。那么,新的问题来了:怎么培养语感呢?俗话说:"熟能生巧。"语感也一样。一旦对语言熟悉了,语感也就出来了。它不神秘,并不是可望而不可即的。

培养语感的方法很多,一般的方法就是平时多练、多看、多感受一些好的语言作品。比如名著,比如名家的录音、录像作品。看得多、听得多、想得多、写得多了,慢慢地语感就会来到你的身边。就像打台球的人一样,他能熟记每一个球在台面上的位置,并能记起上次把它打进是用了多大的力度、用的是什么样的角度,这样就可以取胜了。

语感强可以帮助你取得好成绩,但是它并不是通往胜利的唯一路径。

十四、考场上的注意事项

考场上需要注意的事项很多,我把它总结为以下几条:

(1)不要拿到稿件就读。指定稿件的朗读(播读)通常是在复试中进行的,而且是第一项。开始前你需要重新报一下考生编号、名字什么的。在做完这一切后,不要马上开始朗读(播读)稿件,因为考官可能要简单浏览一下你的资料,尽量等考官都安静下来目不转睛地盯着你的时候再开始。这样做既是对自己和考官的尊重,也保证了考试的效果,这和演出当中的静场有同样的效果。

(2)读题目。有的稿件是有题目的,播读时题目也要读出来。而且读完题目,不要马上进入正文,中间也要有一个短的停顿间隔,以示区别。

(3)在开始读稿件的时候,不要考虑字音、停连等技术问题了,应该集中精力进入稿件所描述的意境中去,用心读稿件。

(4)声音以朴实自然为主。由于指定稿件多是新闻通信类稿件,读时的声音要以朴实自然为主要状态。首先要把事情说清楚,那种不分青红皂白胡乱运用感情的朗读(播读)是要不得的。有的考生喜欢把指定稿件读得很像新闻稿件,这是没有必要的。因为老师是看你有没有做播音员、主持人的潜质,不是要你马上就去做播音员或主持人。你只需要按照自己的理解把稿件读出来就可以了。

(5)关于音量和语速。音量不要过大,语速不要过快,你感觉自然就可以了,音量太大反而不好控制。开头的声音可以收一些,到后来熟悉了环境,可以适当把声音放出来。由于是考试,你可能比平常要快一些。在这种情况下,尤其要沉住气,让它适当地慢下来。如果语速快起来你又收不住,它会越来越快的,很可能快得你自己也难以控制。你可以在稍微偏快的时候适当加大一下停顿间隔,这样给自己一个缓冲的余地。

(6)指定稿件的播读要注意表情和口型。平时练习的时候可以照一下镜子,调整一下表情。读的时候,口水纷飞、表情过于夸张也是要不得的。

(7)播读稿件时要注意身体的姿势。有的考生坐在那里往桌子上一趴就读将开来。这样做影响发声不说,也会给考官留下不好的印象。应该坐正且只坐椅子的前部,身体略前倾,这样有利于发声,也容易找到说的感觉。如果是站着,那就站好了,站直了,身体不要乱晃动,晃来晃去会影响播读的整体效果。还有的考生有说一句话点一下头的习惯,这样很不好,平时有意识地控制一下就可以了,不然会显得孩子气、不大方。

(8)尽量不要多说话。有的考生为了突出自己的幽默个性,喜欢在场上耍贫嘴,得到说话的机会就滔滔不绝、没完没了,还自以为得意,认为自己是与众不同。还有的喜欢在朗读之前作各种解释,比如自己是刚找到的稿件什么的;还有的解释自己嗓子不好,正感冒。还有的会痛说革命家史,希望以此感动考官。殊不知,这是在选拔人才,不是其他搞怪节目,唯有过人素质才是打动考官的唯一方法。

(9)不要老是想着出奇招。有的考生眼见得竞争激烈,又不愿意在专业知识、能力上下功夫,就想着出奇招,比如在考场上让考官配合考试等。这样做多半是不会有很好的效果的,因为考官最后看的还是你有没有潜力,一时的小花招作用并不是很大。

(10)最好的状态是尽快找到倾诉的感觉,把精力完全放在稿件中。这样不仅不会紧张,而且会显得更加自然。

(11)尊敬考官。尊敬考官是因为他们多数是你的长辈,且艺术上多半高于你们目前的水平,况且人不管什么时候总是需要谦虚的心态。有的考官会告诉你的不足,你一定要有虚心接受的样子,不要生硬地去顶撞。哪怕你的话很有道理,也一定要有礼貌。你可以幽默地说明,但一定要说声谢谢。这同样对你是一个考验,也有可能提高你的成绩。

十五、播音与主持艺术专业考题类型

播音与主持艺术专业招生考试的主要内容是自备稿件、指定稿件、即兴评述和模拟主持，个别院校还要加上了自我介绍和才艺展示。几乎所有的考试都是这样几种形式的组合。有的只考其中几项；有的会有所增加，比如加上了考官提问和形体展示。不过大部分学校还是考最主要的四项内容。考生可以提前做一些针对性的练习，自己设计一些题目，通过模拟考试增加实战能力。下面我们结合考题本身的难易情况进行分类讲解。

1. 简略型

简略型的题目一般出现在初试中。考生先接受考官的简单初选，被选中者才有资格进行复试，在复试中进一步接受考查。对这种简略型的题目，考生不可掉以轻心，要力争给考官留下好的印象，为进入复试打好基础。通常讲，如果在初试中表现得好，复试中考官会重点考查，这样无疑增加了被录取的概率。

例题一

一、自备稿件。（散文或小故事，时间：3分钟）
二、回答考官提问。

例题二

一、自备稿件。（散文或小故事，时间：3分钟）
二、才艺展示。

例题三

一、自备稿件。（散文或小故事，时间：3分钟）

例题四

一、指定稿件。

本台消息，记者从武警部队参谋部训练局了解到，约旦第九届"勇士竞赛"国际特种兵比武当地时间4日落下帷幕。中国武警代表队以优异成绩再次夺魁，其中武警河北省总队代表队获得团体第一名，武警猎鹰突击队获得团体第三名。

"勇士竞赛"国际特种兵比武是由约旦军方和阿卜杜拉国王特战训练中心联合创办，旨在汇聚世界反恐精英部队、交流先进反恐作战理念、提高各国反恐技战术水平，被誉为国际特种兵切磋技艺的国际顶级赛事。

本届比武于4月30日在约旦首都安曼近郊的阿卜杜拉国王特战训练中心开始举行，共有来自约旦、沙特阿拉伯、阿联酋、美国、中国、葡萄牙、南非等17个国家的32支队伍参加角逐。今年,武警部队选派分别由7名队员组成的武警河北省总队代表队和武警猎鹰突击队参赛。

二、回答考官提问。

例题五

一、指定稿件。

本台消息,近日,国务院办公厅发布的《深化医药卫生体制改革2017年重点工作任务》(以下简称《工作任务》),专门就医联体等14项需要研究制定的政策列出了具体的时间表,同时对医疗服务价格调整等56项重点工作进行了具体部署。

国务院医改领导小组专家咨询委员会委员、中国人民大学医改研究中心主任王虎峰指出,《工作任务》再次明确医改工作是"一把手"工程,要求各地由党委或者政府主要负责同志担任组长,同时将医改纳入地方政府的考核,建立台账并定期通报,"医改领导工作的组织保障力度将大大加强"。

据他介绍,一些正在制定的政策很有代表性。他以医联体举例说:"发展医联体是促进分级诊疗的一个重要抓手,而将在6月底前完成的指导意见是继国办印发《关于推进分级诊疗制度建设的指导意见》之后的又一重要进展。"

二、即兴评述。

一带一路。

2. 复杂型

复杂型题目一般出现在复试中,难度大,考生在考试中会感到时间紧。对复杂型的试题,考生要经过多次模拟练习才能达到考试的要求。有的学校只考一次,没有复试和三试,即一次定胜负,这种题对考生的要求更高,所以大家一定要多多练习。

例题一

一、自备稿件。(散文或小故事,时间:3分钟)

二、新闻播报。(要求:播报式、播讲式,时间:3分钟以内)

本台消息,上海楼市新开盘商品住房将采取由公证机构主持摇号排序、按序购房等方式公开销售。

4日深夜,上海官方出台新规,加码楼市调控。上海市住房和城乡建设管理委员会表示,已下发《关于进一步加强本市房地产市场监管规范商品住房预销售行为的通知》,明确要求新开盘商品住房采取由公证机构主持的摇号方式公开销售,严格落实购房实名制,不得以任何名义收取价外价。

此外,房地产开发企业、代理销售企业、房地产经纪机构、相关管理机构工作人员不得以各种方式炒卖房号,开发企业员工自购本企业开发的商品住房的应当予以申报,购房名单纳入区房管部门全程监管。

同时,通知还明确对涉嫌违规的房地产企业,一经查实,一律暂停网签,降低直至取消房地产开发企业资质,并列入行业信用管理"黑名单"。涉嫌违法犯罪的,移交司法机关处理。

三、即兴评述或模拟主持电视小栏目,限时3分钟。(二选一)

1. 恨爹不成刚。

2. 减肥药该减肥了。

四、才艺展示。(要求:非语言类,时间:1分钟左右)

例题二

一、自备稿件。(散文或小故事,时间:3分钟)

二、播报以下新闻并评述。

白居易名作《琵琶行》,每个高中学生必背的经典。但是600多字的长诗,也是背哭了一代又一代人。毕竟,不是每个人都能像在《中国诗词大会》夺魁的武亦姝一样诗词满腹的。不过,最近有一批"90后"艺术生把《琵琶行》改编成了朗朗上口的流行歌曲,歌曲视频一上传网络,就被点爆了。

"00后"的高中生纷纷发弹幕点赞,"泪流满面"地表示:终于找到了背古诗的正确姿势!能不能出个高考语文背书系列,把古诗全写成歌呀?

大火的这一《琵琶行》歌曲视频,长度只有5分半钟,用年轻人最熟悉的流行歌曲的形式,把白居易600多字的诗歌全编了进去。不仅旋律动听、朗朗上口,副歌部分还用上了戏曲腔。这首歌上传才两天,就收获了1300多条弹幕,2万多次点击。

三、才艺展示。(要求:非语言类,时间:1分钟左右)

四、回答考官提问。

十六、一组艺考真题

真题一

1. 指定文学作品朗读或新闻播报。

领略趣味的能力固然一半由于天资,一半也由于修养。大约静中比较容易见出趣味。物理上有一条定律说:两物不能同时并存于同一空间。这个定律在心理方面也可以说得通。一般人不能感受趣味,大半因为心地太忙,不空,所以不灵。我所谓"静",便是指心界的空灵,不是指物界的沉寂,物界是永远不沉寂的。你的心界愈空灵,你愈不觉得物界沉寂。或者我还可以进一步说,你的心界愈空灵,你也愈不觉得物界喧嚷。所以习静并不必定要逃空谷,也不必定学佛家静坐参禅。静与闲也不同。许多闲人不一定都能领略静中趣味,而能领略静中趣味的人也不一定要闲。在百忙中,在尘世喧嚷中,你偶然丢开一切,悠然遐想,你心中便蓦然似有一道灵光闪烁,无穷妙悟便源源而来,这就是忙中静趣。

2. 主持人话题评述或材料(或图片)评述。(依据给定的材料或图片,完成完整的口语表达,时间为2分钟左右)

2014年10月9日早上6时许,河北省发布了雾霾橙色预警。预警信息称,邯郸有重度霾。然而,有网友爆料称,河北省邯郸市临漳县第五小学,学生在露天操场上蹲着参加考试。该小学教师发帖表示,学生雾霾天露天参加考试,是由于学校设施问题。你对此事怎么看?请发表看法。

3. 回答评委问题。(评委依据考生的主持人话题或即兴评述提出问题,考生当场回答)

注:以上三题为2015年河南省考试真题。复试全程录像,考生不允许化妆,否则不得入场。

真题二

1. 指定文学作品朗读或新闻播报。

本台消息,记者从国家体育总局了解到,中国奥委会已经于11月3号正式致函国际奥委会,提名北京市为2022年冬奥会的申办城市,其中北京市承办冰上项目的比赛,河北省张家口市崇礼县承办雪上项目的比赛。同北京竞争申办的城市,目前除了哈萨克斯坦的阿拉木图已经提交申请外,还包括挪威首都奥斯陆,以及德国慕尼黑等。国际奥委会将于2014年7月确定候选城市,最终的举办城市将于2015年7月31日在国际奥委会第127次全会上投票产生。

2. 主持人话题评述或材料(或图片)评述。(依据给定的材料或图片,完成完整的口语表达,时间为2分钟左右)

"早上急着去上班,出门却发现自己的车被人给堵了;晚上回来,发现自己的停车位被别人'捷足先登'了;出门在外,为了一个停车位,玩起碰碰车,甚至动手互殴……"媒体调查发现,近些年停车难已经成为很多城市治理的新顽疾。而许多地方在管理上的束手无策,一定程度上又让这种现象有加剧的趋势。你认为应该怎样应对"停车难"的问题?

3. 回答评委问题。(评委依据考生的主持人话题或即兴评述提出问题,考生当场回答)

注:以上三题为2014年河南省考试真题。复试全程录像,考生不允许化妆,否则不得入场。

真题三

1. 指定文学作品朗读或新闻播报。

宽松的环境,是一个有利于大家干事情的环境;搬弄是非,嫉贤妒能,指桑骂槐,摔盆打碗,人为地制造紧张气氛和局面,对别人无益,对自己也没有什么好处,更糟糕的是对空气起了一种毒化作用。

疏松的土质能使植物更茁壮地成长,宽松的环境能使心灵更好地生长。造就一个宽松和谐的环境,有利于造就更多颗宽松明朗的心灵。

那种小肚鸡肠,见不得别人比自己好,时不时想给别人制造一些麻烦、障碍的人是应该受到鄙视的。如果大家都鄙视这种行为,这种人的市场和作用就会小得多。

造就一个宽松的环境,不仅是明智的表现,也是有力量的表现。唐代计有21位皇帝,被史家特别称道的却是"唐美三宗",即唐太宗李世民、唐玄宗李隆基、唐宪宗李纯。这三位主政之时,政治大抵清明,朝上气氛亦较宽松,国家也富强。到了宪宗之后,宦官专权,国势便逐渐衰落。

2. 主持人话题评述或材料(或图片)评述。(依据给定的材料或图片,完成完整的口语表达,时间为2分钟左右)

"我插一句啊,也要教育我们的公民到海外旅游讲文明。矿泉水瓶子不要乱扔,不要去破坏人家的珊瑚礁……"2014年9月15日晚,当中国驻马尔代夫大使王福康说到中马旅游合作时,正在马尔代夫进行首次国事访问的习近平一番幽默插话,引得全场响起一片笑声和掌声。你认为怎样才能加强国人"文明旅游"的意识?

3. 回答评委问题。(评委依据考生的主持人话题或即兴评述提出问题,考生当场回答)

真题四

1. 指定文学作品朗读或新闻播报。

本台消息,今天,由新华社采写制作的大型全媒体融合报道《红色圣地的绿色革命——延安退耕还林记》正式上线。

该报道通过历时两个月的实地采访,全面展现了20世纪末退耕还林以来,在红色圣地延安发生的"绿色革命"。延安人以执着的"延安精神",在水土流失最严重的黄土地上埋头苦干,为世界提供了一个短期内"生态可逆"的成功样本。报道从上万张照片以及超过900分钟的视频资料中精挑细选,并借助同机位对比图、动态遥感图等多种表现手法,推出了网页版、手机版等多种报道形态。读者可通过新华通网站、新华社发布客户端及扫描二维码观看阅读。

2. 主持人话题评述或材料(或图片)评述。(依据给定的材料或图片,完成完整的口语表达,时间为2分钟左右)

3. 回答评委问题。(评委依据考生的主持人话题或即兴评述提出问题,考生当场回答)

真题五

1. 指定文学作品朗读或新闻播报。

盼望着,盼望着,炎热的酷暑终于过去了,秋天的脚步近了。

一切都是秋高气爽的样子,天高了,云淡了,果子熟起来了,蛐蛐儿的叫声响起来了,天气凉爽起来了。

小草并没有完全从大地中消失,仍绿绿的。园子里,田野里,瞧去,一片一片满是的。孩子们跑着、跳着,翻几个跟斗,捡几个落下的果子,互相投掷着,比赛着,看谁投得更远、更准。风凉丝丝的,草绿绿的。

桂树、枫树、常青树,带着苍郁、深沉的格调和各具特色的气质,展示着风采。金子般的黄、玛瑙般的红、翡翠般的绿,宛如画家精心绘制的画卷。鸟儿为迁移忙碌着,蚂蚁正在收集冬天的口粮。雏菊、一串红、矮牵牛,一眼望去遍地是:橘黄的,紫红的,争奇斗艳,铺在花坛里,像地毯,还迎着秋风微笑呢!

2. 主持人话题评述或材料(或图片)评述。(依据给定的材料或图片,完成完整的口语表达,时间为2分钟左右)

网络时代的发展确实为人们的沟通交流提供了便利。最近两年使用微信的人越来越多,同时微信传播的内容也越来越乱,有人传播谣言、进行诈骗。面对这种现象我们应该怎样应对?

3. 回答评委问题。(评委依据考生的主持人话题或即兴评述提出问题,考生当场回答)

真题六

1. 指定文学作品朗读或新闻播报。

本台消息,近日,中宣部、中央文明办开展慰问帮扶道德模范活动,送去党和政府的温暖、社会各界的关心,树立尊崇道德模范、关怀道德模范、学习道德模范的良好风尚。今年9月26日,第四届全国道德模范评选产生。中央领导同志十分关心道德模范,亲自过问他们的工作、生活情况,要求热情关心他们,帮助解决工作、生活中的实际困难,为他们解除后顾之忧。据悉,2007年以来,中宣部、中央文明办已帮扶全国道德模范74人,帮扶资金719万元;各省区市共资助3.3万人次,帮扶资金1.19亿元。

2. 主持人话题评述或材料(或图片)评述。(依据给定的材料或图片,完成完整的口语表达,时间为2分钟左右)

进入2014年,演艺圈多位明星因为吸食毒品被警方查获。8月13日,北京演出行业协会和各大演出公司签订《北京市演艺界禁毒承诺书》,承诺"不录用、不组织涉毒艺人参加演艺活动,净化演艺界队伍"。该消息引起了众多媒体和网友的关注。你认为应该不应该封杀吸毒明星?

3. 回答评委问题。(评委依据考生的主持人话题或即兴评述提出问题,考生当场回答)

真题七

1. 指定文学作品朗读或新闻播报。

如果你不是一个布道者,何必祈求人人都理解你呢?

如果你是一个布道者,又怎么能奢望人人都成为信徒呢?

在人际交往中,可悲的不是理解,也不是不理解,而是表面上好像什么都理解了,实则什么都没理解。

理解,常常需要时间。

最先阐明血液循环原理的英国医生哈维,最初他的理论因为不被人理解,曾受到过猛烈攻击,只是到了后来,他的理论才被同时代的科学家们完全接受。

理解,是近年来人们常常谈到的话题。人们之所以在口头上常常提到它,或许是因为实际生活中的理解太少了。

不要总埋怨别人不理解你的天才和深刻。哥白尼,人们再怎样不理解他,他还是成了不朽的哥白尼;伽利略,人们再怎样不理解他,他还是成了不朽的伽利略。

问题更多的不在于人们是否理解你,而在于你是否真的是哥白尼和伽利略那样的天才。

2. 主持人话题评述或材料(或图片)评述。(依据给定的材料或图片,完成完整的口语表达,时间为2分钟左右)

2014年8月29日,20岁的重庆女大学生高渝在返家途中错上一辆黑车而被害身亡。8月21日,女大学生火车站搭黑车,遭司机囚禁性虐4天。8月12日,江苏19岁的女大学生高秋曦在返校路上失踪,随后被证明身亡。刚刚过去的8月,由于各地接连发生女大学生遇害事件而被蒙上阴影,有媒体甚至用"8月劫"为标题对此致哀。你认为女大学生应怎么加强自我防范?

3. 回答评委问题。(评委依据考生的主持人话题或即兴评述提出问题,考生当场回答)

真题八

1. 指定文学作品朗读或新闻播报。

本台消息,中央宣传部、最高人民法院今天在中国网络电视台向社会公开发布刘黎等10位"最美基层法官"的先进事迹,同时联合作出表彰这10位"最美基层法官"的决定,并向他们颁发了"最美基层法官"荣誉证书。

这10位"最美基层法官"身上集中展现了当代基层法官良好的精神风貌。他们扎根基层,追求法律公平正义,捍卫法制权威尊严,化解群众矛盾纠纷,为促进社会公平正义、保障人民权益作出了重要贡献。

据了解,这10位最美法官,是经过组织推荐、媒体寻找、群众发现等方式,在15万基层法官中通过投票产生的。

2. 主持人话题评述或材料(或图片)评述。(依据给定的材料或图片,完成完整的口语表达,时间为2分钟左右)

近日,有网友举报称上海长征中学为了追求升学率,让年级排名90名后的学生写"承诺书":放弃高考,直接参加春季高考或专科自主招生考试。校方表示这是高二年级组的个别行为,初衷是为端正学生的学习态度,目前已收回承诺书并向家长、学生致歉。你对上海一高中要求年级排90名以后的学生放弃高考怎么看?

3. 回答评委问题。(评委依据考生的主持人话题或即兴评述提出问题,考生当场回答)

真题九

1. 指定文学作品朗读或新闻播报。

宁静的山是心灵的绘画,宁静的水是灵魂的诗篇,宁静的夜是精神的书籍。

我宁静,是为了让思想活跃;我活泼,是为了让精神宁静。

一颗受了伤害的心灵,有时需要的是安慰,有时需要的是宁静。最不适宜做的事情,就是用安慰去干扰宁静。

达·芬奇的《蒙娜丽莎》问世以来,人们都被告知她的微笑如何富有魅力,而我更欣赏的则是她的那分恬适和宁静。

美妙的音乐在不宁静中使人进入宁静,卓越的雕塑在宁静中使人变得不宁静。

宁静是一种伟大孕育的结果。

2. 主持人话题评述或材料(或图片)评述。(依据给定的材料或图片,完成完整的口语表达,时间为2分钟左右)

一评委参加某部委主办的全国中小学征文的评选,连续看了580篇中学作文后,发现一个普遍的问题:假——写的是假事,抒的是假情,发的是假议论。好像是一个模子刻出来的:开头必是一段华美的抒情,中间写一段自己读了某本书的感受,其间引用几句名人名言,结尾点题。你认为"中学生作文千篇一律,不写真话"的原因是什么?请加以评述。

3. 回答评委问题。(评委依据考生的主持人话题或即兴评述提出问题,考生当场回答)

真题十

1. 指定文学作品朗读或新闻播报。

本台消息,为期178天的西安世界园艺博览会明天结束,累计入园人数超过1500万人次,是历届世园会参观人数最多的。数百家参展方展示特色园林园艺,开展科技、文化交流。世园会拉动了当地旅游。今年5至9月份,西安市国内外游客接待量和旅游收入均增长近50%。通过举办世园会,西安市投入了约11亿元建成了300多个街头绿地广场,新增城市生态水面积4.5万亩。世园会结束后,这里将改造成城市生态环保基地和世园公园免费开放。

2. 主持人话题评述或材料(或图片)评述。(依据给定的材料或图片,完成完整的口语表达,时间为2分钟左右)

杭州某大学为了让学生少玩游戏,在校期间要求所有大一新生的笔记本都要安装某款定时软件,大二及以上的某些挂科、旷课情况严重的同学也要安装,每天只能用5小时,超过便会自动关机。如果在校内卸载,首次会通报批评,第二次会让学生把电脑寄回家。你对此事怎么看?

3. 回答评委问题。(评委依据考生的主持人话题或即兴评述提出问题,考生当场回答)

第四讲　体验篇

　　60天完成播音与主持艺术专业的备考任务不是比拼力气的过程,这是一个科学备考的过程。这个过程一样要有张有弛,主要是利用有限的时间,选择最重要的考试内容来学习。接下来的内容是帮助你了解播音员、主持人的工作、生活情况的。为了给你更多的美好期望,我尽量选择了美好的事情,让你对这个行业产生好感,从而帮助你学习,也能在你备考的时候缓解紧张的情绪。所以,这一部分的内容是要穿插在前面的60天中进行了解学习的。看着下面的内容也许你会合上书闭上眼睛想一想,如果你站在舞台的中央,如果你坐在直播间里,那又是什么样子的。

　　这些小文章类似微型的媒体素养课,让你对传媒,对新闻有更多的了解。了解这些内容,会让你的知识更加丰富,身上能多几分主持人的气质,这些对考试都是大有好处的。

一、主持人是怎样工作的

　　无数次在梦里,出现在话筒前,满怀激动的心情对观众朋友们说:亲爱的听众朋友,我就是你们朝思暮想的主持人阿呆,我们终于见面了。做一名优秀的节目主持人是很多人的梦想。那么主持人到底是怎么工作的呢?他们的工作环境是什么样子的呢?

　　作为一个在职的主持人,我给大家当导游,让大家能够对电台、电视台的环境有一个大体的了解。它一方面可以验证当初你决定做一名主持人的选择是否正确;另一方面,也让你做一下预习,如若真的梦想成真,成了主持人,那就可以更好地在那里快乐地生活了。

　　经常有人遮遮掩掩地说,还是学生好啊,那么纯洁,没有忧愁。然后他们一甩头走了,留下懵懂的我们,让人觉得仿佛社会是个张着大嘴爱吃人的东西,一旦靠近它就有去无回。但是我们总要长大,总要踏入个这陌生的社会,总要第一次迈入那个不是教室而是办公室的场所,迈入那个没有课桌和粉笔味道的房间。失去了"老师"和"同学"称呼的人们将会是什么样的呢?他们将如何生活呢?

　　我想还是先了解这是一个什么样的地方吧,就像去逛街一样,要先看一下店名,千万不要做"到羊肉店里买内衣"那样的尴尬事。

　　我们先了解一下广播电台、电视台的性质。广播电台、电视台都是党和政府的喉舌,承担着宣传党的方针政策的任务,同时还起到舆论监督的作用。当然,它们还有一部分精力是放在经营上的。许多多才多艺的同事们善于此道,他们拉广告、作节目,两手抓,两手都很硬。但这样的天才总是少的,更多的弟兄专心一样工作,力图"一招鲜,吃遍天"。

　　就像在工厂做工人难免三班倒,做电台的节目主持人也有他工作的特点。一般来讲,许多人也是正常上下班:早上某一刻到办公室,中午餐厅用饭,下午5:00皆大欢喜地下班离去,该忙什么忙什么呗。但是这样的生活总是属于少数人,大多数人过着另类的日子。比如上早班的,他们要在早上 5:00 来到办公室,或直接到编辑那里拿稿子进录音间录制早 7:00 的新闻节目。当然有时也有直奔直播间开机上节目的。当节目录制完毕,或者直播节目完事,他们可以回去再睡一会儿,那时估计已经是上午 8:00 了。他们走出大楼的时候,迎面碰到的是正常上班的同事们。

在其他时间录播节目的同事们不用起早,但他们也难免错过了午饭或晚饭时间,所以总是有人提着包子在单位里走来走去。没有办法,误了饭时只好这样对付了。如果某位同事总是白天不见人影,也不要以为他们是在偷懒。当夜深人静、月黑风高的时候,他们就像幽灵一样出现在单位里,悄无声息地来到直播间,开始夜间节目的主持,用磁性的声音去温暖那城市里一个又一个孤独的心灵。当大家在唯美的广播节目中沉沉睡去的时候,这些同事会迅速离开直播间,消失在茫茫的夜色中。

看起来大家上班是这样的杂乱无章,仔细分析却有不变的规律:不上节目时,可以到其他地方瞎侃胡聊,甚至不出现在办公室;上节目的时候,可是必须准时到岗,时间万万延误不得。大家不上节目的时候,或采访,或组织稿件,或养精蓄锐。如果既不上节目也不采访,可以根据自己的需要安排工作和学习。这难道就是传说当中的弹性工作制吗?没错,这是喜欢自由的朋友的梦想。有的人受不了按点上班的枯燥和呆板,这样的工作方式正好如他所愿。可是当真的身临其中,他就会发现现实和梦想之间的距离。虽然工作看似松散,每个人只要完成自己工作就可以了,实际上并非那样。虽说不要求坐班,但是每月的听评报告可不是闹着玩的。大家总是花更多的时间专心于自己的节目,唯恐自己落在人后。总起来说,这样的工作方式比那种做和尚撞钟式的工作还要辛苦一些。

工作就是这样:能力强的,不辛苦也可以把节目做得漂漂亮亮;能力差的,只好以刻苦努力来完成任务了。如果你刚进入这个行业,可千万别把自己当专家,多学习、多了解才是最主要的。你最好每天早早上班,下了节目也不要急着离开,多向前辈们学习,多观察,多听多问。这样下去,总有一天,乌鸡会变成凤凰,丑小鸭会变成白天鹅,你也会成为这个领域的专家。

二、做主持人的感觉

外人认为在电台、电视台工作是很风光的:各地的广电大楼造得很气派,装饰得很豪华;工作在大楼里的人员个个个性十足,花枝招展地在各地穿梭,这边车来去开会,那边换装去暗访;里面电话铃声此起彼伏,大声话,小声语,热闹非凡,没有一般机关单位的严肃和森严等级,只有轻松和时尚。如果你一直这样想,那可就大错特错了。这里恰恰是一个谨慎的、认真的地方。首先,每个人分工明确,吃大锅饭、滥竽充数是绝对不可能的事情。如果不认真对待且没有一定的实力,下场是很惨的。就拿上节目这一件事情来说吧。话筒前一切权力交给你,如果自己学艺不精,三天两头读错字,不仅任何人救不了你,而且还会在同事中留下马虎的印象,许多机会就会擦肩而过。更可怕的是听众也会记得这个时常出错误的小主持人。如果一次、两次不见改观,领导找你谈话的时候可就是你吃不了兜着走的时候了。所以，我们千万不要被这样的假象所迷惑，还是踏踏实实、认真地工作为好。

三、主持人需要具备的素质

我们都知道高素质人才是个宝，素质高是你同别人竞争的核心竞争力。但是怎样才能成为一个高素质的人呢？到底达到什么样的要求才能在电台、电视台立足呢？接下来我们就探讨一下这个问题。

如果不谈道德上的要求，单纯从具体工作技能上来说，新闻素质应该是第一位的。因为电台是一个新闻单位嘛，新闻单位里不懂新闻，没有一定的新闻敏感度怎么能把工作做好呢？要明白广播电台、电视台是党和政府的喉舌，是舆论的阵地。主持人以真实的身份出现，把自己的感受传达给受众，最基本的是要以新闻工作者的职业道德和职业素质来要求自己，不仅要对目前国家社会的各项政策有基本的了解，而且要对国际形势和经济动态知晓一二。作为一名主持人，不知道股市是涨是跌，不知道某两个国家是否友好，那样总说不过去吧。除此以外，要善于在社会中发现新闻，至少也要在报纸和传媒中了解什么是重要的新闻。主持人拥有基本的新闻素质后还需要有具体的工作能力，比如驾驭各类节目的能力。刚开始的时候，多半不会要求你把节目主持得多么好，只要能顺利完成任务、不出错误就可以了。等到业务熟练后还会要求你有出彩的地方。为什么要求大家有各类节目的主持能力呢？因为现在电台节目改版频繁，说不定哪一天你会来到不擅长的节目上，所以能够主持各类节目也是你的优势之一。尤其在工作的初始阶段不要给自己贴上标签，声明自己只适合某一类节目，应该多练习。各种节目都有不同的特点，比较之中可以提高你最喜欢的节目类型的主持能力。

在电台工作，还要有一种重要的也是基本的能力，那就是应变能力。这种能力不仅体现在节目主持上，也体现在日常的采访工作中。比如，突如其来的采访或录音任务，要求你在短时间内完成。这是一种挑战，它要求大家有深厚的积累以应对各种突发事件，这也是一个电台、电视台主持人应该具备的基本能力。经常有这样的情况：联系好的采访对象忽然变卦，或者当你赶到现场以后情况又发生了变化，原先想好的台词必须改变。这种情况就需要具备迅速应变的心理素质，把自己锻炼成遇事不慌、可以迅速作出判断并马上行动的人。如果短时间难以作出判断，那只好出发前多作几种设想，一旦情况发生也有个应对计划。

另外，主持人还要有单打独斗的能力。由于在电台工作很多时候是要单独行动的，而且往往意外状况经常发生，所以没有一定的独立工作能力是很难开展工作的，甚至许多任务都无法完成。

此外，还要有谨慎认真的工作态度。电台、电视台主持人的工作有艺术的因素存在。很自然，许多人就沾染上了艺术家的习气：以自我为中心，个性自由散漫。对这些习气，有的人显露在外，有的人则表现在心里面。表现在心里的还好，显露在外可就害人了：许多新手一见他们嘻嘻哈哈地来了，心不在焉地上节目去了，就误以为在电台工作就像和去菜市场买菜没什么两样——吊儿郎当地就可以把工作完成。这显然是个错误的判断，假象真是害人啊！仔细分析那些人的表现，我们可以发现他们的所作所为是建立在多年职业生涯的基础上的，业务的熟练可以让他们轻松应付一切变化。其次，他们的表现可以看作是一种内紧外松的高明手段：这样不仅可以获得轻松的心态，而且可以使压力得到释放，从而得到更好的上节目状态。

假象已经被识破，我们就没有必要用教训去验证这个事实，只需要以认真谨慎的态度对待这个工作就可以了。世界真的像老爷爷们说的那样——小心才能驶得万年船。

本书在前面部分谈到读稿件时一定要感情充沛，但是在实际工作中，还是需要大家适当收敛一下的，因为一旦弄成滥情可就不好了，这一点在采访和访谈节目中尤为明显。作为电台的一名工作人员，就像玩笑话里说得那样：县电台是县嘴，市电台是市嘴，以此类推。但是不管你是什么"嘴"，都不能完全代表你自己了，不可完全按自己的好恶来主持节目。新人易犯的错误是一看某某长来了，马上热情得让人头皮发麻。过度的谦虚会失去了一个平等交流的平台。保持必要的礼貌是应该的，但是过分就不好了，因为你这个时候不仅代表你自己，还代表千千万万个听众。许多年前，媒体和专家曾经为主持人是不是应该称呼一些专家为老师而有一场掐架：一方认为主持人说话太随便，他是你的老师未必是所有观众的老师，没准电视机前还有他的师爷呢；另一方认为这是尊称，无关紧要。当年，我年纪小，无缘参战，今日硝烟已尽，遗憾之余却也无妨表达一下自己的观点：还是称呼职位或者先生之类好一点儿，这样有利于大家交流。想来未必个个嘉宾都喜欢听奉承话，即便有喜欢听的，如此吹捧之下的访谈含金量要打折扣了。

主持人还要有一颗理智和冷静的心。有很多场景，比如事故现场，不可盲目充英雄，为求新闻，孤军深入。比如，到贫困山区采访，不可简单地为同情弱者而哭得一塌糊涂以至影响了工作。即使听众来诉说冤情，也不可被一面之词弄得义愤填膺。世界是个复杂的世界，处处需要我们保持冷静。

常有女士温柔地奔走在办公室之间，她是那样惹人爱怜。可是你不会想到她就是我们台里不折不扣的铁姑娘。她常常工作到深夜，第二天还精神抖擞地来上班。她也曾翻山越岭去采访，奔波在林场农田。她也曾出入某某国际论坛，使用多国语言和嘉宾们把话谈。这是一个特例吗？不是，几乎所有的主持人都具备这样的能力。现在流行的民生新闻更需要大家深入新闻现场第一线，没有黑夜没有白天地工作。各位还是提早做好准备吧，把身体锻炼得棒棒的，以迎接未来的挑战。有一句话，我本来不想引用，因为实在不雅，但是它的确可以帮助大家了解在新闻媒体工作的真实状况，这句话是这么说的："做主持人，就是把女人当男人用，把男人当牲口来用。"说这话的人真是太有才了，它告诉你主持人的工作量有时要超出正常人的范畴。

四、主持人的优越感

主持人像一个厨师，每天都要把最新鲜可口的饭菜奉献给大家。自然，做厨师的每天也要率先品尝到这些可口的饭菜，做主持人也同样是每天最早接触新闻的。生活里每天都有新鲜事情发生，今天张家阿姨喜得五胞胎，明天大明星王凯又有新女友……运气好还可以亲临新闻现场,感受和新闻一起发生的迷人滋味,真可谓是想孤独寂寞都难。做主持人应该比其他人可以看到更大的天空吧。

之前,我们了解的新鲜事大都是从报纸和电视等媒体上看到的。其实那已经是"二手货"了,它们经过一些并不高明的记者和主持人的转述再加上这规定那规定,到达我们这里已经不完全是事情的本来模样了,这个看似真实的世界已经变成了其他人给你制造的一个假象。想知道新闻背后的新闻吗?做主持人可以弥补这个缺憾。当你亲临现场,你可以自由地捕捉一切信息。那些你看到的悲伤、快乐、痛苦、坚强会让你大开眼界的,它们就像小鹿一样撞击着你的心灵,让你不由自主地去思考关于生命的意义。爱心、平淡、丑恶和背叛等一些字眼会变成故事在你的身边上演。生活原本比戏剧更精彩。我认为做主持人应该比其他行业的人能多经历许多这样的事情。

有人说记者和主持人是无冕之王,这终究是老话了。现在,记者、主持人又是如此之多,官位、级别也下降了不少了。但不管怎么说,主持人总是一个传播爱心和正义的职业。正因如此,我们总是充满力量。

在你的呼吁下,一些苦命人得到了救助;当你把丑恶的行径报道后,人世间最宝贵的正义得到了伸张;等等。这些该是多么快乐的事情啊!这是其他职业无法相比的。这种为爱心、正义作出的微小贡献同样触动着你心底那个儿时就有的英雄梦,这种扬眉吐气的感觉真好啊!许多人都有做一个战地记者的梦想,这样的想法固然美丽,但实现起来又是那样难。相信做一个电台的主持人,也会在另外的战斗中获得金灿灿的军功章。

最后,做主持人要有一颗永远年轻的心。做主持人需要有创造性思维,甚至是一些奇思妙想。你的同事们个个都在朝着这个方向努力。在这样的竞争环境下,没有人可以无动于衷。加入其中去吧,青春如影随形,年龄永远在身后躲藏,某一个日子到来你会收获满仓。

有人说主持人是年轻人的职业。没错,扛摄像机和翻山越岭需要身强力壮者。但是我想说的是,主持人不仅是年轻人的职业,年龄大点儿的一样可以做,但他们更需要的是一颗永远年轻的心。岁月虽无情,但活力可以突破岁月的沧桑。我见过已过不惑之年的主持人做起音乐节目来,依然充满青春的活力,粉丝无限增长。

五、做主持人会富有吗

主持人的月工资因为所在媒体不同,收入有很大的差异。在中央级别的电台、电视台工作的一般主持人现阶段多在万元以上,省级电台、电视台的多在8000元左右,一般市台也就是5000元上下。工资收入只是许多主持人收入的一部分,许多主持人还可以凭借平台优势去帮助人家主持晚会或婚礼以及给专题片配音。这些额外的小活虽然发不了大财,但是可以提高知名度并且结交不少朋友。有高明者致力于联系广告或联系组织演出,票子滚滚而来,真是不可限量啊。

就像世界上的其他事物一样,一样花可以结两样果。有人拿宝剑建功立业,有人用它只是切萝卜。同样是主持人,有的开车上班,有的骑破自行车当步。各得其乐的背后也告诉我们一个事实:一样的平台看你怎么去演绎了,捧金饭碗要饭也是常有的事,关键看个人本事如何,钱包的厚度也因此而发生变化。

有的人喜欢福利好的工作单位。是啊,这月发毛巾,下月发牛肉,钱不多却总是显得十分有余。在体制改革的今天,这些事情会一点点地变成历史。许多地方每逢节日都有固定标准的奖金,这也成了约定俗成的事了:正式的老员工多一点,一般新来的少一点。电台呢?在这个方面不算好也不算坏,我觉得在理想无限远大的各位面前,类似的福利是可以忽略不计的。

收入也好,福利也罢,都需要一颗平常心去对待。这里面永恒的规律是:有多大的作为、多大的贡献就会有多大的收获。也许,这个世界上还有很多事情是不公平的,但是长久来看,我相信会逐渐得到改观。那么就让我们努力奋斗吧。也许在你不懈努力的征途上,在人生的某一时刻你所想要的一切都会不请自来。

六、主持人的声誉

主持人的声誉非常不错,大家都认为从事这个职业的人社会地位高,收入稳定、丰厚,这个职业是一个体面的职业。当然美玉有瑕,主持人这个职业也有不尽如人意的地方:男主持人夜不归宿,经常不着家;女主持人因接触人多,难免三心二意,有悖于传统女子的温良贤淑。所以,不少人得出结论:男孩子一当主持人马上会变得花心起来,女孩子一入这行就和贤妻良母绝缘。事实上真的是这样吗?非也。世界上有人的地方就会有矛盾,是人都可以被划分为花心的人和不花心的人。并不是主持人花心得太多,而是大家关注的多了就会以为这个地方的特产就是"花心大萝卜"。正所谓:清者自清,浊者自浊。电台里也不乏优良人士。可能是因为大家从事的是个动态的职业,追求幸福、接受新思想的愿望比其他行业强烈一些,显的不容易被常人理解而已。

有人觉得电视台好一些,电台差一些。因为电视台更受重视,电台已经不是最火的媒体了。其实衡量一番,答案是各有千秋。电视台讲求的是合作,主持人纵然花容月貌,如果灯光不配合,一样可以把你变成丑丫头。电台就好多了,一个人可以参与到新闻的发生、播出的全过程,讲求的是独立作战的能力。如果你崇尚光鲜亮丽、轰轰烈烈的生活那就去电视台吧,如果你不喜抛头露面那就去电台吧。

从根本上看,电台、电视台如出一门,现在的电视台的元老都是当年从电台分出去的,他们的处事方法、手段颇为相似。我想只要你努力,哪棵花树上都可以开出美丽的花朵。过多关注细节反而不利于发展。

七、怎样赢得主持人的职位

如何进入电台、电视台当上主持人呢?这是个问题,还是个大问题。不过,比起前几年变得容易多了,因为路也多了。

方式一:通过校园招聘

通过校园招聘是最传统也是最稳固的办法。每年电台都要到相关的大学招人,播音与主持艺术专业的大学生通过基本的考核,就可以顺利地进入电台、电视台工作。以这样的方式进入的须仔细了解招人单位的承诺,例如是什么样的用工制度、什么样的待遇。以这样的方式入行是最名正言顺的,也是最直的一条道路,但是此路需要刻苦努力且竞争激烈。

此道强人很多,几乎所有新闻主播都是大学毕业后直接上位的。

方式二:通过朋友介绍

通过朋友介绍的方式就是先通过朋友介绍入台而后一步一步成为主持人。如果有亲戚在台内,可以委托他们找个临时的工作干着。临时工尽管工资少,干活多,但是主持人是个不会埋没人的职业,不怕你本事大,就怕你没本事。如果你实力出众,马上就会脱颖而出,一旦有机会就会被聘为正式职员。这条路适合学习其他专业而又有内涵的人,因为他的优势是在工作中才可以展现出来的,而通过考试则不能,所以这条路比较适合他们。此方式需要坚持且变数大,必须有强大的实力支撑。相对而言,这种方式对人际交往的能力要求更高一些。

方式三:通过节目选秀

通过节目选秀方式就是通过各种选秀节目赢得机会而后成为主持人。感谢各种相关的比赛,它们给了各位同仁以露脸的机会。也许第一次参加选秀节目,你连个丑小鸭也算不上,但是几经磨炼,你终于变成了白天鹅。这真应了"苦心人,天不负,卧薪尝胆,三千越甲可吞吴"这句话。苦苦求索的你在赛后得到某媒体的关注和邀请,终于得到入行的机会。通过这条路入行看来很快,其实运气成分较大,需要大家鉴别比赛的价值。如果只顾比赛而忽视自身素质的提高,很有可能成为麻木的比赛油子,那就得不偿失了。

通过这种方式成为主持人的代表人物有中央电视台的主持人沈冰、撒贝宁。

方式四:通过社会招聘

通过社会招聘成为主持人,这是我最喜欢的方式了。正式的大型招聘往往相伴着优厚的条件。那一刻大家都在同一个起跑线上。那就在考场上真刀真枪地干吧,路是杀出来的,路的那端是幸福的彼岸。招聘总有黑幕吗?对于自己不能控制的事情就不要去想,唯有实力的利剑可以把黑幕划一个大口子,然后让你闪身进去,身后留下一片惊呼。这种方式专门为强者准备,不善人际交往的你或许就是此路天生的主人。

自从分配工作的事情成为历史后,现在媒体的大部分主持人都是招聘进来的。

方式五:通过"曲线"上位

通过"曲线"上位的方式实际上采用的是曲线迂回的方法。办法总比问题多,事实就是这样。一些执着的朋友既没有美丽动听的声音,也没有庞大的人际关系,更没有专业的学习经历,拥有的只是对主持人职业的无限热爱和渴望。怎么办呢?有办法啊。上帝悄悄关上了一扇门,就会在别处开一扇窗。如果学历够高、能力够强,可以参加电台、电视台的记者、剧务甚至广告人员的招聘,那条路比考主持人这条道容易多了,一旦成功就可以无限靠近主持人了。说不定哪一天机遇到来你就可以一闪身坐在话筒前了。千万不要以为我在说笑话,太多人从司机、剧务、记者等工作岗位上转行当上了主持人而且成就斐然。前面有车,后面有辙,我们所要做的就是比着葫芦画瓢。

通过这种方式当主持人的不在少数。崔永元、白岩松都是先做记者后改做主持人的。"粉丝"遍天下的汪涵也曾有多年的剧务经历。

进了电台、电视台了,当上了主持人了,就可以放松了吗?当然不可以。前有堵截,后有追兵,我们的大好青春需要大放光芒,不能在日升日落中消逝了如花的容颜。没有最好,只有更好,青春的未来是无可限量的。无数的事实证明,电台、电视台从不是一个可以无限停留和歇息的地方,过去的成绩只在身后,让我们催马扬鞭向着更远的地方前进。一切都是在路途之中,不要被片刻的好风景耽误了行程,暂时的落后和领先都不重要。曾经某位仁兄和同学一起报考某电台,同学得中,他不幸名落孙山。所幸某兄不悲伤,收回余恨且向前。转年又是更高一级电台招聘考试。他的同学因好工作在手,无心再战。而他经过一年修炼,能力又有很大的提高,一考得中,如今已是国家级别的电台主持人了。

事物都是变化的,做主持人也是这样。只要志存高远、踏实脚下,再遥远的路途也能到达,再高的山峰也能在你的脚下。

工作和上学不一样,尤其在电台这样的地方工作:没有老师督促,你一样应该自觉学习,工作就是需要发挥能力的地方,一切都靠自觉。要多看,多动,多干活,这样能力才会提高。主持人从事的是经验性的劳动,许多东西亲自干过才知道。能力在勤劳中锻炼,机会在磨炼中产生,未来在懒惰中暗淡。

八、主持人的交流和沟通能力

要到电台或电视台去上班了,等待大家的是什么样的同事和领导呢?是白胡子的老爷爷,还是像崔永元那样的大叔,抑或是个个时髦如明星?他们都是从哪里来的呢?

在人类的进步史上,电台的出现要早于电视台,所以最初的现代媒体是只有电台而没有电视台的。在我国电视刚出现时,工作人员只有个别的人是从北京广播学院(今中国传媒大学)毕业,大部分还是从电台征调过来的。而那些当年从北京广播学院毕业的大学生们,现在我们已经在电视上看不到他们了。他们或者去办培训班了,或者干脆在家看孙子顺便当当听评员,他们已经退休了。后来的人们有些是学新闻专业的或者来自话剧团等艺术团体,因为曾有人认为那个是距离播音员最近的行业。他们放弃了当明星的梦想,甘心做一个幕后的播音员。再后来,北京广播学院(今中国传媒大学)的毕业生多了,会说普通话的人也多起来了,他们通过各种渠道出现在话筒前。再后来,人事制度改革,更多的人通过招聘考试来到直播间,这些人是现在入台工作的人要面对的同事或领导。再后来呢?再后来就该如此优秀的你们上台了。

通过以上介绍,大家可能会发现人员的来源还是比较复杂的。所以,可以说是五湖四海内的各路豪杰齐聚电台、电视台。有人曾经是商店里的售货员,有人是工厂里的小会计,有人是幼儿园的老师,有人是工程师,还有歌手、说书的、吹笛子的、乡镇的官员、中小学的老师、医院里的卫生员等等。各行各业的人士在这里摇身一变,凭着出众的口才进入新行业里圆梦来了。他们为了同样的梦想,为了各自美好的明天。

说起来热闹,可是明眼人早就看出端倪来了:能够在这里工作,无不是身怀绝技的人。各自迥异的出身自然会有不同的性格。和这些人在一起工作,会有什么样的故事发生呢?

俗话说:"宁领千军万马,不领吹吹打打。"这句俗语的大意为此类艺术人才不易管理。大家千万不要被这样的话给吓住了。以我的感受看,虽然同事们性格不同,但因为大家工作独立性较强,彼此交流的机会并不多。如果不是台里开会汇报工作,你甚至很难知道近邻的节目最近有什么新动向。每个人只要把自己的事情做好,大家就可以和平共处、共享和谐社会了。

这是一个女同志多的地方。她们能力出众,个个独当一面,在许多领域占据着领先地位。总体来看,男同事比女同事们见多识广,性格坚韧且善于变通。但不管怎么说,不论男女主持人,相比于其他行业的从业者,他们在见识上,在人际交往上是有相对优势的。其实,这都是常年工作锻炼成的。试想,外出采访,为找到采访对象难免想出种种招数。久而久之,大家就养成了善于动脑的好习惯。例如,某人不接受采访,那随便谈谈总可以吧;如果随便谈谈也不可以,那电话聊聊行了吧。三说两说,不仅采访成功,而且双方还成了朋友,这就是主持人的本事,这就是主持人的手段。那些性情刚烈的人显然是不怎么适合干这种活的。人家一说忙,不接受采访,就马上罢手,那任务怎么能完成呢?人们说主持人应该是个交际花和外交家,我看此言不虚。人家答应接受采访5分钟,应该巧妙地把时间拖长到50分钟,这样的主持人才是能人。和别人乱吵一气绝不是好汉。

既然大家都这么善于沟通,那么在这里生活也应该是一件很快乐的事情了。至于个性,请在你自己的天地里展示吧,这本是一个张扬个性的地方。

九、主持人需要读哪些书

小时候背诵诗歌"读书破万卷,下笔如有神",大了以后,知道"书籍是人类进步的阶梯"。做主持人也少不了这样"一架梯子"。那么主持人应该怎样搭建这个既省力又结实的"梯子"呢?就是说主持人需要读哪些书呢?

单纯就主持人的业务水平来论,由近及远的学科依次是:播音与主持艺术学、新闻学、传播学、文艺学、社会学、经济学、美学。此七类学科的内容与主持人素质的干系重大。播音与主持艺术学是为了完成日常工作;新闻学能了解工作本质;传播学是从高层次上理解工作的哲学意义,从而更好地干工作;文艺学能触类旁通艺术的发展规律,从历史和其他学科中吸取提高能力的技巧;社会学是为了了解社会,让理论有现实的注脚;经济学可以帮助我们理解当今的经济社会;美学则让我们的工作变得赏心悦目,充满美的感受。

虽然这些门类的书不如小说、散文读起来吸引人,但是世界上的学问往往是这样:越是理论性强的知识,越难被众人喜欢。它们就像当今人们食物中的馒头,虽不美味,却又离不了。开卷有益,多读书吧。据权威部门统计,人这辈子最多可以阅读5000本书。

主持人是个内力消耗很大的职业,没多久你就会感觉到你学的那一点儿东西被掏空了,所以要多读书充实自己。很多名主持人在忙着"充电"。那么趁我们现在还不是很出名的时候,抓紧学习吧;等我们也成了名主持人,我们会比现在所有的名主持人更明,更亮,亮得更持久。

十、电台直播间的故事

1. 直播间的墙

你没有去过电台的直播间吧？那也没有关系。你总去过动物园的熊猫馆或者海洋馆吧。电台的房子很像这个奇妙建筑：一面墙上有一个很大的双面玻璃窗，其他三面墙是封闭的；导播可以透过玻璃看到主持人在直播间的一举一动，主持人也就像熊猫馆里的大熊猫一样可以看到屋外走来走去的人，大家和谐共生、互不影响。

直播间的那三面墙原来是没有装饰物的，但是不知道从什么时候起，直播间的那三面墙也装饰起来了。最先被装饰的是主持人背后面的那一面墙，大家喜欢把自己的台标和名字挂上去。这样不仅好看一些，而且对于喜欢留影的来讲也是一件好事，站在墙的前面拍照可以确凿地证明你曾光临过那里。

台标都很好看，有的还中英文双解并配上播出频率，信息很是全面。这些装饰并不是一成不变的，它们也像过春节时挂的桃符——总把新桃换旧符，几乎每年都有变化，有时候是写某某台某某频率，后来是某某频道，再后来是某某之声。有时既不是某某之声也不是什么频率，而是如"77.1""66.5"之类的数字。

正面墙被台标装饰得漂亮而大方，其他两面挂上直播间管理规则，再把著名主持人的照片也挂上，这样会给到直播间做客的嘉宾留下好的印象。现在的广播节目不像以前说教味那么浓了，讲究的是平民化和服务功能。在这种精神的指引下，有的直播间还在靠墙处放上一个博古架，上面摆上花和漂亮的假古董，营造出浓郁的居家氛围。这时候的直播间更像一个小康家庭的客厅了。事实上，我认为直播间就应该是一个老百姓的客厅，大家到这里来畅所欲言，共话多彩生活。

我有时也会想起最初参加工作的那个直播间。那面墙的隔音效果不怎么好。早晨的时候，墙外老乡家公鸡的打鸣声会穿透墙壁和着我播读的新闻一起传送到千家万户。现在，这样的日子一去不复返了。

2. 直播间旅游第一站

如果可能的话，我觉得可以开展到电台的旅游活动，如参观一下机房，参观一下导播间，参观一下编辑部。大家可以了解一下台里的节目是怎么诞生的，那些美妙的声音是从哪里发出的，是不是本人也和那些拥有百灵鸟一样嗓音的主持人有一样曼妙的身材和较好的面庞。

当然，大家还可以看看那些奇怪的机器和让人新奇的工作环境。我们的直播间是一个三面是墙、一面是玻璃的奇怪房子，几乎所有的直播间都是这样的，因为大家需要通过透明的玻璃和外面的导播进行交流，只不过有的玻璃墙大一点，有的小一点。主持人在里面挥手或挤眉弄眼，外面导播就能心领神会地接通嘉宾电话或者切断某个热线。有时候导播也会不停地挥手提醒主持人某件事情已经安排妥当或者事情又发生了某些变化。

我们有直播间和导播间联系的通话器。那是一个方形的黑色铁盒,上面有多个按键和一个扬声器。每个按钮通往一个房间,或者是直播间,或者是技术部门,或者是另外的直播间。大家可以利用这个小玩意儿进行交流,但是很多时候大家不使用它,因为它会干扰主持人做节目。主持人正在声情并茂地说话,忽然耳机里冒出另外的人说话,这是多么可怕的事情啊!所以,除非很紧急的事情,大家一般不在主持人说话的时候使用它。当然,在播放歌曲的时候,可以利用它进行谈话,那时最常见的语言是:"把音乐推大一下,声音太小了。"有时也会说:"领导要来了,快收拾一下卫生。"

3. 导播间里的电话

电台里,我们把用于直播间和导播间联系的通话设备叫作黑色铁盒。那个铁盒子的旁边是另外两个长方形的东西,它们的作用是接热线电话。我们的导播间有五部电话:三部电话的号码对外公布;剩下的两部主要接内部的电话,比如现场直播或记者发送现场报道什么的。这两部电话既可以打入也可以打出,另外三部就只能接不可以打出——它是我们联系亲爱的听众朋友的美妙通道,大家可以用它和嘉宾交流。有时候这些电话真的很热,很难打进来,尤其是某位著名歌星来的时候,能把电话打进去是一件很幸运的事情;有时候它也很冷,半天没有人拨打,原因要么是时间太晚,要么是大家都忙别的事情去了。

我曾经接到一个奇怪的电话,拿起话筒就没有了声音,放下了铃声又会响起。终于,我忍无可忍,心生一计。当电话铃声再次响起,我冲着电话深沉地喊道:"如果你不怕浪费电话费,你就继续打好了。"果然,对方"啪"的一声放下电话,从此寂静无声。

还有一次,我拿起听筒,对方竟然说:请问是某某地(那是一个很不吉利的地方,经常火光熊熊,大家都哭泣着进入)吗?类似的事情不少,我猜大家并无恶意,只不过有的时候比较无聊,或者有点好奇而已。更多的时候,打来的电话是大家询问某个广告或者寻找一个心仪的主持人。那个时候,我们总是耐心解答,亲切而详细。我们的标准用语是:"你好!这里是山东广播电台经济频道!"

导播间还有一部内线电话,它的主要功能是:当嘉宾到达电台门外,他们可以拨打这个号码,我们再用嘉宾证把他们接进来,然后精彩的节目就开始了。

4. 导播间里的等待

导播间还有一个重要的功能,就是让接下来要上节目的主持人在那里小憩一下。一旦时间临近,他们就马上冲了出去,进入工作状态。所以,等待是导播间永恒的主题。

我们的规定是提前15分钟到达导播间做准备工作。可是大家因为不同的原因并不总是按规定时间到达。刚参加工作的人往往过于兴奋,对工作有无限的热情和渴望。他们会早早来到导播间,而且会痛恨钟表走得太慢。但是随着时间的流逝,他们的热情会慢慢消退,会变成另外的一部分人。这部分人常年出没于此,时间计算精确,总是不紧不慢地在该出现的时候出现,在该消失的时候消失。还有一些人总是上演生死时速式的惊险大片,在节目马上要开始的当儿,冲进导播间,很像好莱坞大片上的一分钟营救。这些人如此慌忙的原因有三种可能：第一，在办公室对节目进行完善和提升，以至忘记了时间；第二，是对时间极度敏感，本着不浪费一点儿时间的原则和对工作时间的自信把握；第三，是因为真的出了意外事，比如堵车，比如忘记携带重要的稿件，等等。这样的情况我们很容易看出真假：一般头发凌乱、气喘吁吁、表情慌张的多是在路上出了意外。

出现以上情况，最紧张的还是导播，如果主持人真的不能按时到岗的话，他们就要及时补位出现在话筒前。而且一旦上面真的怪罪下来，他们也摆脱不了干系，事情会殃及池鱼，大家都免不了一起静听领导的训话。然而，这样的事情总是会像好莱坞电影的俗套故事一样，最后一分钟紧急营救，一切化险为夷、皆大欢喜。

导播间的等待还有另外一种情况，那就是电话连线的嘉宾出了状况。这虽然不如上一种情况严重，却也让人着急上火。让淑女变得疯狂，绅士顷刻间成武夫，那将是一件多么令人难受的事情啊！

事情的发生往往是这样的：主持人和嘉宾约好，将于某个时刻在直播间会面，然后开始做节目，但是时间到了，那人还无影无踪，电话不通，门口没人。主持人不得不万般无奈地进入直播间，佯装镇定、微笑地和听众打招呼，眼睛却不断地和导播交流，期待奇迹出现的一刹那。当导播手拿嘉宾证跑出导播间，他知道紧急情报解除了；当导播一脸无奈地站在那里，他知道这次的等待落空了。

不仅是到达现场的嘉宾有时会失约，那些接电话的嘉宾也会不能按时出现，他们或是找错了地方，或是手机忽然没电，一切都不在意料之中。幸好我们的主持人身经百战，会及时找出其他稿件补上，并不着痕迹。

5. 美丽的工作交接

现在的节目多半以一个小时为单位，所以整点一到主持人就要换岗：上档节目的主持人抓紧离开，下档节目的主持人赶紧顶上。最早的时候，大家的习惯是提前两分钟结束节目，播放一些音乐，以方便下档节目主持人收拾一下东西，整理一下电脑界面，找到自己节目需要的资料，开始新节目。这个过程是很紧张的：原来的主持人要依依惜别，并迅速收拾稿件，满心欢喜地离开；接下来的主持人则酝酿好情绪，马上进入状态。但是，忙中容易出错，很多啼笑皆非的事情就在此刻发生。

许多主持人平时都是各忙各的，彼此很少见面。直播间这几分钟的相逢，对他们来说，是很可贵的，一见面难免利用仅有的数秒时间寒暄几句，共话离别之情，这一般不会影响到工作。大家语速很快，思路转换也快。上一句还喜笑颜开，下一句就在话筒前满怀激情地播报重大新闻了。然而有一次，新主持人上台打开稿件，忽然发现这是上一个主持人的，很显然，自己的稿件被上一个主持人拿错了。——他只好飞一样地跑出去把稿件追了回来。

有的主持人心急，在上一个主持人没有完成节目的时候就在直播间里收拾东西，等待他一离开马上就进入状态。这样往往会让一些心理素质不怎么好的主持人受到干扰，说错话或者结巴。但是这样的情况会很快消失，并不是因为没有人在他后面收拾东西了，而是大家越来越能处乱不惊了。哪怕别人在他眼前晃来晃去，他也可以安静地播节目，仿佛一点也不受干扰。

很快两分钟的交接班时间被打破,某些视节目如生命的人,会把话说到最后一秒,后来的主持人必须快些,再快些……然而天无绝人之路,不知道哪个聪明人发明了整点广告这种形式。刚开始广告时间只有一分多种,但是后来在广告部同人的不懈努力下,广告时间越来越长,有一次竟然接近9分钟。我们又可以从容地进行节目的交接了,但是我猜会有一些急性子听众难耐冗长的广告而换台。

有时的交接难免慌乱。几乎所有的人都在直播间丢失过稿件、笔等物件。同时,几乎每个人都曾经捡到过这些东西。丢失的人很少伤心,因为有可能自己回来;捡到的人也不会沾沾自喜,因为刚捡到的东西马上又丢失的概率也高得惊人。这世界上的事情就是这样分分合合,无穷无尽。

交接班的时候,上来的主持人会说:我来救你了,你解放了。而刚完成任务的主持人也会借话寒暄几句:该你了,妹妹节目越来越好了。言语中,时光飞逝,节目转换,青丝成白发,这也许是人生最无奈的交接吧。

6. 漏关话筒事件

在直播间忘记关话筒是一件可怕的事情,如果有什么不该说的话传出去那将是一件无法预料的事情。

直播间有一个小小的按钮。如果按钮亮了,我们就可以正常播音;如果按钮灭了,则可以商量一下节目,或者咳嗽几声清清嗓子。每次播出节目,这个按钮要明明灭灭很多次。灯亮说话,灯灭闭嘴,我们已经形成了条件反射,习惯成了自然。但是,再熟练的事情也有出差错的时候,因此就闹出过一些笑话。

节目结束,某主持人说完结束语,推上背景音乐,开始送嘉宾,"你好""再见""感谢参与""欢迎再来"等说了一大通,回头重又坐下才发现话筒没有关,按钮上的灯温柔地亮着。音乐声中,亲爱的听众朋友又听了一次幕后的花絮。例如,接通一个嘉宾的电话,嘉宾正滔滔不绝地发表演说,搭档忽然问:"哎,这个处长不是个男的吗,怎么成女的了?""哎,这个处两个处长。"低头一看,话筒好像没有关……

我断定只要是做主持人的就会出现这样的情况。比如,一次,电视台直播足球赛,双方交战激烈,一方前88分钟一直以0:1落后。然而,最后两分钟,落后一方连入两球获胜。例行公事的解说完成之后,解说员忽然来了一句:"真邪门了,球还有这样的?"说完这话,一看,忘记关话筒了。

相类似的事情仍在不同的场合上演,所以主持人进了直播间总是尽量少说话。漏关话筒并不意味着一些琐碎的声音会传出去,有些声音在音乐的映衬下是模糊不清的,除非一些资深的老听众,否则别人很难发现。

还有很多的人在播音时会笑场,笑场并不可怕,关键是强忍着不笑的感觉十分难受,那滋味简直无法言表。

7. 搭档之间抢话头

最先开始做主持人的时候,大家最在意的是能不能多说几句话。所以,搭档之间往往会演变成另外的一场战争——大家抢着说话。一方抢过话头就不住嘴,滔滔不绝;另一个也不甘示弱,强行打断并意见相左,且高谈阔论。那阵势仿佛话筒一关,二人就会拳打脚踢,打作一团。为了抢话头打起来的事情确实没有发生过,但是失利一方暗自抹泪的情形却出现过。据传说,战况激烈的时候,一名主持竟棋高一着地把搭档的话筒强行关闭,自己一人说个痛快!搭档之间的抢话头由此可见一斑。

如此武断实在不算聪明,真正的聪明者深晓无论多么威风总不能不让搭档一句不说变成哑巴。所以,他就把一些"重要"的话语分给搭档,如:这里是……热线电话是……而一些"次要"的话由自己完成,例如:"我亲爱的听众朋友,你知道个性歌手陈奕迅要来演出了吗?……"这样做也不是万全之策,因为对方也是个聪明而且高尚的人,他也会一起来争说这些"次要"的话。计谋被识破,争夺之战重燃。

刚开始做主持人的时候,大家都很难走出这个怪圈,并且容易卷入战争,因为大家都喜欢把自己节目播出的时间通知所有可以通知到的亲友,号召大家来听。在节目中说话少了,会被认为是没本事,风头被搭档抢走。所以,参战是绝对的,投降是不可能的。

事态的结果往往出乎意料又在情理之中,一番激烈的厮杀过后,难以有人大获全胜,没有哪个是真正的赢家:话少的人并不总是被认为是笨蛋;话多的反而因言多有失,授人以柄。更重要的是,人们渐渐明白:话不在多,在理就行;数量不等于一切,关键是要会说,千万句的废话比不上一句有新意的话。

搭档之间对这个观点达成共识,一切迎刃而解。搭档们开始根据彼此不同的性格特点合理划分话语的势力范围。这样就像一块蛋糕,被用刀分成几小块,大家在各自的空间里畅意发挥。所有的对手都化敌为友,谈笑间樯橹灰飞烟灭,情意绵绵,文字难以言传。但是有时还是会犯一些小错误。例如,小龙和小丽一起上节目,小龙张口就说:我是小丽……小丽想:你是小丽,那我是谁呢?

真的,有的时候,我们很难确定自己是谁,我们常常被外面某些热闹的事情左右,好胜地参与到原本不属于自己的战争中。于遥远的路途,我们永远是个不懂事的孩子,尤其在开始走路的那段时光。在争斗中,在选择里,我们悄悄地长大。

8. 下夜班发生的故事

直播间是个密封得很严实的屋子,里面 24 小时灯火通明,哪怕外面电闪雷鸣、风雨交加,抑或是百鸟朝凤、鲜花盛开,直播间里依然如故,多少年如一日,不知春秋,无论冬夏。我们常常走进大楼进入直播间的时候,外面艳阳高照;等到做完节目出来的时候,外面已经是星斗满天了。有时候,我们很有成就感;有时候,也会感到失落。这一切都是因为刚刚做过的节目,我们随节目或喜或悲。

根据节目的不同,大家进入直播间的时间是不一样的:最早的凌晨 5:00 就要到岗,最迟的晚上 12:00 才离开。早点到岗还无所谓,要是晚归的话可就有很多故事发生,因为夜晚总是会和一些诡异的事件联系起来。

某个深冬的夜晚,刚做完节目的女主持人急匆匆地走出直播间,来到大楼外的院子里。外面寒风凛冽,松树在寒风中摇摆,四下里黑乎乎的。女主持人有些害怕,又赶紧走了几步,直奔车棚。当她路过一棵大树的时候,忽然听到一阵男高音的歌声,嘹亮而且诡奇,配合着树叶的沙沙响声,很是吓人。女主持人立刻愣住不动,显然她被吓着了。但是她毕竟见多识广,基本可以做到处乱不惊。她大着胆子四下看了看,没有发现任何东西,而歌声还在继续。原来大树后面的一间办公室里,一个男同事在引吭高歌。真是大水冲了龙王庙——一家人不认一家人了。都怪那树太过茂密,挡住了窗户里的灯光。

这个故事虽是虚惊一场,但是想起当时的反应却是真真切切的害怕。夜归难啊!

回家的路上并不总是被其他人吓着,有时候也会吓到别人。以下是我亲历的一个故事。

一个伸手不见五指的夜晚,我下了夜班。我胆战心惊地走在巷子里,四下里十分静寂,只有走路的沙沙声。我心想这是多么美的一个意境啊!工作认真且刻苦的自己这么晚才回家,但我还是想赶快到家,因为这意境虽然美丽却着实有点怕人。忽然,我觉得自己走路的声音大起来了。我仔细一听,没有啊。我停下来,发现那声音还在——那是另一个人的脚步声,就是脚步声——可周围没有人,我可以看到巷子的任何一端。以前听说鬼走路是没有声音的,没有听说过鬼走路有动静而没有影的。我的汗毛马上就要竖起来了,难道说广播里说的怪异故事就要在今夜上演吗?

一个女人从边上的一个巷子里走了出来。

难怪只听见脚步声不见人,原来人家从另外的巷子里往这边走,墙挡住了她的身影。深夜里有个伴儿也好。我继续往前走,正好跟在她的后面。那女人一身黑,此刻正接听一个电话,她好像要到一个朋友那里去,话不多,声音很低。马上要挂电话的时候,她忽然发现了身后的我,立刻对着电话说:"不要挂电话,千万不要挂电话!"声音也马上大起来。其实他们已经说过了再见,我知道她是把我当成坏人了。可是我也不能跑啊,这巷子只有刚才一个岔路,我只好跟在她的后面。

那女子几乎带着哭腔跟电话连着线,她还不时惊恐地回头看我。每看一次,她的步子就要快上几分,终于她飞也似的跑出这巷子,留下默然走路的我。我心想,我就那么像歹徒吗?

那晚很黑,路上也没有灯。那女子跑了,我也飞一样地回家了,我也怕!

有时大家也会一起去KTV或者路边排档喝个痛快,然后伴随着月亮西沉回家。醉眼蒙眬的时候,我们会忘记所有的怕,那时候世界昏暗而且模糊,这是夜归的迷人之处的最高境界了。

9. 夜梦有痕

直播间不仅在我们的办公大楼里,也出现在我们的梦里,它在梦里散发着异样的光芒。

主持人也许有过类似这样的梦境:节目还有几分钟就开始了,自己还在公共汽车站,拼命往直播间跑,却怎么也跑不到;原本楼下就是直播间了,自己却怎么也到不了,一层一层的楼梯没完没了;话筒的按键推到顶端,嗓子已经喊破,代表声音大小的指示灯却纹丝不动;念完一页稿件,下面一页竟然是空白,没有一个字;等等。

这样的梦境时常出现,尤其上早班的主持人更是摆脱不掉,如影随形,挥之不去。我猜想这梦境来自于紧张的生活。虽说这毕竟是一场梦,惊醒后的现实一切如故,可是它们总是在不经意间走入梦境。这也许就是做主持人的代价,是岁月慷慨馈赠的印痕吧。

10. 上早班,不洗脸

进入直播间的时候,每个人的样子是不一样的。冬天,上早班的时候,我和几个女同事是很少洗脸的,因为我们总结出来一条生活经验:如果洗脸出门,哪怕抹了再多再好的油油,在凛冽的寒风里也会如刀割一样痛,所以我们不洗脸,反正冬天的清晨大街上没有什么人,反正单位里还有另外一批蓬头垢面的人在等候着我们,谁也不会笑话谁的。就这样我们一路奔跑来到单位。如果有时间的话,就在单位里洗洗;如果没有空闲再加上工作繁忙,到下午才想起洗脸也是常有的。有时甚至在一天之内都记不起洗脸。非常奇怪的是,当你经常不洗脸的时候,皮肤却油光滑亮分外好!但从没有人有意这么做,因为从幼儿园起,老师就告诉我们要讲卫生,早起要洗脸、洗手。这么大了,要是经常不洗脸,传出去那可真成笑话了。

我这样说,可能大家以为做主持人的都这么不讲卫生,其实并不是所有人都这么做。对门(我们直播间的对门是另外一个频道的直播间,我们彼此称对门)一位大姐就不这样。这位大姐真了不得,她晚上 11:30 才结束一档节目,然后第二天早上 6:00 还要来播报新闻,其辛苦程度可见一斑。但是,每次清晨我们在直播间门口相遇的时候,她总是轻施粉黛,衣着得体,一副精神抖擞的样子,与那些头发乱糟糟的、棉服臃肿的、扣子偶尔错扣的、无限狼狈的人相比,真可谓是一个天上一个地下。遇到她,我总是一闪身躲进直播间,像个做了错事的孩子。

我知道上早班并不是忽视自己形象的理由。那些播音员前辈都是多年上早班如一日,也都清清爽爽的,看来我们还是需要进一步学习的呀!遗憾的是,我刚意识到这个问题就不再做早班时间的节目了,已不知道现在上早班的主持人还有没有不洗脸的习惯。

11. 依稀的温度

这是一个注定难得消停的地方,自从它诞生的那一刻起就像煮沸的水从未落滚。那些机器 24 小时运转从来没有休息过半分钟,不停地转啊转,从来没有人关注它是否累。哪怕在每个月一次的检修过程中,它们也要不停地哼唱:"春天在哪里啊?春天在哪里?"

主持人更是换了一拨又一拨,许多老主持人离开了,新主持人的热情依旧不停地燃烧着。有些人从这里走向更广阔的舞台,有些人远离这里从政或者回到老家去,因为他们总是得不到想要的名分,而他们的家人需要吃饭。离开时的情绪不得而知,关于梦想道路的解读每个人都有自己的理解吧。

新人无声地进入,惊喜只在他们的心里。工作的滋味来不及品味,岁月已经让他们老去。老人仓促地离开,不着痕迹。直播间是一个只有现在,没有未来和过去的地方。

许多人从这里收获了爱情和财富,许多人在这里不留痕迹如匆匆过客。还有的留下的只有悔恨,他们在这貌似温和的地方犯了错误,以一种无法预料的方式离开。这是一个有魔法的盒子,人生中遇到它是莫大的幸运,但是找到盒子中的宝石总是很难的事情。宝石到底藏在哪里呢？当我们慷慨地用所有的青春来换，它依然半遮半掩。

有几次，我依稀摸到那残留的余温，但是它依然模糊难辨，这或许要我们用一生来寻找吧。你说呢？

12. 昼夜之间

在相当长的一段时间里，我是第一个到达直播间的人。其实，在大城市上班能做到准时到岗而不迟到，也是一项相当重要的考验。有的前辈在这里折戟沉沙，因为他们的迟到，广播里一片沉寂，失职的尴尬难以诉说。

事情的发生往往匪夷所思，似乎不可避免。据说某个同事有五个闹钟，可是清晨一个都没有响。还有一个同事原本早起，看到还有五分钟时间，就想再睡一会儿，此一合眼不要紧，三个五分钟已过去，直到有人敲门。

过去的失误，让人不忍回忆。前车之鉴，大家须分外小心。为了能准时到岗，设定了多个闹钟，日日清晨如临大敌、草木皆兵，这种压力让人有了些许的神经质。比如，无论何时醒来，第一件事情就是看表，然后想想是不是今天值班。最感恐怖的是春天来临的时候，天亮得早了，一觉醒来，窗外大亮，不禁大惊，以为睡过时了，再仔细看表，方才安静下来。也有时候会看错分针，盲目早起，等待梳洗停当才发现早起好几个小时。

刚开始上早班的时候颇以为苦，后来慢慢地调节好了生物钟，会按点准时自己醒来，上早班几乎成了一件让人很是享受的事情。

清晨，走在人烟稀少的大街上，有一种说不出的畅快感。在这个城市，也许我最早感受到春天的来临，第一个迎接冬雪的光顾。陪伴我们早起的，有刻苦学习的孩子、上早班的工人大姐、清洁工师傅，还有那些为了美丽在街道上艰难奔跑的胖妹妹。

在这美丽的昼夜之间，我有时会想：早起工作的我们是不是比别人拥有更多的人生呢？

13. 请再给我一个名字

做主持人真是一件幸福的事。一般人最多有两个名字——一个大名和一个小名。而做主持人则可以堂而皇之地有多个名字，那些名字或者文艺腔十足，或者万分搞怪。就像世界上许多事情有利就有弊一样，这甜蜜的幸福也会带来很多的麻烦，最初的大麻烦就来自一个名字的诞生。

我们的上一代同行专门在名字的"大"和"小"上做文章，"小"字尤其受宠。打开收音机，"小""晓"那样的字眼充满了耳朵。"大"字也不甘示弱——它们被男性播音员占用。总起来说，那时候取名字还是比较中规中矩的。例如，女播音员用"兰""丽"等柔美的字，男播音员用"辉""刚""山"等阳刚一些的字。有很多人还用了自己原来的名字。所以，那时候主持人的名字都和现实生活中的普通人名别无二致，基本上还是比较保守的。

时光流转，到20世纪90年代，情况就大不相同了，出名成了一件光荣而且人人渴望的事情，大家各显神通地在名字上做起了文章。一时间，港台文化入侵内地，"阿"派队伍迅速壮大，阿龙、阿虎的叫声到处都是。他们操着半普通话半港台的口音在电波里口若悬河，这种香港郊区的口音和他们的名字一样受欢迎。在"阿"派风头正劲的时候，一种力量悄然兴起。这一力量的代表人物不同于传统的主持人,他们拥有较为出色的英文水平,这是前辈们的三脚猫英文水平望尘莫及的。一时间,洋名风潮让大家猝不及防,传统媒体霎时间和国际接轨。

广东派和洋名帮立足未稳,一种娱乐化的浪潮从天而降。审丑和自嘲成了当世的主流。一批不像名字的名字应运而生,有人叫小狗,有人叫抬杠,有人取的名字像个日本人的名字,这些人取得名字匪夷所思。其实名字的含义对他们已经不重要了,能迅速地被接受和传扬出去是梦里都盼望的事。

14. "咔嚓"一声

直播间里有很多声响,比如圆珠笔滚落在地发出的撞击声,椅子在年迈的时候被人一压发出的吱吱呀呀声,但是最有魅力的还是那"咔嚓"声。

直播间在它诞生的那一刻开始就和拍照结下了不解之缘,先是拍照做宣传画册,往往选出台里最帅气的和最漂亮的主持人坐在那里做播音状,供人家拍摄。我曾很荣幸地当选过一次,但那只是一次普通拍照,是做宣传画册用的。那一次,我和一个漂亮妹妹端坐直播台前不无仔细地播读早已过时的天气预报。"咔嚓"一声,快门一响,我的任务就此结束。

直播间里的"咔嚓"声一直是不绝于耳的。新主持人第一次做节目会"咔嚓"一声成像,留下青涩的回忆。年终岁尾,老节目土崩瓦解,新节目新组合也"咔嚓"一声成像。但愿新节目好运,大家关系融洽,照片登上网站的时候人人都夸。

省里领导要来视察或慰问,各方摄影名家齐上阵,主持人、领导欢聚一堂、笑容可掬,"咔嚓"一声成像,这样的照片要上内部刊物的。嘉宾来了,没名气的想和名主持人"咔嚓"一下,有名的主持人也想和人家"咔嚓"一番。可是有时候名人不怎么愿意和大家"咔嚓"。唉,谁让人家有名呢!

离别的时候虽然伤心,但也要强作欢颜地"咔嚓"一下。那些要到其他地方去的同事,会用这样方式祭奠逝去的青春。笑容里内容多多,怎一声"咔嚓"了得。门口的警卫要复员回家去了,他们就显得真实多了,他们会眼睛红红地和他们的好兄弟在直播间门口站得笔直,等待那"咔嚓"的一声响起。他们在这里付出太多,风霜雨雪,每一天他们都站在那里守候着我们。

每一声"咔嚓"响起,都是岁月毅然离去的脚步声,失去的不会回来,寻找青春只有到照片里去了。

唉,这直播间的"咔嚓"声,犹如人世间的一滴纯净水,有谁记得那些日子呢?

15. 突然响起的电话铃

电话铃突然响起总能吓人一跳,尤其是在导播间这样的地方。一般来讲,这些电话是嘉宾或同事们打来的,他们或者请求被接进直播间,或者布置什么事情。比如,告知勿忘新播出的广告,再比如相约下班后去逛街,等等。这些电话往往波澜不惊,大家可以谈笑间搞定,但是有些电话就不是那么容易处理的事情了。

"快,领导要到直播间去了,收拾一下卫生……"紧接着会带来一阵忙乱,破杂志、烂杯子等东西扔进垃圾桶里,椅子重新列队欢迎,一刹那一切井然有序,不要说台长来就是省长来也不怕。

"喂,告诉里面的主持人,刚才的说法不是很准确,应该更正一下,注意方法巧妙一些。"导播忙不迭地点头,简单记录并迅速转达给直播间的主持人,主持人难掩心中慌乱,大脑风车一样地转动:该怎么把刚才的说法圆过来呢?

"怎么回事?这个录音达不到播出要求!"

"哪里有问题?"

"声音太小了!"

"快点把话筒关死,他们怎么没有关话筒就在直播间里聊天了呢?"

以上来自技术部门或其他领导的电话用语。

有时电话那端也会传来"下节目后回办公室开小会"的通知。这时的主持人会万分忧虑,赶紧回忆一下今天的节目有没有什么闪失之处。还是把工作干完再想其他的事情吧,一切都会在小会开始的那一刻揭晓,没准是个发奖金的好事情呢!

做主持人得练就另外的一套本领:在主持节目的时候,会用眼睛的余光不时扫射一下导播间。当导播的手拿起电话的听筒,我们会根据他的表情和姿势判断出是谁来的电话:如果是领导,导播会面带微笑不时点头称是,这是需要警惕的;如果是朋友,导播就放松多了,不顾仪表地哈哈大笑,这时警报解除了。

日子在继续,导播间的电话铃声还会不时响起。有一天,等我们做到尽善尽美了,就不会怕任何的电话铃声了,但是现在不能,谁让我们还是成长中会犯错的年轻人呢?

16. 直播间里的爱情

直播间出产了很多东西:名人、财富、美女、仇恨,还有无处不在的爱情。

爱情应该在这些从事艺术的人们中间随意萌发,可是事与愿违,许多的外人不明就里地认为主持人等媒体从业人员思维活跃、朝三暮四,压根儿不是过日子的主,是一帮靠不住的家伙。

外人的误解倒也罢了,自己人却也无端地多了些清高,举止间添了几分乖张:一般的人还看不上人家,太好的自己又心生畏惧。这样一来,许多人的婚事就难办了。也有人认为这里的姑娘们都会嫁入豪门,但哪里知道如今这条路上的竞争也惨烈得很,成功者固然可喜,失败者要么减价,要么期待冤大头的出现。前途不明,道路凶险啊!

面对内忧外患,有的人便和身边的同事谈起了恋爱。这样也好,一来彼此知根知底,二来大家条件相当,原来有几分凑合的意思到最后也慢慢变成了情投意合、密不可分。楼前楼后、大厅门前恋人们工作、恋爱两不误,直播间内外也弥漫着爱情的味道。

爱情是节目的助推剂。许多的搭档成了恋人,最后结为夫妻。在不吵架的时候,他们配合默契,火花频频闪现,节目无比精彩。也有编辑和主持人在一起的,他们合作的也是那样愉快。还有女做技术男做主持的,也有男是台长女是干部的,不一而论。

许多的工作单位都有这样的情况吧。我们这里,据不完全统计,年轻的也有十来对了,也曾经有领导试图阻止这种现象的蔓延——他认为这是不利于工作的,可是爱情总是一种可怕的力量,很多制度在它面前毫无威力。它可以在任何地方发芽,哪怕在封闭的直播间里。

17. 导播间的来客

导播间是个热闹的地方,一天到晚人来人往。导播基本是每六个小时换一拨,白天是主持人轮班值守,晚上是专职导播值班,他们负责播放一些提前录制好的节目。他们共同的任务是接听电话、迎送嘉宾、管理热线并监听节目。

从早上5:00开始,就会有嘉宾来,大家就要睡眼惺忪地在电台门口迎接。我们用嘉宾证把他们迎进直播间,节目就开始了。有些嘉宾是出售一些药品或者宣传某家医院的。这些人神采飞扬,讲起来口若悬河。他们来自五湖四海,操着各种口音,来这里宣传和推销产品。有时候来的是一个群体,有自己的司机和陪同。知名人士也是电台常客,比如歌手和养猪大王。他们讲述自己的生活趣事和发家经历,很受大家欢迎。有时候,他们实在太忙,我们会安排让他们通过电话做节目。我们的机器可以多方通话,同时接听很多部电话。只不过这个时候,我们的导播会很忙,常常要接通这个、切断那个,切断那个、接通这个……

直播间还有另外一些客人。他们不常来,一年大约有三四次,但是每次来动静都不小。他们是省里的领导们,只有在春节等重大节日时才会出现。我们会提前接到通知,把卫生收拾好,坏了的灯泡重新换上新的,半枯的植物清出房间,卫生间也要格外清洗一遍。一切停当,领导会在众人的陪同下进入直播间,他们和一线的播音员聊天、问候、拍照、录像,然后道别。领导们还要到电视台、报社等地方去,我们也要继续下面的工作。

直播间还会来一些参观、学习的人。比起领导的光临来,他们的到来更像邻居串门,因为大家的工作性质相似。

一整个白天和上半夜,直播间都很热闹。直到夜深的时候,一切才渐渐安静下来。嘉宾已经回家了,部分听众已经睡去,只有导播在那里播放一些提前录制好的节目,陪伴着尚未入睡的人,温暖着那些未眠的心。

18. 一心二用

周伯通是金庸在他的武侠小说里虚构的人物。周伯通有一项绝技独步武林,那就是一心二用术,这绝技可真是太神奇了。其实,我们电视台的主持人也有这样的功夫。我曾经在济南电视台里主持一档谈话节目。大家看电视的时候,看见我在演播室里和嘉宾侃侃而谈,很自由,其实不是这样的。如果大家仔细观察就会发现我的耳朵上塞着一个耳机,这当然不是听流行音乐的,而是听导播发号施令的。导播在另外的房间里,他可以随时给我发布命令,而我由于面对摄像机,则不能回答,只能接受。有时候,导播会说:这个人说得差不多了,换个人说吧。或者导播会告诫我:这个嘉宾说跑题了,赶紧拉回来吧。而我,一个主持人,表面上是在认真地听嘉宾讲话,其实内心是在想着怎么执行导播的命令:是照单全收还是只执行一半呢?这些都需要思考的,而且表情上还不能露出来。这是不是一件很尴尬的事情呢?要做一名合格的主持人必须有一心二用的本领,有时候还得一心多用。有时候,你准备好了一份讲三分钟的稿子,正在按计划侃侃而谈,这时候很有可能导播会轻描淡写地说上一句：哦，时间不多了，你还有30秒，抓紧结束吧。这时候你一边嘴里说着台词，一边还要想在哪里结束更合适，而表情还要保持自然。这还不算是最可怕的，更可怕的是：当你想了十几秒终于完成任务，并且准备结束台词的时候，导播又发话了：哎哟，不好意思，我看错时间了，你还得接着说，再多说三分钟。这样的事情几乎能让主持人崩溃。如果说这些还是考验主持人的应变能力，那么其他的状况就是考验主持人的定力了。有时候，节目进行得很顺畅，导播也就无事可做，本来给我交流的那个耳机有一个开关，不和主持人说话的时候，他们就关上，但有时候他们也会忘了关，那时导播室里的声音就会传到我的耳朵里来。正常的业务交流倒也没什么，无非是给嘉宾个近景，给个大景之类的。最要命的是导播们在那头讲笑话，可是我的节目内容很悲伤，我正在陪着嘉宾抹眼泪呢。你能体会到我那种想笑不能笑的尴尬状态吗？

如果你想做主持人，那么你就得有这样的心理准备。

19. 点点滴滴

现在的电台编辑部实在是没有什么特色，类似于大公司开放式的办公场所，每个人一个小格子，平时大家就像个蜈蚣一样趴在那里。

但是既然是电台的编辑部就多少有它不一样的地方。

这里的人很少同时出现：一部分去直播间上节目，一部分去采访，一部分去拉广告，一部分人不知道哪里去了。留下的人，有的无所事事地坐着发呆，有的在网上东瞅瞅西看看，有的在联系采访对象，有的在编辑稿件。

最为紧张的是几台名为工作站的电脑，这样的电脑不具备上网的功能，没有光驱等附属部件，只有声卡。我们利用它来剪辑、制作节目，因为节目多，工作站的电脑少，大家都需要在这里排队用电脑。

"对不起，我占用几分钟，剪辑一下稍后的重播。"

"这是最新的广告，马上要播出，我可以先剪辑一下吗？"

"请千万不要覆盖我的文件。"

以上是那里最常见的用语。

20. 面目不一样的办公桌

要说办公桌是人的又一张面孔真是一点不假，看办公桌就会知道主人是男是女、做什么节目、婚否、爱好是什么、是否邋遢。下面我举几例。

证券节目主持人的办公桌会有证券公司赠送的台历，电话表上写满了股评家的电话。他们一般会在下午三点后异常忙碌。股市收盘了，他们的工作开盘了：了解嘉宾观点，搜索各主流机构对盘面的认识。这时候，办公桌的电脑屏幕满是花花绿绿的k线图。

音乐节目主持人的办公桌就显得浪漫多了。各大唱片公司的企划人员投其所好地赠送的一些玩具之类的宣传品放在桌子上，答应送给听众的演员海报也会最先张贴在那里。然而，音乐节目主持人的桌子又是最乱的。大量的宣传碟片堆积如山，五花八门的零食和椅背上厚薄不一的衣服更是显眼。昼伏夜出的生活让她们无暇顾及桌面卫生这样重要的事情。直到办公室大扫除,这样的情况才会改观。

如果主人是个小姑娘,各路朋友、听众赠送的小礼物,像满天星一样,会摆在办公桌的显眼位置。如果是个小妇人,孩子的照片就会占据主要位置,婚纱照片也会爬上电脑的显示屏。

当来到历尽沧桑的老主持人的办公桌前一切又会是另外的样子了:咖啡、茶叶、小毛巾、剪刀、便签、胶水等实用的东西会整齐地摆放着,电脑的屏保会变成"静由心生"之类充满哲理的话语。这些都诉说着不为人知的故事。每当从那里走过,我总有些好奇,但是又参不透其中的机缘。我想这没有关系,每个人都有老去的那一天,世事洞明的那一刻总会到来。

十一、主持人的那些事

1. 不一样的路,不一样的花

主持人注定要和"传奇"这个词联系在一起,许多同事的经历堪称传奇。一位很优秀的主持人曾经是一名普通听众。一次热线电话交谈中,他那如簧的巧舌超过了主持人,过人的学识让人艳羡不已。终于,他从收音机的外面跳到里面,成了一位节目主持人,反客为主。

尽人皆知的例子是崔永元先生。他原来只是一名普通记者,鬼使神差地竟然做了主持人,而且做得那么优秀,让人感叹世事难料、祸福难求。他的成功给无数兄弟们指明了方向,记者变主持人已成为最天经地义的事了。记者型主持人也成了学问和知识型的象征。

有些主持人天生丽质,阴差阳错地进了其他行业。广泛开展的主持人选拔赛纠正了这些美丽的失误,他们又从四面八方重新归队,在适合他们的岗位上发出光亮。

与许多人的幸运和戏剧化相比,有些人就是苦孩子了。《正大综艺》的原主持人程前入职前一心向往主持人的职业,曾考遍长江沿线多家电视台,结果无一得中,最后曲线救国般地到了话剧团。几经周折后,他在广东主持一档专业警察节目,终于崭露头角。

这样的人太多了,他们辗转于各家电台、电视台,为了梦想化做漂泊的鱼。然而梦想总在,而梦想的实现却不知道在哪里?

2. 考试的故事

如果把主持人作为职业目标的话,密密麻麻的试卷是此生必须要面对的东西。入行之前,我就经历了太多的考试。最初的考试念头缘自一根乡村的电线杆,它立在我上学必经的路边。有一天,我从那根电线杆的下面经过,那上边的大喇叭释放出这样的信息:某县要招考电台播音员了。

几天后,我依靠同伴的接济,出现在那个县招考播音员的考场上。考场设在县城的电影院里。大幕闭合,我先坐在观众席上等待,后又踩着木地板从舞台的这头走向那头。据说考官还要看看每一位考生走路的姿势。当时,年纪虽小,但我已经走出了人生中步入此行的第一步。结果并不重要,重要的是在去考场的路上,我遇见了一位同考。她来自家乡的某个乡镇广播站,显然她比我要有经验,后来我果真从她那里学到了不少入门的东西,这是我最初闯世界的法宝。我至今仍记得她的名字,记得她在公共汽车上不停嗑瓜子的样子。我从她身上学到的知识成了我事业最初的阳光。

那次考试,我在最后的比赛中落败,但它仍然给了我莫大的鼓励,也开启了我的考试生涯。一年后,我来到省城,参加一个重要的考试。这是一次真正的高手过招,数百人争夺一两个名额。我自然在第一轮考试后结束了旅行。让我难以忘怀的是:我见到了一位来自乡村的考生,他虽高大却满脸雀斑,陪同来的父亲很自信,因为这是孩子的老师让来的。在男生考试的时间里,他在外面悠闲且自信地看着一本新买的武侠小说。我虽知道那孩子此次考试前景不妙,但我更为他的梦想感动。真的,这世界没有什么不可能。后来的人生经历证明了这一点。

后来的考试就更多了。我报考过山东艺术学院、某市电台等。林林总总的考试,有成功,有失败。终于,我迎来了人生的转折点,在省城参加省台的考试。太多的考试让我不惧怕任何意外的发生。我总是在考官发问后滔滔不绝地说出自己所干的事情。我常想这次不可以,我还有下一次,总有一天会打动考官。

来到这里,在省台担任主持人的工作,但我还是会找些考试的机会去参加。是因为我天生有热爱考试的基因吗?我不知道。但我知道自己的梦想远没有结束。

我爱考试,因为这是实现梦想的机会。尽管它有痛苦,但是不考试是不是会有更大的痛苦呢?

3. 简单的快乐

单位里盖大楼,原来的操场变成了民工的宿舍。我和美丽的女搭档走过他们的宿舍的时候,他们会透过窗子看我们,当然我们也看他们。在那昏暗的灯光下,我看到密密麻麻的单人床,各色的衣服在窗里晃动。

那一天,我先听到一阵爽朗的笑声,又模模糊糊地看见五六个民工围在一台9英寸的黑白电视机前,聚精会神地看电视,他们时而会心地微笑,时而开心地哈哈大笑。

我想:这是他们的简单而又真实的快乐;我有更大的电视机,但是我不敢保证自己能像他们那样快乐。

回到从前已经不可能,所以重要的是必须珍惜现在的快乐。

4. 沟通的世界

时间如白驹过隙,日升月落之间总有新奇的故事发生。惊叹之余,我也禁不住感慨世界真是变化快,转眼间我和这个时代已经有了浅浅的距离。呼吸在这个世界上,不能紧跟时代是一件让人不快乐的事。我们总有太多的新技能需要学习,太多的果实等着我们采摘。

马路上听到的纷杂的声音,多半是从人的口中发出来的。人们通过语言来交流,有的沟通顺利,有的言语不和、一拍两散。推销员凭借出众的口才,使生意迅速成交,外乡人一口怪异的口音几经重复问路最终成功,一个女子的大声呼喊被风吹走——心爱的人儿越走越远。

这是一个信息的世界,这是一个需要沟通的世界。善交流者勇夺天下,让我们拥有标准的普通话,享受沟通的快乐。来自世界的声音你听到了吗?一起启航吧,让你最美丽的声音传遍四方。

当你拥有了动听的声音、标准的普通话、世界上最动人的表情时,你要知道你还应有一颗"心",这颗心充满着爱,充满着人类的一切美德,那美德就是坚韧、自信、乐观、善良、博学、谦虚、真实……这样你不仅可以拥有成功的考试,而且可以拥有成功的真实的人生。

也许学习、考试普通话只是你人生的一朵小小的浪花,但是做好它你就可以有更多的收获。这一次,你触动了幸福的按钮,许多的丰收与快乐就会从天而降。

普通话的表达不仅仅是技术或者艺术,更是对人生的表达。当你进入了理想的大学,当你站在灯火辉煌的舞台上,或者在岁月的某一个小站逗留,你要明白学习普通话更是在认识这个世界,那样你人生的成就不可估量。

记住,好的沟通离不开标准的流利的普通话,想做一名主持人更是如此。

十二、主持人亲和力的培养

主持人的亲和力是主持人素质范畴的一个重要内容,是主持人素质提高到一定水平后衡量主持人是否优秀的重要条件之一,是一个主持人能否真正成功的瓶颈问题。亲和力原来是一个化学名词,指两种或两种以上的物质结合成化合物时互相作用的力。现在这个词的含义被引申并广泛应用在各个领域,带有明显的人文关怀的特征。例如,在人际关系中,领导者努力树立有亲和力的形象。在音乐界,任贤齐的《对面的女孩看过来》则以其直露和通俗来演绎"亲和"。崇尚亲和正日益成为一种潮流。

具体到主持人身上,亲和力是主持人对受众发自内心的自然流露的一种关怀,并不是简单的一腔热情。它有时超出一切规定的因素,使不同类型的受众对主持人产生一种不合常规、不合逻辑、没有理由的认可和喜欢,使普通的主持人成为人见人爱的明星。其表现类似演艺界的"观众缘""台缘"。亲和力是一种独特人格魅力,能帮助主持人走向成功。具体分析亲和力,可以看出它有以下几个特点:

(1)亲和力以一定的文化素养作为基础。这个特点是受主持人这个行业所影响的。以后,主持人的学者化是一种趋势,这也是对主持人最基本的要求。没有这些文化素养,亲和力几乎无从谈起。分析目前著名的主持人,他们无不是有着较高的文化素养,或者有着丰富的人生阅历。有了这个前提,亲和力才会插上翅膀,飞向遥远的天际。但这并不是说有了一定的文化素养就一定会有亲和力。试想,一个主持人自恃高人一等,到处指手画脚、盛气凌人,他再有学问,大家也不会喜欢他。

(2)亲和力在主持人的一般素质之外。主持人是一个很被动的职业,如果一言不慎就可能带来受众的换台,因为受众可选择的余地很大。主持人不是受众获得信息的唯一来源,这就要求主持人首先要有一种亲和力,使受众能够看下去、听下去,并持久地关注你的节目,否则一切无从谈起。你纵是满腹经纶、万般风情,又向何人说?据调查,这种关注一旦形成很难更改。以中央电视台一位新崛起的主持人为例来说明这一点,这位主持人就是《天天饮食》的主持人刘仪伟。此人普通话也只到勉强听懂的程度,相貌更是和帅哥相距十万八千里。然而颇为走红,知名度直追一些大牌主持人,还被传媒赋予"奶奶杀手"的绰号(其节目的观众大部分是在家做饭的老年朋友),奥妙就在于他在节目中散发出来的体贴幽默的亲和力。看着他言谈之中透露出的想做一个居家男人的愿望,那些饱经沧桑的老年人怎能不有所感悟呢?看着他每天在一间宽敞明亮的厨房里端出一道道美食,在生活压力渐渐加剧的今天来讲,那的确是一件颇令人向往的事情。看着这样的节目简直就是一种享受,哪里还管他什么四川味的普通话和有没有什么惊心动魄的硬汉气概。

(3)亲和力是一种自然流露,不能刻意为之。主持人是一个透明度很高的职业,如果平常对受众就颇为不屑,自视清高,到了镜头前、话筒前忽然想起了亲和力,再挤出几分笑容和说出几个酸词来与受众亲和,那效果怎么能好呢?也许一次、两次还可以,但时间一长,受众的感觉都是很敏锐的,这样的主持人就会露出庐山真面目。又有谁会喜欢一个作假的主持人呢?

(4)亲和力具有同一性。研究"说服理论"的学者卡尔·霍夫兰的传播实验证明:假如传播对象喜欢传播者,就可能被说服;如果接受者的信息来源是一个和他自己相似的人,即具有同一性,就更是如此。这一点在以亲和力著称的中央电视台原《实话实说》的主持人崔永元身上得到了很好的体现。在一期节目中,一位下岗女工谈到自己曾在家具城打工却分不清家具的材质。崔永元插话说:"是很不好分的。一次,我爱人让我买家具,我在店里问好了,是全木的。拉回家,我爱人一看,说'你是全木的'。"当时全场哄堂大笑,观众早就忘了是在电视台的演播室,全然进入了崔永元设计的拉家常的氛围当中。

(5)亲和力具有人情味。著名主持人王刚在谈到成功的主持人的时候曾经说道:"最重要的是在节目中保持一颗平常心,不要把自己拔高,也不要把观众当傻子。在主持方面我自己有一个追求,就是把观众当人,把自己也当人,把双方都当成一个有血有肉有真实感情的人。"正因为这样,王刚才树立起了具有亲和力的形象,他在主持方面的成就很好地说明了这一点。又如中央电视台原《幸运 52》的节目主持人李咏。他在节目中不仅表现出机智、幽默的特点,而且又知道你心在想什么,所以他的话语总是那么妥帖。他是一个可以让你开怀一笑的人。再如节目主持人侯耀华,他就善于应用人情味的语言。一次,在节目现场,一个年轻的女教师拿到了奖金。他亲切地说:"拿好了,以后用钱的机会多着呢。"这句话立刻拉近了他和嘉宾之间的距离,取得了很好的效果。以上几位主持人不仅使自己变得人性味十足,人情味浓郁,给人以真实生活着的感觉,而且他们极具亲和力的形象也得到了认可和赞誉。实际上,近年来平民化特征的主持人走红,靠的也是人情味浓郁这张王牌。

我一直在思考这样一个问题:中国目前有那么多的主持人,为什么大家耳熟能详的不多呢?哪怕是在最容易出名的中央电视台,300 多个栏目,众多主持人当中真正在观众当中有影响力的还是凤毛麟角。我们强调主持人多方面的素质,如形象、学识、语言表达能力等等,可似乎少了最重要的东西。在生活中具备这些条件或者部分具备这些条件的主持人并不鲜见,可为什么不能在观众当中产生影响并踏入名主持人的行列呢?有一些名主持人的走红乍一看是不可思议的,如形象不佳的崔永元、李咏,体态不佳的张越、沈殿霞。是什么原因使他们获得如此的成功呢？我想这决不仅仅是巧合或偶然，在他们身上一定有某种素质起着关键的作用。这才是我们不应该忽视的问题。

通过以上几种现象的分析，我认为这些主持人之所以获得了成功，是主持人的亲和力起到了重要作用。这还得从主持人的发展说起。1982年，珠江经济广播电台的成立，一下子改变了原来广播远、冷、硬的特点。主持人亲切的风格使广播迎来了又一次辉煌。转眼又是多少年过去了，整个传媒界窄播化的改革风起云涌，而我们的主持人几乎还停在原来的水平上，泛泛的亲切让人摸不着头脑，口齿清楚的重复着一遍又一遍的不痛不痒的客套话。更有甚者，服装怪异，说话怪腔怪调，或者处处以明星自居，以至于有人认为"男主持人越蠢越有亲和力，女主持人穿得越少越有亲和力"，这真是奇谈怪论。没有亲和力的主持人得不到听众、观众的认可也是情理之中的事。

从社会的角度来说，一方面目前整个社会都呈现出从单一到多元、从集中到分化的发展趋势。在这种情况下，主持人再按照以前空泛的主持风格而不是有针对性、有亲和力的话，干好这一工作将是一件很困难的事。另一方面，目前是商品社会，人们生活节奏加快，人和人之间真诚的交流越来越少，从大杂院搬进单元房的人们一时间情感的需求成了真空，广播和电视很大程度上承担起了类似"情感保姆"的任务。事实上，人们是把原来没有广播、电视时候和人交流的时间用在了看电视、听广播上。很显然没有人愿意和一个很假的人交流，哪怕是个才高八斗或貌似天仙的人，而是更愿意看到像自家女婿、邻居家大哥的那些能理解自己、为自己说话的极具亲和力的主持人。

从以上这些角度理解刚才谈到的崔永元等人的走红和目前主持人明星少的现状就容易多了。亲和力在某种程度上成了一个成功主持人和一般主持人的决定性因素。可见，具有亲和力是每一个成功的主持人必备的素质。这一点可以在每一个成功的主持人的身上得到体现。

怎样培养主持人的亲和力呢？首先要正确理解亲和力。亲和力是对他人发自内心的理解和友好。亲和力不是一朝一夕能得到的。归纳起来有这样几点需要注意：要树立正确的人生观和价值观；要立场坚定，表现出对世界上一切美好事物的爱和对假丑恶的恨；培养不卑不亢的气质和明辨是非的能力；坚持对客观世界细致入微的观察；努力去理解别人，常常设身处地地替别人着想。也许这样做，短期内不会有太大的效果，如果持之以恒，观众、听众一定会发现你的变化，你也会由衷地感觉到做一个有亲和力的主持人是多么幸福。

亲和力是成为一个好主持人的关键。这样说，不是说主持人可以忽视外貌、语言、音色、口才、文化程度、知识水平、艺术修养、表达能力等方面的素质，而是说随着主持人这个职业的不断发展，具备这些素质的主持人会越来越多，到了那个时候，一个主持人是否具有亲和力就显得至关重要，它将成为评判一个主持人成功与否的重要依据。事实上，在任何时候，主持人没有亲和力，都是一个很严重的问题。只是目前主持人水平的参差不齐，主持人身上一些语言、文化程度等方面的差异，掩盖了一些相对较好的主持人在亲和力方面的欠缺。所以，大家对这个问题忽视了，从而不能对这一制约主持人成为一个好主持人的瓶颈问题加以正确对待。正因为这样，对主持人亲和力方面的要求在现在这个阶段才显得尤为重要和突出。

附 录

练声资料选编

一、绕口令练习

1
八百标兵奔北坡,
北坡炮兵并排跑。
炮兵怕把标兵碰,
标兵怕碰炮兵炮。

2
山顶有座白庙,
白庙里有只白猫,
白庙外有顶白帽,
白猫看见了白帽,
叼着白帽跑进了白庙。

3
谭家谭老汉,
挑蛋到蛋摊。
卖了半担蛋,
挑蛋到炭摊。
买了半担炭。
老汉往家赶。
脚下绊一绊,
跌了谭老汉。
破了半担蛋,
翻了半担炭,
脏了新衣衫。

4
豆地有豆,

低头捡豆。
豆捡在手,
豆装豆篓。

5
南瓜开花像喇叭,
娃娃爱花不去掐。
没有花就没有瓜,
要想吃瓜先爱花。

6
葫芦秧开葫芦花,
葫芦花结葫芦瓜。
葫芦秧是葫芦家,
葫芦家有葫芦娃。

7
一朵粉红大荷花,
趴着一只活蛤蟆。
八朵粉红大荷花,
趴着八只活蛤蟆。
活蛤蟆,叫呱呱,
呱呱叫着爬上了大荷花。

8
吃菱角,剥菱壳,
菱壳丢在北壁角。
不吃菱角不剥壳,
菱壳不丢北壁角。

9
我说四个石狮子,
你说四个纸狮子,
石狮子是死狮子,
纸狮子也是死狮子。

10
小丽丽,小黎黎,
叫来妹妹和弟弟。
小竹篮,手中提,
同到梨园去装梨。
一二三,三二一,
一二三四五六七。
篮装梨,摆整齐,
丽丽黎黎笑眯眯。

11
高高山上一条藤,
藤条头上挂铜铃。
风吹藤动铜铃动,
风定藤停铜铃停。

12
山上一只虎,
林中一只鹿,
路边一只猪,
草里一只兔,
还有一只鼠。
数一数,
一、二、三、四、五,
虎、鹿、猪、兔、鼠。

13
四是四,十是十。
十四是十四,
四十是四十。
要想说好四和十,
得靠舌头和牙齿。
谁说四十是"细席",
谁的舌头没用力,
谁说四十是"事拾",
谁的舌头没伸直。

认真听,常练习,
十四,四十,四十四。

14
九月九,
九个酒迷喝醉酒。
九个酒杯九杯酒,
九个酒迷喝九口。
喝罢九口酒,
又倒九杯酒。
九个酒迷端起酒,
"咕咚、咕咚"又九口。
九杯酒,酒九口,
喝罢九个酒迷醉了酒。

15
肉炒豆,豆炒肉,
肉是肉,豆是豆。
肉炒豆肉里有豆,
豆炒肉豆里有肉。

16
爷爷买双鞋子,
奶奶买斤茄子。
爷爷爱吃奶奶烧的茄子,
奶奶爱穿爷爷挑的鞋子,
爷爷奶奶吃完茄子试鞋子。

17
水中映着彩霞,
水面浮着花鸭。
霞是五彩霞,
鸭是麻花鸭。
麻花鸭游进五彩霞,
五彩霞网住麻花鸭。
乐坏了鸭,
拍碎了霞,

分不清是鸭还是霞。

18
出东门,过大桥,
大桥底下一树枣。
青的多,红的少,
一个枣,二个枣,
三个枣,四个枣,
五个枣,六个枣,
七个枣,八个枣,
九个枣,十个枣。
十个枣,来回倒,
十个枣,九个枣,
八个枣,七个枣,
六个枣,五个枣,
四个枣,三个枣,
二个枣,一个枣。
这是一个绕口令,
一气念完才算好。

二、语音练习

(1) b(玻)
拨　伯　剥　驳　帛　钵　渤
百　般　败　北　斑　白　板
(2) p(坡)
坡　泼　颇　破　迫　魄　粕
品评　瓢泼　漂白　篇目
(3) m(摸)
摸　磨　墨　没　默　陌　摹
墨盒　默然　眉目　面具　马匹
(4) f(佛)
佛　发　否　凡　分　非　罚　吩咐
反复　发奋　芬芳　夫妇　放风　风范
(5) d(得)、t(特)
的　店　但　等　东　大　刀　疼　他　头　谈　条　听
电灯　当代　达到　大河　动荡　单打　头疼　体坛　体统

屯田　调停　颓唐　塔吊　台灯　泰斗　头等　同等　土豆

(6) n(讷)、l(勒)

呢　那　能　闹　您　诺　南
拉　冷　林　六　路　连　领
哪能　男女　牛奶　南宁　难弄　能耐　绿林　连理　利率
历来　邻里　玲珑　历年　老牛　留念　烂泥　列宁　凝练

(7) g(哥)、k(科)

个　哥　搁　阁　隔　格　胳　戈
可　克　壳　颗　苛　咳　蝌　窠
哥哥　高贵　公告　拐棍　古国　故宫　开垦　苦口　夸口
亏空　困苦　旷课　苦瓜　考古　肯干　苦工　客观　控告

(8) h(喝)

海　合　红　很　后　换　会
行会　和缓　好汉　很好　欢呼　荷花

(9) j(基)、q(欺)、x(希)

机　记　见　竟　就　将　叫　起　器　邱
拳　却　恰　晴　席　新　学　想　选　性
解决　经济　晋剧　即将　进军　检举　请求　恰巧　巧取
清泉　崎岖　亲切　详细　学习　喜讯　学校　相信　休息

(10) zh(知)、ch(蚩)、sh(诗)、r(日)

只　正　真　站　找　准　桌　池　棰　柴　缠　充　长　成
市　爽　身　声　山　顺　上　如　日　人　仍　容　热　绕
政治　庄重　正直　正中　卓著　蜘蛛　超产　车床
拆除　冲出　重车　踯躅　赏识　山水　手术　烧水
设施　绅士　柔软　如若　忍让　容忍　荣辱　仍然

(11) z(资)、c(雌)、s(思)

自　紫　则　在　贼　早　增　草　藏　册　糙
粗　凑　村　催　四　搜　扫　素　岁　涩　森
自在　最早　自组　曾祖　贼赃　造作　草丛　层次　参差
摧残　苍翠　催促　思索　色素　松散　三色　洒扫　琐碎

(12) a(啊)

阿　八　拉　眨　萨　他　发　马
大厦　打卡　法拉　砝码　哈达　喇叭

(13) o(喔)

博　破　拨　佛　摸　卧　沃　叵
泼墨　婆婆　剥落　没落　摩托　剥夺

(14) e（鹅）
额　的　刻　车　则　色　哥
隔阂　各个　歌德　合格　色泽　折射
(15) i（衣）
以　比　里　几　西　米　提　叽　皮
细腻　极力　以及　意义　习题　密集　第七
(16) u（乌）
如　涂　古　书　木　路　无　扑
孤独　幅度　读书　督促　苦读　注目
(17) ü（迂）
女　句　与　许　欲　娶　需　驴
娱乐　女郎　居住　举动　屈服　曲剧
(18) er（儿）
二　儿　尔　迩　而　耳　贰　饵
儿童　耳目　耳语　尔后　二胡　儿戏
(19) ai（哀）、ei（欸）、ao（熬）、ou（欧）
爱　白　买　奶　来　该　凯
陪　被　内　雷　给　黑　贼
包　毛　老　高　靠　朝　绕
偶　否　头　周　手　肉　凑
配备　倒霉　肥美　飞贼　蓓蕾
彩排　买卖　爱戴　海带　灾害
遨游　翱翔　傲慢　奥妙　凹陷　熬心
欧洲　殴打　偶尔　呕吐　怄气　沤肥
(20) ia（呀）、ie（耶）、ua（蛙）、uo（窝）、üe（约）
呀　崖　轧　哑　丫　雅　娅
也　野　叶　液　掖　耶　晔
瓦　哇　洼　袜　娲　娃　挖
卧　喔　我　握　沃　挞　斡
月　乐　阅　粤　决　学　略
家鸭　压价　恰恰　下压　姐姐　贴切　乜斜
谢谢　猎猎　挂花　花袜　花褂　耍滑　错落
哆嗦　堕落　国货　雀跃　雪月　绝学　约略
(21) iao（腰）、iou（忧）、uai（歪）、uei（威）
妖　交　桥　小　秒　辽　条
就　六　修　酒　有　求　幼
外　怪　拽　坏　快　侩　徊

为　吹　贵　对　岁　追　奎
要求　飘扬　刁难　聊天　窍门　消灭　丢失　牛郎
究竟　秋季　休息　优秀　乖巧　快乐　揣测　衰败
坏蛋　歪斜　规律　亏损　吹捧　水分　瑞金　虽然

(22) an（安）、ian（烟）、uan（弯）、üan（渊）
en（恩）、in（因）、uen（温）、ün（晕）

安　晚　蚕　蓝　看　赶　谈
片　边　面　见　眼　先　前
弯　转　段　团　乱　换　酸
援　远　卷　愿　泉　拳　娟
奔　趁　身　真　门　振　分
林　今　尽　品　新　金　引
昆　春　润　问　论　滚　存
军　云　寻　群　训　俊　君

安然　案板　岸标　岸然　安插　安装　淹没　编造
面貌　颠倒　填写　黏糊　弯曲　端正　团结　欢迎
专长　软弱　愿望　捐献　圈套　劝说　宣传　选择
恩惠　恩情　恩怨　恩德　恩泽　恩典　因果　宾客
拼写　林场　今天　亲切　困难　春色　顺利　温暖
尊敬　村庄　云彩　运动　军队　俊俏　群众　寻找

(23) ang（昂）、iang（央）、uang（汪）、eng（亨的韵母）
ing（英）、ueng（翁）、ong（轰的韵母）、iong（雍）

盎　忙　当　躺　浪　刚　长
样　娘　江　强　想　两　抢
望　装　矿　双　壮　广　黄
冷　等　横　正　成　仍　声
应　并　顶　听　拧　令　青
嗡　翁　蓊　瓮　聬　塕　暡
用　穷　窘　胸　永　兄　迥

昂贵　昂扬　昂然　盎司　娘亲　良好　江涛　香料
光芒　瓜筐　庄重　窗户　双手　风筝　增加　生产
成风　丰收　英明　明净　叮咛　聆听　青年　老翁
水瓮　嗡嗡　苍龙　充足　丝绒　拥护　用途　踊跃

三、声调练习

（1）按四声顺序排列

中国伟大	山河美丽	天然宝藏	资源满地
阶级友爱	中流砥柱	工农子弟	千锤百炼
身强体健	精神百倍	心明眼亮	光明磊落
山明水秀	花红柳绿	开渠引灌	风调雨顺
一劳永逸	飞檐走壁	因循守旧	吞云吐雾

（2）按声母顺序排列

B
百炼成钢	波澜壮阔	暴风骤雨	壁垒森严

P
排山倒海	喷薄欲出	鹏程万里	普天同庆

M
满园春色	名不虚传	满腔热情	目不转睛

F
发愤图强	翻江倒海	丰功伟绩	赴汤蹈火

D
大快人心	当机立断	颠扑不破	斗志昂扬

T
谈笑风生	滔滔不绝	天衣无缝	推陈出新

N
鸟语花香	逆水行舟	能者多劳	宁死不屈

L
老当益壮	雷厉风行	力挽狂澜	龙飞凤舞

G
盖世无双	高瞻远瞩	攻无不克	光彩夺目

K
开卷有益	慷慨激昂	克敌制胜	快马加鞭

H
豪言壮语	和风细雨	横扫千军	呼风唤雨

J
艰苦奋斗	锦绣河山	继往开来	举世无双

Q
| 千军万马 | 气壮山河 | 晴天霹雳 | 群威群胆 |

X
| 喜笑颜开 | 响彻云霄 | 心潮澎湃 | 栩栩如生 |

Zh
| 辗转反侧 | 朝气蓬勃 | 咫尺天涯 | 专心致志 |

Ch
| 超群绝伦 | 称心如意 | 赤子之心 | 出奇制胜 |

Sh
| 山水相连 | 舍生忘死 | 深情厚谊 | 生龙活虎 |

R
| 饶有风趣 | 人才辈出 | 日新月异 | 如火如荼 |

Z
| 赞不绝口 | 责无旁贷 | 再接再厉 | 自知之明 |

C
| 沧海一粟 | 层出不穷 | 惨无人道 | 从容就义 |

S
| 三思而行 | 所向披靡 | 四海为家 | 肃然起敬 |

四、古诗词练习

忆江南

白居易

江南好，
风景旧曾谙。
日出江花红胜火，
春来江水绿如蓝。
能不忆江南？

晓出净慈寺送林子方

杨万里

毕竟西湖六月中，
风光不与四时同。
接天莲叶无穷碧，
映日荷花别样红。

春晓

孟浩然

春眠不觉晓,
处处闻啼鸟。
夜来风雨声,
花落知多少?

渔歌子

张志和

西塞山前白鹭飞,
桃花流水鳜鱼肥。
青箬笠,绿蓑衣,
斜风细雨不须归。

江南春

杜 牧

千里莺啼绿映红,
水村山郭酒旗风。
南朝四百八十寺,
多少楼台烟雨中。

游园不值

叶绍翁

应怜屐齿印苍苔,
小扣柴扉久不开。
春色满园关不住,
一枝红杏出墙来。

清 明

杜 牧

清明时节雨纷纷,
路上行人欲断魂。
借问酒家何处有,
牧童遥指杏花村。

黄鹤楼送孟浩然之广陵
李 白
故人西辞黄鹤楼，
烟花三月下扬州。
孤帆远影碧空尽，
唯见长江天际流。

乐游原
李商隐
向晚意不适，
驱车登古原。
夕阳无限好，
只是近黄昏。

夜雨寄北
李商隐
君问归期未有期，
巴山夜雨涨秋池。
何当共剪西窗烛，
却话巴山夜雨时。

无题
李商隐
昨夜星辰昨夜风，
画楼西畔桂堂东。
身无彩凤双飞翼，
心有灵犀一点通。
隔座送钩春酒暖，
分曹射覆蜡灯红。
嗟余听鼓应官去，
走马兰台类转蓬。

凉州词
孟浩然
浑成紫檀金屑文，
作得琵琶声入云。

胡地迢迢三万里,
那堪马上送明君。
异方之乐令人悲,
羌笛胡笳不用吹。
坐看今夜关山月,
思杀边城游侠儿。

江畔独步寻花
杜甫

黄四娘家花满蹊,
千朵万朵压枝低。
留连戏蝶时时舞,
自在娇莺恰恰啼。

春夜喜雨
杜甫

好雨知时节,
当春乃发生。
随风潜入夜,
润物细无声。
野径云俱黑,
江船火独明。
晓看红湿处,
花重锦官城。

春望
杜甫

国破山河在,
城春草木深。
感时花溅泪,
恨别鸟惊心。
烽火连三月,
家书抵万金。
白头搔更短,
浑欲不胜簪。

江南逢李龟年
杜甫
岐王宅里寻常见,
崔九堂前几度闻。
正是江南好风景,
落花时节又逢君。

枫桥夜泊
张继
月落乌啼霜满天,
江枫渔火对愁眠。
姑苏城外寒山寺,
夜半钟声到客船。

子夜四时歌
南朝民歌
秋风入窗里,
罗帐起飘扬。
仰头看明月,
寄情千里光。

九月九日忆山东兄弟
王维
独在异乡为异客,
每逢佳节倍思亲。
遥知兄弟登高处,
遍插茱萸少一人。

水调歌头
苏轼
丙辰中秋,欢饮达旦,大醉,作此篇,兼怀子由。

  明月几时有?把酒问青天。不知天上宫阙,今夕是何年?我欲乘风归去,又恐琼楼玉宇,高处不胜寒。起舞弄清影,何似在人间?
  转朱阁,低绮户,照无眠。不应有恨,何事长向别时圆?人有悲欢离合,月有阴晴圆缺,。此事古难全。但愿人长久,千里共婵娟。

五、名单练习

第28届奥运会中国体育代表团部分名单

代表团团部

团长:袁伟民

副团长:于再清、李富荣、段世杰、何慧娴(女)、肖天、崔大林

秘书长:肖天(兼)

副秘书长:孙永言、杨迺军、孙康林、金国祥、殷宝林、王成文

团部工作人员:

史康成、潘志琛、宋鲁增、刘扶民、温文(女)、张全胜、梁晓龙、刘军、林晓华、华云兰(女)、孙正桐、张智、魏代顺、周京(女)、李劲松、王磊、沈洁(女)

医务组

李国平、马云(女)、田得祥、任玉衡、张世明、刘宝荣、赵春生、袁守龙、刘长江、苏活权、魏良忠、王树金、李旭坤、邹兴怡(女)、张忠、张佩文、刘凯、戴国钢、龙琴燕(女)、王小勇、周长庚、杜文亮、卫雍绩、厉彦虎、罗维丝(女)

射击队

领队:高志丹

教练员:许海峰、孙盛伟、邵建华、邓光伟、沈建东、江泽祥、盛浩明、常静春、王跃舫(女)、王晓

翻译:李锋

运动员(26人)

陶璐娜(女)、陈颖(女)、任洁(女)、曹英(女)、赵颖慧(女)、杜丽(女)、武柳希(女)、李清念(女)、王成意(女)、魏宁(女)、高娥(女)、谭宗亮、王义夫、杨凌、姚烨、王正、刘志伟、朱启南、金迪、胡斌渊、徐丹、耿鸿滨、张鹏辉、陈永强、贾占波、李杰

射箭队

教练员:杨昌勋(韩国籍)、练国富

翻译:郭蓓(女)

运动员(5人)

何影(女)、林桑(女)、张娟娟(女)、永富军、薛海峰

六、段落练习

篇一

亲爱的小朋友:

今天真是和你们重新通信的光明的开始,山头满了阳光,日影从深密的松林中穿射

过来,幻成几根迷蒙的光柱。晴光中,一双翠鸟,低贴着潭水飞来,娇婉地叫了几声,又掠入满缀着红豆的天青丛里。岩下远近的青峰,隔着淡淡的云影,稳静地重叠地排立着。嘉陵江,绿锦似的,宛宛地向东牵引。隔江的山城,无数淡白的屋顶,错杂地隐在淡雾里。眼前一切,都显出安静、光明和欢喜。

——冰心《再寄小读者》

篇二

每当我仰望天空的时候,我就会看见霰雪鸟仓皇地飞过。破空嘶哑的鸣叫,凄凉得让人想掉泪。我可以看见高高地站在独角兽上的梨落,看见她快乐地操纵风雪。我可以看见岚裳在海中轻快得如同一只蝴蝶,听到人鱼唱歌弥漫整个幻雪帝国。我可以看见释顽皮得如同个孩子的面容,笑容英俊而又邪气,头发长长地四散开来,看到他左手捧着一团飞舞的雪,右手捧着一团闪烁的火,脚下盛开无数的红莲。

——郭敬明《幻城》

篇三

鹦哥岭是我国海南陆地面积最大的热带雨林保护区。2007年成立至今,27名"80后"队员依然在蚂蟥和毒蛇经常出没的热带雨林中,书写着他们的别样青春。

这天下午,保护区科考队再次进山,他们将徒步四天,寻找国家级保护物种鹦哥岭树蛙。狭窄的山路杂草丛生,湿滑难走,茂密的丛林里,危险总是不期而遇。一路小跑通过蚂蟥区,山上突然下起大雨,队员们只好撑起雨布,原地依偎着取暖。晚上雨停时,山上的蛙声响起,队员们赶紧循着声音找去,一个多小时后,终于在一个泥洞里看到了鹦哥岭树蛙。

保护区刚成立时,鹦哥岭树蛙仅发现过两只,队员们用了近两年时间寻遍鹦哥岭,目前已先后发现140多只鹦哥岭树蛙。

篇四

洞庭青草,近中秋,更无一点风色。玉鉴琼田三万顷,著我扁舟一叶。素月分辉,明河共影,表里俱澄澈。悠然心会,妙处难与君说。

应念岭海经年,孤光自照,肝肺皆冰雪。短发萧骚襟袖冷,稳泛沧浪空阔。尽吸西江,细斟北斗,万象为宾客。扣舷独笑,不知今夕何夕。

——张孝祥《念奴娇·过洞庭》

篇五

本台消息,1月5日,在中国国务院医改领导小组第十二次会议上,中共中央政治局常委、国务院副总理李克强铿锵有力地告诫与会人员说,改革是中国最大的红利,现在要让这个"利",更多地落在百姓身上。此次会议,专题研究《巩固完善基本药物制度和基层运行新机制的意见》和《建立疾病应急救助制度的指导意见》,并就下一步医改进行了深入的探讨。

篇六

正在卡塔尔多哈举行的第三十八届世界遗产大会宣布,中国大运河项目成功入选世界文化遗产名录。大运河成为我国第四十六个世界遗产项目。大运河是世界建造时间最早,使用最久,空间跨度最大的人工运河。开凿至今1600多年,是中华民族留给世界的宝贵遗产。

篇七

据中国之声《新闻和报纸摘要》报道,经嫦娥三号任务发射场区指挥部研究决定,嫦娥三号探测器将于12月2号1点30分在西昌卫星发射中心实施发射。

探月工程新闻发言人裴照宇表示,嫦娥三号将首次实现月球软着陆和月面巡视勘察,并开展月表形貌与地质构造调查等科学探测。

篇八

7月3日至4日,中共中央政治局常委、国务院总理李克强在湖南省委书记徐守盛、省长杜家毫的陪同下,在湖南长沙、株洲深入工地、车间、粮库等一线和校园考察调研。

李克强来到沪昆高铁施工现场,慰问酷暑中坚守岗位的工人,并听取铁路建设情况汇报。他说,这是连接我国东中西部用时最短的高速铁路,绝大部分里程在中西部省份,途经很多贫困山区,既能便利山里群众出行,带动产业转移,帮助他们脱贫致富,也会拉近东中西部空间和心理距离,对缩小地区差距、促进社会公平意义重大。

篇九

本台消息,当前已进入冬季,雨雪冰冻及浓雾等灾害性天气明显增多。省教育厅今天下发通知,要求各市、县教育行政部门要主动与当地气象部门联系,及时掌握并发布预警性信息,遇有大雪、冰冻、寒潮、大风、雾霾等极端恶劣天气时,要迅速启动应急预案,通过采取调整上下学时间或调课、调整室外教学活动等措施,防范意外伤害事故,确保师生安全。此外,通知对校车、食堂安全等方面也都作了要求。

七、容易读错的字词

A

吖嗪 ā(不读 yā)　　阿斗 ā(不读 ē)　　挨饿 ái(不读 āi)

B

畚箕 běn jī(不读 bò qí)　　匕首 bǐ(不读 bì)　　泌阳 bì(不读 bèi)

胳臂 bei(不读 bì)　　臂膀 bì(不读 bèi)　　庇护 bì(不读 pì)

针砭 biān（不读 biǎn）

C

霓裳羽衣 cháng（不读 shang） 　　初闻涕泪满衣裳 cháng（不读 shang）
轻解罗裳 cháng（不读 shang） 　　一场大战 cháng（不读 chǎng）
三场球赛 chǎng（不读 cháng） 　　称心如意 chèn（不读 chèng）
驰骋 chí chěng（不读 chì chéng） 　　跳场舞（chǎng 不读 cháng）
种氏 chóng（不读 zhǒng） 　　一场雨 cháng（不读 chǎng）
谄媚 chǎn（不读 xiàn） 　　羼头 càn（不读 chán） 　　鞭笞 chī（不读 chì）
匀称 chèn（不读 chèng） 　　憧憬 chōng（不读 chóng） 　　称职 chèn（不读 chèng）
处暑 chǔ（不读 chù） 　　处境 chǔ（不读 chù） 　　处女 chǔ（不读 chù）
处世为人 chǔ（不读 chù） 　　处于 chǔ（不读 chù） 　　揣着书 chuāi（不读 chuǎi）
揣测 chuǎi（不读 chuāi） 　　啜姓 chuài（不读 zhuì） 　　汆丸子 cuān（不读 cuàn）

D

档案 dàng（不读 dǎng） 　　安步当车 dàng（不读 dāng） 　　订正 dìng（不读 dīng）
胴体 dòng（不读 tóng） 　　句读 dòu（不读 dú） 　　拾掇 duo（不读 duò）

F

菲薄 fěi（不读 fēi） 　　芳菲 fēi（不读 fěi） 　　氛围 fēn（不读 fèn）
果脯 fǔ（不读 pǔ）

G

准噶尔 gá（不读 gé） 　　枸杞 gǒu qǐ（不读 gōu jǐ） 　　勾当 gòu（不读 gōu）
呱呱坠地 gū（不读 guā） 　　力能扛鼎 gāng（不读 káng）

H

堂吉诃德 hē（不读 kē） 　　道行 heng（不读 háng、xíng） 　　横加阻拦 héng（不读 hèng）
飞来横祸 hèng（不读 héng） 　　蛮横 hèng（不读 héng） 　　发横财 hèng（不读 héng）
一哄而散 hòng（不读 hǒng） 　　哄堂大笑 hōng（不读 hǒng） 　　哄逗 hǒng（不读 hōng）
哄骗 hǒng（不读 hōng） 　　骨骸 hái（不读 hài） 　　薅草 hāo（不读 rǔ）
白桦树 huà（不读 huá） 　　馄饨 hún tun（不读 hùn dun） 　　和弄 huò（不读 huó）
和面 huó（不读 huò） 　　搅和 huò（不读 huó） 　　和稀泥 huò（不读 huó）
囫囵吞枣 hú lún（不读 hū lùn） 　　溃脓 huì（不读 kuì）

J

通缉 jī（不读 jì） 　　窗明几净 jī（不读 jí） 　　嫉妒 jí（区别忌妒 jì）
编辑 jí（不读 jì） 　　给予 jǐ（不读 gěi） 　　人才济济 jǐ（不读 jì）
里脊 ji（不读 jǐ） 　　脊背 jǐ（不读 jī） 　　脊梁 jǐ（不读 jī）
脊柱 jǐ（不读 jī） 　　成绩 jì（不读 jī） 　　渐染 jiān（不读 jiàn）
东渐入海 jiān（不读 jiàn） 　　眼睑 jiǎn（不读 liǎn） 　　矫枉过正 jiǎo（不读 jiáo）
缴纳 jiǎo（不读 jiāo） 　　缴费 jiǎo（不读 jiāo） 　　绢花 juàn（不读 juān）
配角儿 jué（不读 jiǎo） 　　角色 jué（不读 jiǎo） 　　发酵 jiào（不读 xiào）
解送 jiè（不读 jiě） 　　押解 jiè（不读 jiě） 　　浑身解数 xiè（不读 jiě）

粳米 jīng(不读 gēng)　　强劲 jìng(不读 jìn)　　劲敌 jìng(不读 jìn)
劲旅 jìng(不读 jìn)　　根茎叶 jīng(不读 jìng)　　颈部 jǐng(不读 jìng)
靓妆 jìng(不读 liàng)　　循规蹈矩 jǔ(不读 jù)　　矩形 jǔ(不读 jù)
前倨后恭 jù(不读 jū)　　龟裂 jūn(不读 guī)　　以儆效尤 jǐng (不读 jìng)
腈纶 jīng(不读 qíng)

K

扛枪 káng(不读 kǎng)　　扛长工 káng(不读 kǎng)　　内窥镜 kuī(不读 kuì)
傀儡 kuǐ(不读 kuī)　　倥偬 kǒng zǒng(不读 kōng cōng)

L

唠叨 láo(不读 lāo)　　唠家常 lào(不读 láo)　　落不是 lào(不读 luò)
量杯 liáng(不读 liàng)　　思量 liáng(不读 liàng)　　量体裁衣 liàng(不读 liáng)
连篇累牍 lěi(不读 lèi)　　连累 lei(不读 lèi)　　淋病 lìn(不读 lín)
棕榈 lú(不读 lǚ)　　绿林好汉 lù(不读 lǜ)　　书声琅琅 láng(不读 lǎng)
丽水 lí(不读 lì)　　果实累累 léi léi(不读 lěi lěi)　　伤痕累累 lěi lěi(不读 léi léi)

M

莽莽群山 mǎng(不读 máng)　　草莽 mǎng(不读 máng)　　扪心自问 mén(不读 mēn)
披靡 mǐ(不读 mí)　　抹墙 mò(不读 mǒ)　　模样 mú(不读 mó)
蓦然 mò(不读 mù)　　酩酊 mǐng dǐng(不读 mīng dīng)
腼腆 miǎn tiǎn(不读 miān tian)

N

泥淖 nào (不读 zhào)　　泥古 nì(不读 ní)　　拘泥 nì(不读 ní)
忸怩 niǔ ní(不读 niū nì)　　驽马 nú(不读 nǔ)　　弩弓 nǔ(不读 nú)

P

喷香 pèn(不读 pēn)　　香喷喷 pēn(不读 pèn)　　土坯 pī(不读 pēi)
坯胎 pī(不读 pēi)　　癖好 pǐ(不读 pì)　　洁癖 pǐ(不读 pì)
睥睨 pì nì(不读 bí ní)　　剽窃 piāo(不读 piáo)　　剽悍 piāo(不读 piáo)
媲美 pì(不读 bì)　　心广体胖 pán(不读 pàng)　　湖泊 pō(不读 bó)
大腹便便 pián(不读 biàn)　　骠勇 piào(不读 biāo)　　漂泊 bó (不读 pō)
娉婷 pīng tíng(不读 pīn tīng)　　砒霜 pī(不读 pí)　　曝晒 pù(不读 bào)
开封繁塔 pó(不读 fán)　　姓繁 pó(不读 fán)　　一曝十寒 pù(不读 bào)
缥缈 piāo miǎo(不读 piǎo miáo)　　曝光 bào (不读 pù,港台读 pù)

Q

菜畦 qí(不读 xī)　　绮丽 qǐ(不读 qí)　　哨卡 qiǎ (不读 kǎ)
蹊跷 qī qiāo(不读 qī qiào)　　牵强附会 qiǎng(不读 qiáng)　　襁褓 qiǎng (不读 qiáng)
龋齿 qǔ (不读 qū)　　金蝉脱壳 qiào(不读 ké)　　甲壳 qiào(不读 ké)
地壳 qiào(不读 ké)　　贝壳 ké(不读 kē)　　鸡蛋壳 ké(不读 kē)
脑壳 ké(不读 kē)　　蜷缩 quán(不读 juán)

S

禅让 shàn（不读 chán）	封禅 shàn（不读 chán）	讪笑 shàn（不读 shān）
搭讪 shàn（不读 shān）	教室 shì（不读 shǐ）	妊娠 rèn shēn（不读 rén chén）
狩猎 shòu（不读 shǒu）	精髓 suǐ（不读 suí）	打草惊蛇 sì（不读 sī）

T

天台山 tāi（不读 tái）	台州 tāi（不读 tái）	叨光 tāo（不读 dāo）
体己 tī ji（不读 tī jǐ）	轻佻 tiāo（不读 tiáo）	请帖 tiě（不读 tiē）
妥帖 tiē（不读 tiě）	字帖 tiè（不读 tiě）	上吐下泻 tù（不读 tǔ）

W

海参崴 wǎi（不读 wēi）	为非作歹 wéi（不读 wèi）	为富不仁 wéi（不读 wèi）
龌龊 wò（不读 wō）	圩田 wéi（不读 yú）	

X

新潟 xì（不读 xiè）	行为 wéi（不读 wèi）	嬉皮笑脸 xī（不读 xǐ）
嫌弃 xián（不读 xiǎn）	鲜见 xiǎn（不读 xiān）	相机行事 xiàng（不读 xiāng）
挟制 xié（不读 jiá）	叶韵 xié（不读 yè）	纤维 xiān wéi（不读 qiān wēi）
乳臭 xiù（不读 chòu）	铜臭 xiù（不读 chòu）	骁勇 xiāo（不读 xiǎo）
骁将 xiāo（不读 xiǎo）	眩晕 xuàn yùn（不读 xuán yūn）	

Y

倾轧 yà（不是 zhà）	筵席 yán（不读 yàn）	梦魇 yǎn（不读 yàn）
殷红 yān（不读 yīn）	笑靥 yè（不读 yān）	窈窕 yǎo tiǎo（不读 yáo tiáo）
旖旎 yǐ nǐ（不读 yì lì）	迤逦 yǐ lǐ（不读 yī lì）	解衣衣我 yì（不读 yī）
荫凉 yìn（不读 yīn）	应届 yīng（不读 yìng）	佣工 yōng（不读 yòng）
佣金 yòng（不读 yōng）	良莠不分 yǒu（不读 yòu）	迂回 yū（不读 yù）
迂腐 yū（不读 yù）	年逾古稀 yú（不读 yù）	伛偻 yǔ lǚ（不读 ōu lǒu）
熨帖 yù（不读 yùn）	晕车 yùn（不读 yūn）	晕船 yùn（不读 yūn）
晕机 yùn（不读 yūn）	晕针 yùn（不读 yūn）	红晕 yùn（不读 yūn）
晕厥 yūn（不读 yùn）		

Z

包扎 zā（不读 zhā）	扎小辫 zā（不读 zhā）	拒载 zài（不读 zǎi）
载人 zài（不读 zǎi）	千载难逢 zǎi（不读 zài）	转载 zǎi（不读 zài）
登载 zǎi（不读 zài）	载重 zài（不读 zǎi）	载体 zài（不读 zǎi）
载运 zài（不读 zǎi）	怨声载道 zài（不读 zǎi）	载歌载舞 zài（不读 zǎi）
水藻 zǎo（不读 zào）	辞藻 zǎo（不读 zào）	谮言 zèn（不读 zān）
赠送 zèng（不读 zēng）	驻扎 zhā（不读 zā）	札记 zhá（不读 zā）
择菜 zhái（不读 zé）	占卜 zhān（不读 zhàn）	占星术 zhān（不读 zhàn）
动辄 zhé（不读 zé）	棋高一着 zhāo（不读 zhuó）	着慌 zháo（不读 zhāo）
号召 zhào（不读 zhāo）	症结 zhēng（不读 zhèng）	踯躅 zhí zhú（不读 zhī zhū）

卷帙浩繁 zhì（不读 yì） 博闻强识 zhì（误读 shí） 炙手可热 zhì（不读 zhī）
趾甲 zhǐ jiǎ（不读 zhī jia） 中肯 zhòng（不读 zhōng） 编纂 zuǎn（不读 zuàn）
压轴戏 zhòu（误读 zhóu） 白术 zhú（不读 shù） 莺啼鸟啭 zhuàn（不读 zhuǎn）
涿州 zhuō（不读 zhuó） 湛蓝 zhàn（不读 shèn） 崭新 zhǎn（不读 zǎn）
怔忡 zhēng（不读 zhèng） 抵掌 zhǐ（不读 dǐ） 柘城 zhè（不读 tuò）

后　记

最快的速度冲线

谁用了最短的备考时间就考上大学了呢？

20多年前，那时的播音与主持艺术专业招生考试还是现场报名，也没有过关证这一规定。一天，一户人家接待了一位客人。他们闲聊的时候，主人说起家中正读高三的儿子考大学无望，客人说："明天就是某大学播音与主持艺术专业招生考试的日子，眼见贵公子眉清目秀，不妨一试。"播音与主持艺术专业，对他们一家人来说，还是第一次听说。

第二天就要去考试，当时已经是夜晚9点了，实在是时间有限，但客人是个乐观的人。他说："不妨尝试一下嘛，找一篇文章，一个晚上还是能背诵好的。"客人走后，母子二人觉得客人说得有理，就依计而行。第二天，那男生就上考场了，未曾想竟然一考得中，走上了播音的道路。还有更神奇的。有人陪同学去考试，同学没有考上，他自己却考上了。这些都是百年不遇的事情，只可以听听，不可全信，更不能效仿。

我想说的是，无论你什么时候开始准备考试，或者以什么样的动机、什么样的机缘来到播音与主持艺术专业的招生考试现场，这些都不重要，重要的是你要为此付出努力。如果你努力程度到了，就会成功，坚持为实现梦想的行动最重要。当你有了这些动机和努力，你就会有战胜一切的力量。就客观环境来说，大部分考生可能无法在较短的时间内完成备考任务。但是对于有梦想的人来说，60天就已经够了。这两个月，不论你是在人声鼎沸的培训班里和大家一起学习，还是在普通的文科班里一个人孤独地学习，只要你认真地按照书中所写的方法认真练习，那么每经过一个充实的24小时，你就会离成功更近一步。

一辆车陷入泥潭里，动弹不得。车里下来两个人推车，两人你看看我，我看看你，都觉得人手太少，把司机也叫下来推车。三人死劲推车，仍无法推动，车依旧在泥潭里。

有一位老者见了，说："单靠人推，而司机不上车踩开油门，驱动车，让车自己动起来，车动得了吗？"司机听老者一言，如梦初醒，即刻上车，踩开油门，驱动车子，同时叫后面推车的人一起用力，车很快就动了起来，驶出了泥潭。

有时，一个人就如一辆车，如果自己做事不主动，仅靠别人推着"动"，是不会有什么效果的。只有自己"动"起来，再加上别人推一把，才能成功。亲爱的读者，请你加足马力动起来吧，我会在后面使劲地推你的。

古人说，学习永远不晚，这话没有说错。学习的方法和你为此付出的努力就好比鸟的两只翅膀，会让你离成功更近一步。当你拥有这一切，你就会拥有最快的速度。

在本书的写作中，我得到了众多师友的鼎力协助。这些师友有黑龙江省哈尔滨市众艺培训学校的姚以彬校长、河南艺扬艺术培训中心的朱可胜校长、河南电视台第九频道的李巍老师、宋飞语音艺术中心的宋飞校长、威海白雁冰声乐播音主持俱乐部的白雁冰老师等,在此一并表示我衷心的感谢。本书从多处取用资料,笔者都尽力一一注明,若有遗漏,请给予谅解,也请作者看到后与我联系,在此深表感谢。

  限于笔者眼界的不足以及编写时间的限制,本书难免有错漏之处,敬请读者朋友和专家批评指正。《播音主持艺考60天速成》一书期待读者朋友的检验,也期待着能与读者朋友分享成功的喜悦。

主　编　李　泊
副主编　霍咏梅　白晓萱　王丰福　吕　勋
　　　　黄育梁　梁晓明　格　林　李　凡
　　　　李晓霞　奥　昂　钟　勇　周林峰
编　委　史培霈　开　涛　雷淇源　郭　星
　　　　文　杰　乔　鹏　王一晨　樊振国
　　　　李云风　傅　博　张　陆　程晓峰
　　　　刘玉平　余建三　许　诺　雷薇薇
　　　　柏　松　杨　洋　赵　鹏　孟庆芳
　　　　孙东海
（排名不分先后）